Banzhaf · Das Tarot-Handbuch

HEINRICH HUGENDUBEL VERLAG
Kailash
Buch

Hajo Banzhaf

DAS TAROT-HANDBUCH

Hugendubel

Die Zitate auf den Seiten 114 und 145 o. stammen aus: Camus, Albert: Hochzeit des Lichts. Deutsch von Peter Gan

CIP-Titelaufnahme der Deutschen Bibliothek

Banzhaf, Hajo:
Das Tarot-Handbuch / Hajo Banzhaf. – 4. korr. Aufl. – München : Hugendubel, 1990
(Kailash-Buch)
ISBN 3-88034-286-5

4. korr. Auflage 1990

Umschlaggestaltung: Dieter Bonhorst, München
Produktion: Tillmann Roeder, München
Satz: Uhl + Massopust GmbH, Aalen
Druck und Bindung: Wiener Verlag, Himberg

ISBN 3-88034-286-5

Printed in Austria

Inhaltsverzeichnis

Für Miki, die den entscheidenden Impuls zu diesem Buch gegeben hat.

Gott gebe mir die Gelassenheit, die Dinge hinzunehmen,
die ich nicht ändern kann,
den Mut, die Dinge zu ändern, die ich ändern kann,
und die Weisheit, das eine vom anderen zu unterscheiden.

Chr. F. Oetinger (1702–1782)

GELASSENHEIT

MUT

WEISHEIT

Einleitung

Dieses Buch ist in erster Linie als Nachschlagewerk und Impulsgeber für den Tarot-Interessierten gedacht. Es erhebt sicherlich nicht den Anspruch umfassend zu sein, genausowenig wie die Absicht, nun mit der »endgültig richtigen« Deutung aufzuwarten.

Ich verstehe den Tarot als ein individuelles Spiel mit individuellen Regeln und Deutungen. Insofern sollen die am Schluß dieses Buches vorgestellten Spiele wie auch alle vorgeschlagenen Deutungen und Entschlüsselungen vorwiegend als Anregung und als Ausgangsbasis dienen.

Welchen Weg der einzelne von dort aus einschlägt, den der Tiefenpsychologie, der Kabbala, der Zahlenmystik, den der Jahrmarktskartenlegerin oder welchen Weg auch immer, er ist richtig, solange es sein Weg ist.

Bei den verschiedenen Spielen, die derzeit erhältlich sind, läßt sich eine einheitliche Deutung natürlich nicht vornehmen. Ein Großteil dieser Spiele ist allerdings dem hier besprochenen Marseiller- und Rider-Deck nachempfunden, so daß die Deutungsvorschläge weitgehend übernommen werden können.

Zur Frage, wie das Kartenlegen »funktioniert«, möchte ich Colin Wilson zitieren:

Dem logisch denkenden Menschen ist kaum zu verargen, wenn er die ganze Sache als Zeitvertreib für Hohlköpfe und leichtgläubige Leute ansieht. Wollte man aber den Tarot aus diesen Gründen ganz ablehnen, dann würde man das Kinde mit dem Bade ausschütten. Ähnlich wie beim I Ging wird der Tarot unter der Annahme konsultiert, daß das Unterbewußtsein mehr mit dem Zufall zu tun hat, als es oberflächlich scheinen mag. Es scheint Dinge zu wissen, die dem Bewußtsein verborgen bleiben. In gewissen Augenblicken der Ruhe oder Erschöpfung können diese Intuitionen sich dem Bewußtsein mitteilen. (...)

Das Hauptproblem ist dabei, eine Verbindung zwischen dem Bewußtsein und dem Unterbewußtsein herzustellen; genau dies hatte der Schöpfer der Tarot-Karten im Sinn. Die Symbole des Tarot erfüllen einen doppelten Zweck: Sie dienen als Alphabet, mit dessen Hilfe das Unterbewußtsein seine Bedeutungen buchstabieren kann, und sie stimulieren aufgrund der ihnen innewohnenden Kraft das Bewußtsein, ähnlich wie eine Lochkarte einen elektronischen Computer »stimulieren« kann. Der Zweck der Sache ist ein beiderseitiger Austausch.

Der zweifelhafteste Teil des Kartenlegens ist wohl das Zufallselement. Das logische Denken findet sich schwer damit ab, daß dem zufällig aus einem

durchgemischten Spiel entnommenen Karten irgendeine reale Bedeutung zukommen sollte. (...) Es wäre interessant, eine neue Methode zur Befragung des Tarot zu finden, die dem Unterbewußtsein eine direktere Beteiligung ermöglichen würde. Zum Beispiel indem man den Fragenden in einen hypnotischen Zustand versetzt und ihn dann eine Reihe von – aufgedeckt liegenden – Karten auswählen läßt, oder indem man den Fragenden veranlaßt, es mit Selbsthypnose zu versuchen.

Colin Wilson, Das Okkulte

Herkunft

Eine schöne, sicherlich nicht wahre Geschichte des französischen Mystikers Papus erzählt:

Das alte ägyptische Reich stand einst, vor einigen tausend Jahren, unter der Bedrohung, von einem mächtigen Feind erobert und zerstört zu werden. Angesichts dieser Gefahr befürchtete die Priesterschaft des Landes, daß das mühsam im Laufe der Zeit von ihnen erworbene Wissen durch die drohende Katastrophe unwiderruflich verlorengehen könnte. Da versammelten sich die obersten Priester, um darüber zu beraten, wie dieses Wissen der Menschheit trotz Vernichtung und Zerstörung erhalten und weitergegeben werden könnte.

Ein Priester machte den Vorschlag, dieses Wissen in tief ausgehauene Zeichen und Symbole auf die Wände und Mauern der Pyramiden einzumeißeln. Aber sein Vorschlag wurde abgelehnt mit der Begründung, daß auch die stärksten Mauern schließlich von Menschenhand erbaut worden und somit vergänglich seien. Ein anderer Priester wollte die zehn weisesten und klügsten Köpfe des Landes auswählen, um sie in die Geheimnisse einzuweihen, die sie dann, vor ihrem Tode wiederum anderen, von ihnen für weise befundenen Menschen weitergeben sollten.

Gegen diesen Vorschlag erhob aber ein Priester den Einwand: »Weisheit hat keinen dauerhaften Bestand, und schon oft ist aus einem Weisen ein Narr geworden. Damit ist der Fortbestand unseres Wissens nicht gesichert. Aber es gibt etwas, das bei den Menschen dauernden Bestand hat, nämlich das Laster. Laßt uns deshalb unsere Weisheit und unser Wissen dem Laster anvertrauen. Nur auf diese Weise ist gesichert, daß es alle Schwankungen und Veränderungen der Zeit überdauern kann.«

Dieser Vorschlag wurde allgemein für gut befunden, und man ging daran, das gesamte Wissen der Priester in Bildern auf Spielkarten zu zeichnen, die dann dem Volk übergeben wurden, damit es seinen Lastern und Leidenschaften fröhnen konnte.

Über den Ursprung der Karten gibt es keinerlei Gewißheit, aber eine Unzahl von Vermutungen. Fest steht wohl, daß sich das Spiel mit dem Auftauchen der Zigeuner in Europa verbreitete. Ob diese es aber tatsächlich mitbrachten, und ob es aus Ägypten oder aus

Indien stammt oder aber einen ganz anderen Ursprung hat, bleibt unklar. Es spricht einiges dafür, daß zumindest die Karten der Kleinen Arkana im mittelalterlichen Europa entstanden.

Erste Erwähnung findet der Tarot in Europa durch ein Verbot der Stadt Bern im Jahre 1367. 10 Jahre später wird er auch in Florenz aktenkundig, wobei das Spiel erstmals benannt wird als Naibbi bzw. Naibb.

Name

Naibbi bzw. Naibb könnte aus dem Sanskrit abgeleitet werden, wo es »Nabe« (Mittelpunkt des Rades) bedeutet. Vielleicht kommt auch unser Wort »Nepp« daher.

Im 16. Jahrhundert taucht in Italien erstmals der Name »Tarocchi« auf. Tarot dürfte wohl die französische Form sein. Die Zunft der Kartenmacher nennt sich dort seit 1594 »Tarotiers«.

Man kann den Namen aus der ägyptischen Sprache deuten als den königlichen Weg: »Tar« = Weg, Pfad und »Ro« = König, königlich. Aber auch die vielfältigen Kombinationsmöglichkeiten der vierbuchstabigen Schreibweise lassen genügend Vermutungen über die Herkunft und den Bedeutungsgehalt des Namens zu:

TARO (T)
TORA = Belehrung, Anweisung (hebr.)
ORAT = Die Sprache, das Wort (lat. oratio)
RATO = Die Verwirklichung (lat. ratus)
ATOR = Ägyptische Gottheit der Einweihung
ROTA = Das Rad des Werdens (lat.)
OTAR = Hören (griech. otarion)
AROT = Arbeiten (griech. arotos)

Die verschiedenen Spiele

Das angeblich älteste, komplett erhaltene Spiel ist das Marseiller Blatt, von dem es heißt, es ginge auf das Jahr 1760 zurück. In seiner heutigen Form wurde es allerdings erst 1930 fixiert.

Das bei uns verbreitetste Spiel ist das Rider-Deck, das 1910 von Arthur Edward Waite (1857–1942) herausgegeben wurde. Es basiert wohl im wesentlichen auf den Werken von Eliphas Levi (1810–1875), einem der berühmtesten und gelehrtesten Okkulti-

sten Frankreichs. Gezeichnet wurde es von der Graphikerin Pamela Smith, deren Initialen auf jeder Karte zu sehen sind. Waite galt als »esoterischer Enzyklopädist« und als einer der besten Kenner des Rosenkreuzer-Wesens. Seine Karten sind offensichtlich von diesem Hintergrund aber auch von dem viktorianischen Zeitgeist geprägt. Er selbst nennt sein Blatt den »berichtigten Tarot«. Sein Spiel hat gegenüber den älteren Vorlagen den Vorteil, daß es durchweg illustriert ist, und somit auch bei den »Nichttrümpfen«, den Kleinen Arkana durch Bilder zum Deutungsgehalt führt. Durch seine »Berichtigungen« entstehen jedoch öfters andere Aussagen als im Marseiller Deck oder anderen älteren Spielen. Insgesamt ist er aber weitgehend bei den alten Vorlagen geblieben, ganz im Gegensatz zu Aleister Crowley (1875–1947), der in den vierziger Jahren seinen Tarot herausgab. Crowley, der »größte Magier dieses Jahrhunderts«, fühlte sich zum Verkünder eines neuen (Horus-) Zeitalters berufen und paßte seine Karten dieser Lehre an. Sie haben eine sehr intensive, faszinierende Wirkung, weichen aber von den alten Vorlagen erheblich ab.

Begriffsdefinitionen

Arkana: Plural des lateinischen Wortes »Arkanum« = das Geheimnis.

Die Großen Arkana:	Die 22 Trumpfkarten mit den Nummern 0 bis 21.
Die Kleinen Arkana:	Insgesamt 56 Karten bestehend aus: 4 Serien von je 14 Karten, die sich in 10 Zahlenkarten (As–10) und 4 Hofkarten (König, Königin, Ritter und Bube) unterteilen.

Wege, mit den Karten vertraut zu werden

Um mit den Karten vertraut zu werden, halte ich es für ratsam, sich zunächst ausschließlich mit den 22 Trumpfkarten zu befassen. Die tiefreichende Symbolik ist eine ausgezeichnete Einführung in die Denkweise des Tarot und die Bedeutung der Zahlen 1—10 eine gute Hilfe zum späteren Verständnis der Zahlenkarten.

Den eigenen Zugang zur Bedeutung der Karten findet man am sichersten, indem man für sich aus den 22 Trümpfen eine Tages-, Wochen- oder Monatskarte zieht (natürlich mit links, der vom

Herzen kommenden Hand) und zwar am besten morgens unmittelbar nach dem Aufstehen. Man beobachtet dann, wo sich dieses Thema im Alltagserleben wiederfindet. So kann man seine persönlichen Erfahrungen sinnvoll mit den Deutungsvorschlägen dieses Buches vergleichen. Auf diese Art sind die unter »Alltagserfahrung« aufgeführten Deutungen entstanden.

Der nächste Schritt ist das schlichte aber aussagestarke Legesystem Nr. 2, »Das Kreuz« (Seite 233), das nur mit den 22 Trumpfkarten gespielt wird.

Erst wenn die Großen Arkana weitgehend vertraut sind, empfehle ich, sich mit den 56 Kleinen Arkana zu befassen. Dies ist zumindest der systematische Weg des Kaisers (IV) oder des Eremiten (IX). Der Narr (O) – das ist nicht abfällig gemeint – und die Hohepriesterin (II) haben sicherlich ganz andere Vorschläge.

Die Deutung umgekehrter Karten

Das Deuten umgekehrter Karten, also solcher Karten, die beim Auslegen verkehrt herum (auf dem Kopf liegend) erscheinen, ist ein Thema für sich. Vielfach werden sie negativ betrachtet entsprechend den Deutungsvorschlägen, die mit – oder als »Schatten« gekennzeichnet sind. Ich selbst drehe umgekehrte Karten im Normalfall einfach um, da ich es als Teil meiner Eigenverantwortlichkeit sehe, ob ich das Thema auf seiner Licht- oder Schattenseite erlebe. Auf Wunsch lasse ich sie jedoch auch umgekehrt und deute sie dann als eine Kraft, Qualität, Möglichkeit usw., die zwar grundsätzlich da, jedoch nur schwer zugänglich ist bzw. nicht richtig genutzt werden kann.

Warnung: Dieses Spiel ist kein Lebensersatz!

Eine Menukarte ist zwar sehr nützlich; aber sie ist kein Ersatz für das Essen selbst. *Allan W. Watts*

Ich habe oft genug Menschen gesehen, die Karten legten, anstatt zu leben. Man erkennt sie daran, daß sie vor unliebsamen aber doch notwendigen Schritten so lange Karten legen, bis ihnen zumindest eine »schlechte« Karte die Rechtfertigung gibt, die unangenehme Angelegenheit weiter vor sich herzuschieben. Diese Lebensweise führt mit ziemlicher Sicherheit zum Gehängten (XII).

Genausowenig sollten die Karten als ein unentrinnbarer Schicksalsspruch angesehen werden. Sie zeigen, wie sich deine Zukunft, eine Angelegenheit usw. entwickelt, wenn du so weitermachst wie

bisher. Durch Veränderung der Vorgehens- oder Betrachtungsweise wird natürlich auch der Ablauf der Ereignisse verändert. Daher auch die verschiedenen Aussagen der Karten, wenn sie in gewissen Zeitabständen zum gleichen Thema befragt werden.

1
DIE GROSSEN ARKANA

Benutzerhinweis

Die Deutungen der Trumpfkarten von dem Narr (O) bis zur Welt (XXI) sind nach folgendem Schema aufgebaut:

TITELZEILE	Enthält die gängigen Namen der Karte in Deutsch, Englisch und Französisch.
ARCHETYP	Nennt das Urbild, die mythologische oder märchenhafte Vorlage für das Kartenthema.
BUCHSTABE	Der hebräische Buchstabe, der der Karte entspricht, sein Zahlenwert (Zeichen hebräischer Buchstaben sind gleichzeitig Zahlen) sowie die zugeordnete Bedeutung des Buchstabensymbols.
ZAHL	Hinweise auf die Zahlenmystik.
JUNG/ZITAT	Zitate nach C. G. Jung und anderen, die dem Themenkreis entsprechen.
BILDER	Assoziationen, die zum Themenkreis gehören.
SYMBOLE MARSEILLE	Erläuterung der Symbolik des Marseiller Decks.
SYMBOLE WAITE	Erläuterung abweichender und zusätzlicher Symbole des Rider-Decks von Arthur Edward Waite.
HINTERGRUND	Gegebenenfalls zusätzliche Hintergrundinformationen zum Themenkreis.
ANALOGIEN	Impulse, in anderer Richtung weiterzusuchen.
BOTSCHAFT	Eine Botschaft, die die Karte vermitteln möchte.
QUALITÄT ZIEL SCHATTEN	Vorschläge, die Karte mit ihrer Licht- und Schattenseite aus ihrem Themenkreis heraus zu verstehen und zu deuten.

TRA-DITIONELLE DEUTUNG +	Überwiegend traditionelle Deutung der Karte.
–	Traditionelle Deutung, wenn die Karte auf dem Kopf liegend erscheint.
SYNTHESE	Gesamtbetrachtung der Karte.
ALLTAGS-ERFAH-RUNG	Erfahrungen mit diesem Thema in alltäglichen Begebenheiten; insbesondere als Tages-, Wochen- oder Monatskarte (siehe S. 12/13).
GE-SCHICHTE/ LITERATUR	Auszüge aus der Literatur oder wahre und erfundene Begebenheiten, die einen besseren gefühlsmäßigen Zugang für das Kartenthema eröffnen.

Aufbau der Großen Arkana

Der Narr (O), dem es als einziger aller 22 Trumpfkarten gelungen ist, auch in unseren heutigen Kartenspielen (als Joker) dabeizusein, nimmt eine Sonderstellung ein. Er mag für den »Helden« stehen, der die archetypischen Stationen der 21 anderen Karten durchläuft:

I UND II	Die himmlischen Eltern des Helden
III UND IV	Seine irdischen Eltern
V	Seine Erziehung
VI	Die Entscheidung, das Elternhaus zu verlassen
VII	Der Aufbruch
VIII	Die Erfahrung der Selbstverantwortlichkeit
IX	Die Suche nach dem Selbst
X	Die Begegnung mit dem Schicksal
XI	Die Verlockungen der Kraft
XII	Die Begegnung mit dem Selbst
XIII	Die Einsicht, loslassen zu müssen
XIV	Das Finden innerer Harmonie
XV	Die lockende Versuchung
XVI	Das Scheitern fester Ziele
XVII	Neue Hoffnungen
XVIII	Die dahinterliegenden Ängste

XIX	Der obsiegende Lebenswille
XX	Die Hebung des Schatzes
XXI	Das wiedergefundene Paradies.

Die Stationen I–VII decken sich in verblüffender Weise mit dem Inhaltsaufbau des Buches »Ursprungsgeschichte des Bewußtseins« von Erich Neumann, in dem er anhand der mythologischen Entwicklungsstadien die Entwicklung sowohl des kollektiven als auch des individuellen Bewußtseins beschreibt:

1. DER UROBOROS	In seiner männlichen und weiblichen Form der Magier (I) und die Hohepriesterin (II)
2. DIE GROSSE MUTTER	Die Kaiserin (III)
3. TRENNUNG DER URELTERN	Der Kaiser (IV) – Heraustreten aus der Natur
4. DIE GEBURT DES HELDEN	Der Hierophant (V) – Bewußtseinserwachung
5. DIE MUTTER-TÖTUNG	Die Liebenden (VI) – Lösung von der Mutter
6. DIE VATER-TÖTUNG	Der Wagen (VII) – den eigenen Weg gehen

Die Bedeutung der Zahlen Null, Eins und Zwei

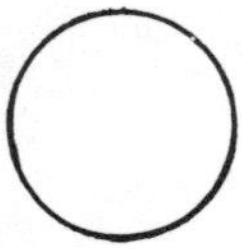

0 = der unoffenbarte Zustand. Der vollkommene Kreis als Symbol des paradiesischen Urzustands. Das, was vor dem Anfang liegt und in den Mythen als das Runde, das Ei, der Schoß oder als Uroboros (die sich in den Schwanz beißende Schlange) beschrieben wird.

1 = Der Impuls, Yang, die männliche Kraft, die Kraft der Schöpfung. Symbol des aufrecht gehenden Menschens, der aus der Null heraustritt und sie dadurch spaltet in:

2 = Die offenbarte Welt. Die weibliche Kraft, Yin, das passive, empfangende, fruchtbare Prinzip. Symbol der Dualität und des Zweifels.

Aus diesem Bild ergeben sich folgende Überlegungen:

1 und 2 bedingen einander. Die Existenz des einen verursacht die Existenz des anderen (Polaritätsgesetz).

1 und 2 benötigen einander: Der Impuls (1) ohne die aufnehmende Kraft (2) verpufft wirkungslos. Die aufnehmende Kraft (2) ohne den Impuls (1) bleibt ewig unfruchtbar.

1 und 2 sind damit gleichwertig.

1 und 2 bewirken noch keine Vielfalt, denn 1 × 2 bleibt 2. Erst durch die Vereinigung (1 + 2) entsteht die 3, wodurch Multiplikation möglich wird und die erste geometrische Figur (Dreieck) sowie die 3. Dimension entsteht.

William Blake hat diesen Dreierschritt 0 – 1 – 2 in seinem Schöpfungsbild dargestellt. (Abb. auf der folgenden Seite)

Einzeldarstellung der 22 Großen Arkana

0

Der Narr

The Fool; The Mate · Le Mat

ARCHETYP — Das Kind.

BUCHSTABE — Tau = T, Symbol = Brust oder Schoß. Zahlenwert = 400.

ZAHL — 0 ist der unoffenbarte Zustand. Die ursprüngliche Ganzheit. Das Paradoxon, daß Nichts etwas ist. Die Zahl, die weder durch Multiplikation noch durch Division geändert werden kann. Der Zustand vor Anbeginn.

In der Zahlenreihe −3, −2, −1, 0, +1, +2, +3, steht die 0 an der Stelle der weiblichen geraden Zahlen, was ihrem Symbolwert als Ei entspricht.

ZITAT — Der Traum vom erfüllten Leben hat nicht den Sinn, in seiner naivsten Form realisiert zu werden. Es kann gut sein, sich seiner immer wieder zu erinnern. Doch nur,

0

damit keine Wünsche und Erwartungen zu früh untergehen. Wer alle Glücksphantasien der Kindheit ins erwachsene Leben hinüberretten will, wird nie ein reifer Mensch. Doch wer sie abwürgt, bevor sie durch Erlebnisse aufgelöst oder beseitigt worden sind, wird zum Greis. Wirklich leben heißt bewußt verwirklichen und bewußt verzichten, erobern und Abschied nehmen, beglückt werden und leiden. *Philipp Metman*

Fürchte nie das Chaos, denn aus dem Chaos wird immer etwas geboren. Statt mir über eine chaotische Situation Sorgen zu machen, erwarte ich die Geburt. Wenn unser Verstand chaotisch wird – oder wenn mein Verstand es ist –, dann deshalb, weil es unmöglich ist, das Ganze zu sehen. *Carl Payne Tobey*

BILDER

Der Dorfdepp, der (traurige) Clown, der Spaßmacher, der Hofnarr, das Alter Ego des Königs (King Lear), der Joker, der Irre, Tor, der Lausbub, der Träumer, sich zum Narren halten lassen, der Wanderbursche, Till Eulenspiegel, der Flegel.

SYMBOLE MARSEILLE

Der Beutel mit dem Weltei, das Päckchen ungenutzten Wissens, der Hund als die Stimme des Instinkts. Die Narrenkappe. Der Hund beißt in den untersten Teil der Wirbelsäule, das 1. Chakra und erweckt damit Kundalini, die kosmische Energie oder das ruhende Feuer.

SYMBOLE WAITE

Der Narr trägt keine Kappe, der Hund beißt ihn nicht, er trägt eine weiße Rose (Reinheit und Unschuld), die Sonne strahlt, aber er droht in einen Abgrund zu fallen. Laut Waite hat es den Anschein, als ob ein Engel ihn auffangen würde und daß sein Gesicht Intelligenz und Zuversicht ausstrahlt. Der Geist auf der Suche nach Erfahrung.

HINTERGRUND

Das Chaos als System. Für ein Experiment setzte man 5 Bienen und 5 Fliegen in je eine Flasche, die zwar offen war, jedoch mit ihrem Boden gegen eine helle Fensterscheibe gelegt wurde. Da Tiere sich bekanntlich zum Licht hin orientieren, begannen die Bienen sogleich systematisch den Boden der Flasche abzusuchen, um einen Ausweg zu finden. Wären sie nicht befreit worden, hätten

0

sie so bis zu ihrer Erschöpfung erfolglos weitergemacht. In der Fliegenflasche dagegen herrschte ein chaotisches Durcheinander. Es dauerte aber keine 5 Minuten, bis auch die letzte Fliege – per Zufall – den Ausgang gefunden hatte.

ANALOGIEN	Der Kreis, der Uroborus, der Urzustand, die Kindheit.
BOTSCHAFT	Wer kein festes Ziel hat, kann sich nicht verlaufen.
QUALITÄT	Spontanität, Unbekümmertheit, Staunen, Sehnsucht, Abenteuerlust.
ZIEL	Heiterkeit, Vergnügen, das Neue.
SCHATTEN	Infantilität, der Chaot.
TRADITION. DEUTUNG +	Die intuitiv richtige Wahl, neuer Impuls, kreatives Potential. Ein neuer Zyklus, der unerfahren betreten wird. Der Narr in uns.
–	Torheit, Fehlschläge. Seine Identität mit der eines anderen verwechseln. Chaos, Zügellosigkeit, Drogenmißbrauch, Unreife, Faulheit, Unverantwortlichkeit, Entwicklungsangst.
SYNTHESE	Dem Narren ist es als einziger der Trumpfkarten gelungen zu überleben, d. h. er ist auch in unseren heutigen Kartenspielen zu finden, wo er als Joker auftaucht. Mit seiner Ziffer 0 hat er keinen festen Platz im Spiel, ähnlich wie er als Joker jede andere Karte ersetzen kann.

Er wird häufig als der Held betrachtet, der die 21 archetypischen Stationen der Großen Arkana durchläuft, um dann auf der nächsten Erfahrungsebene von neuem zu beginnen. Waite nennt ihn deshalb »den Geist auf der Suche nach Erfahrung«. Dabei führt ihn seine Neugier und seine Sehnsucht. Ohne Konzept geht er spontan und sorglos mit naiver Frische seinen Weg voller Überraschungen. Er ist das liebenswerte Kind in uns, das unser Leben lebendig sein läßt. Ganz und

0

gar nicht vernünftig mag er spielen, lachen, träumen, staunen und sich freuen. Aus der Sicht des »Erwachsenen« hat er allerdings nur Dummheiten im Kopf, die besser unterdrückt würden. Deshalb ist es unser Glück, daß er sich nur einschüchtern, nicht aber ausschalten läßt. Gerade wenn unser gescheites Ich überhaupt nicht damit rechnet, holt er einen Streich aus seiner Lausbubenkiste, der uns völlig aus der Bahn wirft und alle festen Konzepte und Erwartungen im Nu zu Makulatur werden läßt. Wenn wir Opfer seiner Tricks geworden sind, könnten wir lachen oder weinen, es kommt auf dasselbe hinaus, nur daß das Lachen mehr Spaß macht. Das Chaos, das er anrichtet, hat oft genug etwas angenehm entkrampfendes und schafft eine völlig neue Ausgangsbasis, die im Vergleich zu unseren ursprünglichen Plänen lebendig und locker ist. Wenn wir in und an unserem Leben mehr Spaß haben wollen, dann müssen wir den Narren in uns als unseren Freund gewinnen.

ALLTAGS-ERFAHRUNG

Eine verrückte Zeit. Völliges Chaos erleben. Mit naiver Frische, völlig unbekümmert an neue Erfahrungen und Aufgaben herangehen. Plötzliche Überraschungen erleben, sich des Lebens freuen, spielen.

Ein Mann sitzt in einem Straßencafé. Er traut seinen Augen nicht, als sich an den Nebentisch die Frau seiner Träume setzt. Fieberhaft fängt er an zu grübeln, wie er es am besten anstellt sie anzusprechen. Schweißperlen treten auf seine Stirn, da ihm bewußt wird, daß diese Chance einmalig ist. Keine der üblichen Floskeln des Anredens kommt in dieser Situation in Betracht. Endlicht hat er die Worte gefunden, die ihm halbwegs tauglich erscheinen. Nachdem er sie tausendmal wiederholt hat, erhebt er sich klopfenden Herzens und geht schweren Schrittes zum Tisch der Schönen. Wie in einem schlechten Film hört er sich seine Worte sagen. Dabei beugt er sich etwas zu der Sitzenden hinunter. Doch die Tischplatte, auf der er sich abstützt, ist nicht befestigt.

0

Sie kippt, und Kaffee und Kuchen rauschen hinunter, direkt auf die Kleider der Verehrten. Sekunden peinlichen Schweigens erscheinen wie Ewigkeiten, bis plötzlich beide anfangen, schallend zu lachen. Es wird eine sehr angenehme Begegnung.

GESCHICHTE

Es war einmal ein Mann, der verirrte sich in das Land der Narren. Auf seinem Weg sah er Leute, die vor Schrecken von einem Feld flohen, wo sie Weizen ernten wollten. »Im Feld ist ein Ungeheuer«, erzählten sie ihm. Er blickte hinüber und sah, daß es eine Wassermelone war.

Er erbot sich, das Ungeheuer zu töten, schnitt die Frucht ab und begann sie zu verspeisen. Jetzt bekamen die Leute noch viel größere Angst vor ihm, als sie vor der Melone gehabt hatten. Sie schrien: »Als nächstes wird er uns töten, wenn wir ihn nicht schnellstens loswerden« und jagten ihn davon.

Wieder verirrte sich eines Tages ein Wanderer in ihr Land, und auch er begegnete den Leuten, die sich vor dem vermeintlichen Ungeheuer fürchteten. Aber statt ihnen seine Hilfe anzubieten, stimmte er ihnen zu, stahl sich vorsichtig mit ihnen vor dem Ungeheuer von dannen und gewann so ihr Vertrauen. Er lebte lange Zeit bei ihnen, bis er sie schließlich Schritt für Schritt jene einfachen Tatsachen lehren konnte, die sie befähigten, nicht nur die Angst vor Wassermelonen zu verlieren, sondern sie sogar anzubauen.

Sufi-Erzählung

I

Der Magier · Der Gaukler

The Magician; The Juggler · Le Bateleur

ARCHETYP Der Zauberer.

BUCHSTABE Aleph = A, Symbol = Mensch (Adam), Allmacht. Zahlenwert = 1.

ZAHL 1 = Die offenbarte Einheit, der aufrechtgehende Mensch, der Impuls, Yang, die männliche Kraft.

Die Zahl, die in allen Zahlen enthalten ist = Die Einheit im Vielen.

JUNG Zauber, Wunder und parapsychologische Phänomene haben eines gemeinsam: die hoffnungsvolle Erwartung der Teilnehmer.

ZITATE Jedesmal, wenn mich etwas tief bewegt, sei es Poesie, Musik oder eine Landschaft, wird mir bewußt, daß ich in einem bedeutsamen Universum lebe, das Besseres

I

von mir verdient, als die kleingeistige Trägheit, in der ich gewöhnlich lebe.

Colin Wilson

Wer seine angstlose Triebfreiheit und Spielfähigkeit, seinen überlegenen Blick für menschliche Größe und Kleinheit, seine Witterung für das Selbstverständliche und seine durch keine Hemmungen und Verkrampftheiten gestörte Kenntnis edler Regungen und törichter Verstrickungen der Seele dazu benutzt, seine Mitmenschen wie Instrumente zu bespielen, sie bis an die Grenze ihrer Charakterkonsequenz zu hetzen und ihnen ihre Ratlosigkeiten mit zynischer Bonhomie zu verzeihen, muß ein Meister des jovialsten Macchiavellismus werden, ein scheinbar warmherziger und doch im Grunde eiskalter Zauberer. Er wird um sich herum das Leben steigern, Glück und Unglück ausstreuen, Lähmungen heilen und Verhärtungen aufbrechen, ohne je selbst in seinem geheimsten Ehrgeizzentrum davon berührt zu werden. Denn ihm selbst sind nicht Glück und Unglück beschieden, sondern nur Genüsse und Widerwärtigkeiten, die er wie gute und schlechte Speisen auf der Zunge schmelzen lassen oder ausspeien kann, wie es seiner schrankenlosen Selbstherrlichkeit beliebt.

Philipp Metman

BILDER

Der Schöpfer, der Meister, der Trickser, Hermes Trismegistus, der himmlische Vater, der Erlöser, der Scharlatan, der Alchimist, der Heiler, der Erz-Gauner, der Quacksalber.

SYMBOLE MARSEILLE

Die Lemniskate (∞) durch den Hut angedeutet als Zeichen der Vollendung. Der viereckige Tisch = die Ebene der Realität, darauf u. a. die 4 magischen Werkzeuge, die den 4 Tarotfarben entsprechen (Stab, Schwert, Kelch und Münze). Sie geben über das Schicksal Auskunft. Der Magier ist Meister der Realität und Herr seines Schicksals.

SYMBOLE WAITE

Der Blumengarten = die Ebene des Unbewußten.

Rote Rosen und weiße Lilien = Göttliche Liebe und seelische Reinheit, Licht.

Als Gürtel die sich in den Schwanz beißende Schlange (Uroborus) = Ewigkeit und Vollendung im Geiste.

I

Der Stab und die Arme = Verbindung von oben und unten. Weißes Gewand = Reinheit. Roter Umhang = Verschwiegenheit.

HINTERGRUND

So wie die 1 die 2 bedingt, ist die Einheit von bewußtem und unbewußtem Willen die Grundlage aller magischen Kräfte.
Das Wort Magier geht auf den persischen Priesterstand der Mager zurück, aus dem der Zoroastrismus (Zarathustra) hervorging.

Die Mager waren ein mystischer Orden von außerordentlicher Reinheit – natürliches Bindeglied zwischen den Schamanen der Steinzeit und den wirren magischen Kulturen der urbanen Zivilisation. Aus ihnen sprach das Bedürfnis des Menschen, sein tierisches Schicksal zu überwinden und »hinter den Schleier zu blicken«.

Colin Wilson

ANALOGIEN

Feuer (heiß, hell, leuchtend), Sonne, evtl. Merkur, die Mitte, Stein des Weisen, Castaneda.

BOTSCHAFT

Tu was Du tust!
Befreie das Kunstwerk aus dem unbearbeiteten Stein, Befreie die Idee aus dem Rohzustand.
Wie oben so unten.

QUALITÄT

Klugheit, Geschicklichkeit, Vorstellungskraft, Wissen, Ideen, Aktivität, Macht, Initiative, Selbstvertrauen, Einflußstärke, grenzenloser Tatendrang.

ZIEL

Beeindruckung, Erkenntnis, die Verbindung mit dem großen Einen herstellen, Herausforderungen meistern.

SCHATTEN

Der Blender. Machtmißbrauch, Hybris, Scharlatanerie, schwarze Magie.

TRADITION. DEUTUNG +

Selbstverwirklichung, Vereinigung des persönlichen Willens mit dem höheren Sinn, Meisterschaft, Macht, Weisheit, Beherrschung, Befähigung, neuer Schwung, Kraft, Konzentration.

I

- Destruktiver Machtmißbrauch, Lähmung, Entschlußlosigkeit, Konzentrationsschwäche, Scharlatanerie, Betrug.

SYNTHESE

Diese Karte zeigt außerordentliche Kraft, Meisterschaft und Einflußvermögen an. Dabei ist es nicht das krampfhafte Wollen, das zum Ziele führt, sondern der gelassene, fast selbstverständliche Glaube an die eigene Kraft und Fähigkeit, wie sie nur der harmonische Gleichklang zwischen bewußtem und unbewußtem Willen hervorbringt. Vor diesem Hintergrund entsteht eine enorme Suggestivkraft, die sowohl als Autosuggestion Ziele erreichen läßt, wie auch wirksam zur Beeinflussung anderer eingesetzt werden kann. Das Erleben dieser Kräfte läßt Alltagsprobleme als Plattheiten erscheinen und gibt ein tiefes Vertrauen in die übergeordnete Bedeutung unseres Lebens.

Damit werden Prüfungen bestanden, Herausforderungen gemeistert und höchst wirksam der Ablauf von Ereignissen beeinflußt. Aber genau hier meldet sich auch die Schattenseite der Karte. Der Mißbrauch dieser Kräfte ist verführerisch:

a) Autosuggestion wird fragwürdig, wenn suggerierte Formeln der Lebensangst entspringen und den Menschen zum funktionierenden Perfektionisten machen sollen.

b) Manipulation anderer zum Erreichen einseitiger Vorteile ist nicht nur fragwürdig sondern führt auf längere Sicht zum Vertrauensverlust.

ALLTAGSERFAHRUNG

Eine Zeit klaren Wollens und großen Erfolges. Mit (Alltags-)Problemen spielend fertig werden. Mit großer Bestimmtheit auftreten. Starken Einfluß auf andere haben bzw. den Ablauf von Geschehnissen nachhaltig beeinflussen können. Durch Meditation usw. an eine große Kraftquelle angeschlossen sein.

GESCHICHTE *Der Prinz und der Zauberer*

I

Es war einmal ein junger Prinz, der glaubte an alles außer an drei Dinge. Er glaubte nicht an Prinzessinnen, er glaubte nicht an Inseln, und er glaubte nicht an Gott. Sein Vater, der König, sagte ihm, diese Dinge existieren nicht. Und da es im Reich seines Vaters keine Prinzessinnen oder Inseln und kein Anzeichen von Gott gab, glaubte der junge Prinz seinem Vater.

Aber eines Tages lief der Prinz von dem väterlichen Palast fort. Er gelangte in das Nachbarland. Dort sah er zu seiner Verwunderung von jeder Küste aus Inseln und auf diesen Inseln seltsame und wirre Geschöpfe, die er nicht zu benennen wagte. Während er sich nach einem Boot umsah, kam ihm an der Küste ein Mann im Frack entgegen.

»Sind das wirkliche Inseln?« fragte der junge Prinz.
»Natürlich sind das wirkliche Inseln«, sagte der Mann im Frack.
»Und diese seltsamen und verwirrenden Geschöpfe?«
»Das sind alles ganz echte Prinzessinnen.«
»Dann muß Gott auch existieren!« rief der Prinz.
»Ich bin Gott«, erwiderte der Mann im Frack und verbeugte sich.

Der junge Prinz kehrte so schnell er konnte nach Hause zurück.
»Da bist du wieder«, sagte sein Vater, der König.
»Ich habe Inseln gesehen, ich habe Prinzessinnen gesehen, ich habe Gott gesehen«, sagte der Prinz vorwurfsvoll.
Der König war völlig ungerührt.
»Es gibt weder wirkliche Inseln, noch wirkliche Prinzessinnen, noch einen wirklichen Gott.«
»Ich habe sie aber gesehen!«
»Sage mir, wie Gott gekleidet war.«
»Gott war festlich gekleidet, im Frack.«
»Waren die Ärmel seines Fracks zurückgeschlagen?«
Der Prinz erinnerte sich, daß es so war. Der König lächelte.
»Das ist die Uniform eines Magiers. Du bist getäuscht worden.«

Darauf kehrte der Prinz in das Nachbarland zurück und ging an dieselbe Küste, wo ihm wieder der Mann im Frack entgegenkam.
»Mein Vater, der König, hat mir gesagt, wer du bist«, sagte der junge Prinz entrüstet. »Du hast mich das

I

vorige Mal getäuscht, aber diesmal nicht. Ich weiß jetzt, daß das keine wirklichen Inseln und keine wirklichen Prinzessinnen sind, denn du bist ein Zauberer.«
Der Mann an der Küste lächelte.
»Nein, du bist getäuscht worden, mein Junge. In deines Vaters Königreich gibt es viele Inseln und Prinzessinnen. Aber du bist von deinem Vater verzaubert, darum kannst du sie nicht sehen.«

Der Prinz kehrte nachdenklich nach Hause zurück. Als er seinen Vater erblickte, sah er ihm in die Augen.
»Vater ist es wahr, daß du kein wirklicher König bist, sondern nur ein Zauberer?«
Der König lächelte und rollte seine Ärmel zurück.
»Ja mein Sohn, ich bin nur ein Zauberer.«
»Ich muß aber die wirkliche Wahrheit wissen, die Wahrheit jenseits aller Zauberei.«
»Es gibt keine Wahrheit jenseits der Zauberei«, sagte der König. Der Prinz war von Traurigkeit erfüllt.
Er sagte: »Ich werde mich umbringen.«
Da zauberte der König den Tod herbei. Der Tod stand in der Tür und winkte dem Prinzen.
Der Prinz schauderte. Er erinnerte sich der wundervollen, aber unwirklichen Inseln und der unwirklichen, aber herrlichen Prinzessinnen.
»Nun gut«, sagte er. »Ich kann es ertragen.«
»Du siehst, mein Sohn«, sagte der König, »daß du im Begriff bist, selbst ein Zauberer zu werden.«

Zitiert aus: *John Fowles, Der Magus*

II

Die Hohepriesterin
Die Päpstin

The High Priestess; The Popess
La Papesse

ARCHETYP Die Jungfrau.

BUCHSTABE Beth = B, Symbol = Mund, Haus, Sprache. Zahlenwert = 2.

ZAHL 2 = Die Dualität, Spaltung in Subjekt und Objekt, der Halbkreis. Die Zahl der wünschenswerten Alternative oder des Zwei-fels (Zwei Fälle). Der erste Zweifel von dem die Bibel berichtet, Eva's »Sollte Gott gesagt haben?« vertrieb und vertreibt noch heute die Menschen aus dem Paradies der ruhigen Unbefangenheit. (Verzweiflung). Gleichzeitig ermöglicht nur der methodische Zweifel höhere Erkenntnis. (Der Apfel).

II

ZITAT

Die Zwei ist Zweifel, Zwist ist Zwietracht, Zwiespalt, Zwitter,
Die Zwei ist Zwillingsfrucht am Baume; süß und bitter.

Friedrich Rückert, Weisheit der Brahmanen

BILDER

Die weibliche Seite Gottes, Isis, Astarte, Jungfrau Maria, Sophia, die Empfangende, die Nonne, die himmlische Mutter.

SYMBOLE MARSEILLE

Die gelbe Schärpe = Annahme des Schicksals, auch die Verbindung zwischen rechts + links = bewußt + unbewußt.

SYMBOLE WAITE

Isis, die 3fache Mondgöttin (die Krone mit den 3 Mondphasen).

Zunehmender Mond	= die der Göttin geweihte Jungfrau.
Vollmond	= Die Hohepriesterin als Vertreterin der Göttin.
Abnehmender Mond	= Die Todesbotin.

Shekina – die geistige Braut des gerechten Menschen. Symbol göttlicher Anwesenheit. Höhere Vernunft.
Tora = das Höhere, geheime Gesetz, die Gesetzbücher Moses.
Die beiden ehernen Säulen des Tempels Salomons Boas (d. h. in ihm ist Kraft) und Jachin (d. h. er wird gründen), wobei Boas mit dem zunehmenden Mond (Wachstum und Segen) und Jachin mit dem abnehmenden Mond (Verfall und Fluch) gleichgesetzt wurden. Damit sind die Säulen Symbole der positiven und negativen Lebenskraft.
B und J wurden auch mit Baal und Jehova sowie mit Johannes Baptista (der Täufer) gedeutet.
Die Farben schwarz und weiß stehen für die beiden Seiten der Mondgöttin: Isis und Artemis wurden sowohl als weiße wie auch als schwarze Göttinnen dargestellt. Auch Maria wird an vielen Orten als die schwarze Jungfrau verehrt.
Die Säulen sind nach oben blütenartig geöffnet, was die Bereitschaft zu empfangen andeutet.

II

Der Vorhang mit Palmen und Granatäpfeln. Granatäpfel als Symbol für weibliche Schönheit, Fruchtbarkeit und Defloration: der Biß in den Apfel bei Eva, Schneewittchen und Persephone. Die Palmen für männliche Sexualität, für Erneuerung. Der Vorhang, der zerrissen werden muß, um zum Meer der Erkenntnis zu gelangen.
Die Anordnung der Granatäpfel in der Form des Lebensbaumes.

ANALOGIEN

Das lunare Wissen, das uns im Dämmerzustand des Wachbewußtseins oder in Träumen Ideen, Ahnungen und Botschaften aus dem Bereich des Unbewußten bringt.
Der Heilige Geist (im Hebräischen weiblichen Geschlechts), der nach Genesis 1,2 über dem Wasser schwebte (und das Potential der Schöpfung enthielt). Marie (d. h. die vom Meere) als das physische Gefäß, in dem die Idee verkörpert wurde.

BOTSCHAFT

Die verborgene weibliche Kraft, die sich der Erkenntnis entzieht.
Inschrift auf der Isis-Säule in Sais: »Ich bin alles, das war, das ist und das jemals sein wird. Niemals wird ein Mann erkennen, was hinter meinem Schleier liegt.« Viele verkünden und verehren die göttliche Kraft, aber nur durch die Frau wird diese Kraft zu Fleisch.

QUALITÄT

Instinkt, Intuition, Geduld, Ausdauer, Liebe, Sanftmut, Güte, Barmherzigkeit. Die verborgenen Kräfte, das Alte bewahren. Fruchtbarkeit, lebensspendende Nahrung, Erwartung.

ZIEL

Intuitive Erkenntnis, spirituelle Weisheit, Trost. Vermehrung des intuitiven (lunaren) Wissens. Vertraue Deiner Intuition.

SCHATTEN

Spinnerei, Träumerei, Realitätsflucht, Launenhaftigkeit, Unentschlossenheit, Zweifel, Falschheit, Lebensangst.

II

TRADITION. DEUTUNG + »Schutzkarte«, gute Intuition, Glück, Phantasie, Weisheit. Hilfreiche Kräfte aus dem Unbewußten.

– Egoismus, Oberflächlichkeit.

SYNTHESE

Die Hohepriesterin steht für den Bereich des nichtrationalen Wissens. Sie herrscht über die unbewußten, intuitiven Kräfte. Sie hilft Zusammenhänge zu erahnen, die der Verstand nicht erkennen kann. Sie mag Dinge bewirken, für die es keine Erklärung zu geben scheint (z. B. Heilerfolge, Wahrträume usw.).
Ihre Welt ist die des lunaren Wissens. Das ist die Ebene zwischen Wach- und Schlafbewußtsein, die uns plötzliches, unerklärbares Wissen von Ereignissen gibt, von denen unser Verstand noch nichts wissen kann. Sie ist die Hellseherin und Heilerin in uns.

Doch gerade weil diese Erfahrungen so unerklärbar sind, werden sie von unserem kritischen Verstand gerne in Zweifel gezogen, belächelt, wegrationalisiert und als Humbug bezeichnet. Aus diesem Kontrast zwischen solarem (d. i. ratinalem) Denken und lunarem (d. i. intuitivem) Wissen entstehen Zweifel und Unentschlossenheit hinsichtlich unserer Ziele und unseres Handelns. Insofern ist es falsch, die Hohepriesterin als die Zweiflerin zu betrachten, genausowenig wie den Magier, den Vertreter des solaren Prinzips. Nur das gegenseitige Konkurrieren der beiden läßt den nagenden Zweifel entstehen. Fruchtbares Zusammenwirken dagegen ist das Geheimnis der Zauberkräfte beider. Wenn der Magier der Meißel ist, dann ist die Hohepriesterin der Stein in dem das Kunstwerk verborgen liegt.
Im Laufe der Zeit hat die Hohepriesterin eine bemerkenswerte Veränderung durchgemacht: Wie die Jungfrau (ursprünglich die vom Mann unabhängige Frau) wandelte sich ihr Bild von der unersättlichen, launischen, lebenshungrigen und lustvollen Mondgöttin zur madonnenhaften, unberührten Jungfrau Maria.

II

Maria ist als göttliche Mutter über Diana in Griechenland, Isis in Ägypten, Shekina in Palästina, Astarte, Esther usw. die Nachfolgerin der Ishtar, die vor 6000 Jahren in ihrer Stadt Ninive herrschte und dort offiziell als Du Hure angeredet wurde, wobei diese Anredeform sicherlich alles andere als abfällig gemeint war.

ALLTAGS-ERFAHRUNG

Eine Phase der Erwartung und der Bereitschaft Außenimpulse aufzunehmen und umzusetzen. Geduld haben, aber auch Geduldsproben bestehen müssen, telepathische Erlebnisse, intuitive Erkenntnisse, Heilerfolge, Zukunftsträume, aber auch nagender Zweifel.

GESCHICHTE

Parzifal schlief ein.
Jedoch bald war es ihm, als ob das Pferd durch eine Bewegung ihn geweckt hätte; und als er die Augen aufschlug, sah er, wie Allat den Kopf in die Höhe hob und ihn mit seinen großen schönen Augen anblickte. »Warum Parzifal« – sprach das Pferd – »warum triebst du mir nach einem so langen, ermüdenden Tage die Sporen grausam in die Flanken? Wenn du nur wüßtest, wie weh uns das tut!« Parzifal antwortete nicht, denn er war stumm vor Erstaunen, das Tier reden zu hören. »Du mußt nicht glauben, daß ich dir darob böse bin« – fuhr Allat fort – »du bist mein Herr, und dir gehorchen, dir dienen, alles von dir erdulden, ist mein einziger Lebenszweck, wenn du mich nur bis an mein Lebensende bei dir behältst, bin ich glücklich. Aber, lieber Herr, du bist gar so unvernünftig! Wären wir, als wir in die Ebene hinunterkamen, rechts abgebogen, so hätten wir in einem halben Stündchen ein trautes Haus erreicht, umringt von Obstbäumen, wo gute Menschen wohnen; du hättest zu essen und zu trinken bekommen und ein gutes Bett zum Schlafen, anstatt hier draußen in der Kälte liegen zu müssen bei leerem Magen; und für mich hätte es herrlichen Hafer gegeben, und ich hätte morgen prächtig laufen können... Du glaubst mir nicht? Ach, weißt du, mit meiner großen Nase habe ich das Haus von ferne gespürt, und daß die Menschen drinnen gut sind, das sagte mir mein Herz; denn ebenso wie wir schärfer wittern als ihr, ebenso erraten wir durch das Herz mehr, als ihr Menschen ahnen könnt. Ja, weißt du, laß mich dir die Wahrheit sagen, da ich mir doch einmal die Freiheit

II

nehme, offen mit dir zu reden. Ihr Menschen erscheint mir trotz eurer großen Vernunft und eurem vielen Lesen und Schreiben und Rechnen doch gewaltig dumm! Nicht nur, daß du heute von jenem Hause nichts merktest, sondern nicht einmal, als ich dir davon sagte, verstandest du mich.« Parzifal blieb immer noch stumm vor Erstaunen. »Nun ja« – sprach Allat weiter – »da wo wir hätten abbiegen müssen, sagte ich es dir doch; ich sprach so deutlich wie ein Mensch nur sprechen kann ... das heißt, verzeih, so deutlich, wie ein Pferd nur sprechen kann: ich wieherte, blickte dich an und warf mit dem Kopfe! Ja, ich bin überzeugt, selbst mein Vetter, der Esel, hätte mich gleich begriffen (und außerdem hätte ich es ihm gar nicht zu sagen brauchen, da er gescheit genug gewesen wäre, die Sache selber zu merken!) und du! was tatest du? Wenn ich mich recht entsinne, nanntest du mich ›faules Vieh‹ und dann gabst du mir die Sporen!« »Ach verzeih mir, lieber, guter, treuer Freund!« sprach endlich Parzifal – »du siehst, die Strafe für meine schlechte Tat trage ich schon, denn Kälte und Hunger plagen mich. Aber vor allem, sage mir, wann kannst du denn reden?« Allat seufzte tief: »Ach diese Menschen! diese Menschen! da haben wir es gleich wieder! Seit wann ich reden kann? Nun, das versteht sich doch von selbst: seit jeher! Wie sollte ein Tier sein ohne Rede? Nicht ich habe auf einmal reden gelernt, sondern du hast endlich einmal mich verstehen gelernt.«

III

Die Kaiserin · Die Herrscherin

The Empress · L'Impératrice

ARCHETYP — Die Mutter.

BUCHSTABE — Ghimel = G, Symbol = Greifende Hand, Kamel, Hals. Zahlenwert = 3.

ZAHL — 3 = die Vereinigung der Gegensätze (Yin / Yang, Feuer / Wasser)
Die ausgleichende Zahl. Drei Auflagepunkte geben Stabilität. Laut Pythagoras die erste reale Zahl. 1 und 2 sind *wesent*lich, entsprechen aber keiner geometrischen Figur und damit nicht der physischen Realität. Die Urschwingung, die sich immer wiederherstellende Einheit.
Erst die 3 ermöglicht Vielfalt (Multiplikation) und Räumlichkeit (3 Dimensionen). Aller guten Dinge sind 3.

III

Drei schafft eine neue stabile Ebene, indem sie die Polarität zwischen 1 und 2 nicht negiert sondern überwindet. Sie ist das versöhnende Prinzip zwischen der vorhergehenden Polarität, dann jedoch auch wieder Ausgangsbasis für den nächsten Dreierschritt (z. B. Vater + Mutter = Sohn, These + Antithese = Synthese). Diese Urschwingung oder der göttliche Entwicklungsrhythmus wird durch die mystische Gleichung 3 = 1 dargestellt und sieht am Beispiel einer Treppe wie folgt aus:

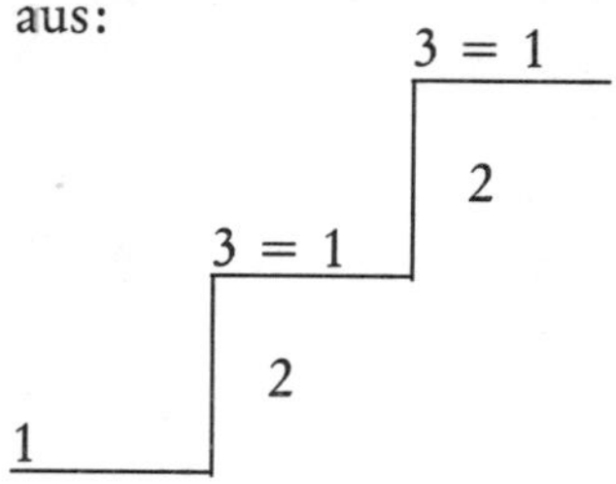

1 ist der Annäherungsimpuls,

2 die Bereitschaft und Hubkraft

3 die neue Ebene und gleichzeitig Ausgangsbasis für den nächsten Schritt.

ZITAT

Das Tao erzeugt die Einheit, die Einheit erzeugt die Zweiheit, die Zweiheit erzeugt die Dreiheit – die Dreiheit erzeugt die zehntausend Wesen.

Lao Tse, Tao-Te-King

BILDER

Eva, die Madonna, die Gebärende, die Gefährtin, Mutter Erde, die Natur, die Quelle.

SYMBOLE MARSEILLE

Der goldene Adler = Geisteskraft, auf der mittleren Ebene = intuitive Erkenntnis.

SYMBOLE WAITE

Mutter Natur mit dem Diadem aus 12 Sternen für die 12 Monate des Jahres = Herrscherin der Jahreszeiten.
Auf dem Schild das Venuszeichen, in der Hand das Zepter mit der Kugel als Zeichen für die Welt = das irdische Paradies.
Das Kornfeld = üppigste Fruchtbarkeit.
Der Fluß = die ständig fließende Lebenskraft.

ANALOGIEN

Das Matriarchat, der Säugling, die Natur, der Acker, Venus, die Naturgesetze, die Gefühlswelt.

III

BOTSCHAFT — Jede Geburt bedeutet Schmerz und Blut für das neue Leben. Die Kraft der Liebe vereint die Gegensätze und läßt Neues entstehen.

QUALITÄT — Das Neue enthüllen, Sicherheit, Geborgenheit, Wärme, Kreativität.

ZIEL — Urvertrauen, Wachstum, Vielfalt.

SCHATTEN — Die furchtbare, fressende Mutter, Stiefmutter. Das Erdbeben, der Vulkanausbruch, der Drachen. Kali (die blutrünstige Gefährtin Schiwas), Medusa, die Hexe, Femme fatale. Wildwuchs, Willkür, Chaos.

TRADITION. DEUTUNG + — Ehrgeiz, Fruchtbarkeit, Schwangerschaft, Kreativität, Erfolg, Sehnsucht.

– — Schwache Gesundheit, Unergiebigkeit, Uneinsichtigkeit.

SYNTHESE — Die Herrscherin steht für die üppig wachsende Natur und damit für Kreativität, Geborgenheit, Versorgen und Umsorgen oder aber für die bedrohlichen, alles verschlingenden oder zerstörenden Naturgewalten. Im Sinne ihrer Zahl 3 bringt sie als Ergebnis der Vereinigung der Gegensätze (1 und 2) stets das Neue zur Welt und schafft damit die neue Ausgangsbasis für den nächsten Entwicklungsschritt. Hinter der mystischen Gleichung 3 = 1 steht das Bild: Vater + Mutter = Sohn; wobei in der nächsten Generation der Sohn zum Vater wird (3=1). Da dies die Gesetzmäßigkeit der gesamten Entwicklung ist, wird die 3 auch die göttliche Urschwingung genannt und ist als Trinität in allen höherentwickelten Religionen zu finden als:

1 = das impulsgebende Prinzip,
2 = das empfangende Prinzip,
3 = das versöhnende, wandelnde, weiterführende, neue Prinzip.

III

ALLTAGS-ERFAHRUNG

Eine außerordentlich schöpferische Phase. Eine Zeit, in der ein lange unterschwellig drückendes Problem endlich bewußt und klar erkannt wird. Neue Ideen haben. Neue Situationen schaffen. Starke innere Spannungen, die sich in Musik, Dichtung, Ideen, Handwerk usw. ausleben wollen.
Eine intensive Auseinandersetzung mit dem Kinderwunsch.

LITERATUR-AUSZUG

Schon nach wenigen Schritten überwältigt uns der Duft der Wermutbüsche. Ihre graue Wolle bedeckt die Ruinen, soweit das Auge reicht. Ihr Saft gärt in der Hitze und verbreitet über das ganze Land einen Duftäther, der zur Sonne steigt und den Himmel schwanken macht. Wir gehen der Liebe und der Lust entgegen. Wir suchen weder Belehrung noch bittere Weisheit der Größe. Sonne, Küsse und erregende Düfte – alles Übrige kommt uns nichtssagend vor. Ich möchte hier nicht allein sein. Oft bin ich hierher gekommen mit denen, die ich liebte und habe auf ihren Gesichtern das leuchtende Lächeln der Liebe gelesen. Hier überlasse ich es andern, an Maß und Ordnung zu denken, und gehöre ganz der ausschweifenden Ungebundenheit der Natur und des Meeres. Auf dieser Hochzeit der Ruinen und des Frühlings sind die Ruinen wieder Steine geworden, haben die ihnen von den Menschen aufgezwungene Glätte verloren und sind wieder eingegangen in die Natur. Und die Natur hat verschwenderisch Blumen gestreut, die Rückkehr dieser verlorenen Kinder zu feiern.

Camus, Hochzeit des Lichts

DREI

These – Antithese – Synthese
Vater – Mutter – Kind
Positiv – Negativ – Neutral
Rajas – Tamas – Sattwa
Vergangenheit – Zukunft – Gegenwart
Ja – Nein – Möglich
Anfang – Mitte – Ende
Wurzel – Stamm – Krone
Sonnenball – Sonnenlicht – Sonnenwärme
Vorhof – Heiliges – Allerheiligstes (Tempel)

III

3 Erzväter – Abraham, Isaak, Jakob
3 Söhne Noahs – Sem, Ham, Japhet
3 Söhne Adams (und Evas) – Kain, Abel, Seth
3 Tage und 3 Nächte war Jonas im Bauch des Fisches
3 mal wurde Jesus von Petrus verleugnet
3 Heilige Könige
3 mal zerriß der Vorhang im Tempel
Am 3. Tage auferstanden von den Toten.

3 Gottheiten

Dreieinigkeit – christlich (heilig, heilig, heilig)
3 Brüder – Zeus, Poseidon, Hades (griechisch)
Jupiter, Neptun, Pluto (dto. römisch)
Brahma, Vishnu, Schiwa (hinduistisch)
Osiris, Isis, Horus (ägyptisch)
Wodan, Donar, Ziu (germanisch)
3 griechische Mondgöttinnen – Artemis, Selene, Hekate
Anu, Enlil, Ea (sumerisch)
Samasch, Sin, Ischtar (babylonisch)

3 als veränderliche Qualität:

Ruhe	Spannung	Bewegung
Bewegung	Entspannung	Ruhe
Nichtsein	Werden	Sein
Sein	Vergehen	Nichtsein
Leben	Sterben	Tod
Tod	Geburt	Leben
Tag	Abend	Nacht
Nacht	Morgen	Tag
Sommer	Herbst	Winter
Winter	Frühling	Sommer

Als Dreierschritt in den Geheimwissenschaften:

1. Astrologie – geheime Naturlehre
   Lehre vom Einbau des Menschen in den Kosmos.

2. Alchimie – geheime Evolutionslehre
   Lehre von der Verwandlung des Niedrigen in das Höhere.

III

3. Magie – geheime Ethik
   Lehre von dem Gebrauch und der Lenkung der Kräfte, die die Entwicklung leiten.

IV
Der Kaiser · Der Herrscher

The Emperor · L'Emperor

ARCHETYP — Der Vater.

BUCHSTABE — Daleth = D. Symbol = Tür, Tafel, Brust, Schoß. Zahlenwert = 4

ZAHL — 4 = irdische Realität, Vermittler zwischen dem Außen und dem Innen, dem Unten und Oben:
1. Glühender Kern (Feuer), 2. Gase (Luft), 3. Grundwasser (Wasser),
4. Erde,
3. Meere (Wasser), 2. Luft (Luft), 1. Sonne (Feuer).

Ordnung, Stabilität, Orientierung (4 Himmelsrichtungen). 1 + 2 + 3 + 4 = 10 = der Beginn eines neuen Zyklus.
Das würfelförmige Haus = das menschliche Königreich (Kaaba).

IV

Die erste Quadratzahl.
Das Quadrat als das vereinte Wirken der 4 Elemente.
Das Quadrat als das Symbol für Haus und Ort findet sich in unseren Worten Quartier und Stadtviertel.

JUNG

Die Quaternität ist ein Archetypus der sozusagen universell vorkommt. Sie ist die logische Voraussetzung für jedes Ganzheitsurteil. Wenn man ein solches Urteil fällen will, so muß dieses einen vierfachen Aspekt haben. Wenn man z. B. die Ganzheit des Horizontes bezeichnen will, so nennt man die vier Himmelsrichtungen. Es sind immer vier Elemente, vier primitive Qualitäten, vier Farben, vier Kasten in Indien, vier Wege im Sinne von geistiger Entwicklung im Buddhismus. Darum gibt es auch vier psychologische Aspekte der psychischen Orientierung, über die hinaus nichts Grundsätzliches mehr auszusagen ist. Wir müssen zur Orientierung eine Funktion haben, welche konstatiert, daß etwas ist (Empfindung), eine zweite, die feststellt, was das ist (Denken), eine dritte Funktion, die sagt, ob einem das paßt oder nicht, ob man es annehmen will oder nicht (Fühlen) und eine vierte Funktion, die angibt, woher es kommt und wohin es geht (Intuition). Darüber hinaus läßt sich nichts mehr sagen ... Die ideale Vollständigkeit ist das Runde, der Kreis, aber seine natürliche minimale Einteilung ist die Vierheit.

ZITAT

Es ist lange her, daß ich an Realität geglaubt habe. Ich ziehe die schöne/schreckliche Welt meiner subjektiven Erfahrung jenen kalten wissenschaftlichen Erklärungen vor, die auf die Dauer doch keineswegs realer, dafür aber entschieden weniger unterhaltsam sind als meine eigenen Phantasien und Träume.

Sheldon Kopp

Die Wirklichkeit ist das, womit man unter gar keinen Umständen zufrieden sein, was man unter gar keinen Umständen anbeten und verehren darf, denn sie ist der Zufall, der Abfall des Lebens. Sie ist auf keine andere Weise zu ändern, als indem wir sie leugnen, indem wir zeigen, daß wir stärker sind als sie.

Hermann Hesse

BILDER

Der Patriarch, der erwachte Mensch, der Himmel.

IV

SYMBOLE MARSEILLE

Das Kreuz, die gekreuzten Beine = 4.
Der goldene Adler auf dem Boden = Realitätsbewußtsein.

SYMBOLE WAITE

Der Stab = ägyptisches Henkelkreuz = Ankh = Leben = Symbol des ewigen Lebens und der zeugenden Kraft (Kundalini), auch Crux Ansanta genannt, findet sich bei vielen heidnischen Gottheiten wie Baal, Astarte, und bei den Trojanern, Etruskern, Chaldäern. Wurde als Erfindung des Teufels betrachtet. Möglicherweise die Vereinigung von Lingam und Yoni, dem Symbol der Hindus für die männliche und die weibliche Sexualität.
Der Stab in der rechten Hand = Er regiert mit dem Verstand,
Das Zepter ohne Kreuz = Irdischer Herrscher.
Vier Widderköpfe am Thron: Symbol der Stärke, des Aufbruchs der Kräfte, Mut und Führungsanspruch.
Die eiserne Rüstung = Strenge, Kühle, Steifheit.

ANALOGIEN

Das Patriarchat, das rationale Prinzip, Logos, das erwachende Bewußtsein des Kindes, die Gesetze des Verstandes, Zivilisation.

BOTSCHAFT

Ich schaffe Ordnung, Sicherheit und Stabilität.

QUALITÄT

Herrschaft über das Denken, Erschaffen, Erkennen, Stabilität, Perspektive, Realismus, Objektivität, Verantwortungsbewußtsein.

ZIEL

Herrschaft des Geistes über die Natur, Verteidigung des Erreichten, Ordnung und Klarheit im Unterschied zu Willkür und Chaos.

SCHATTEN

Der grausame, strenge Vater (Chronos), Selbstherrlichkeit, Perfektionismus, intuitionslose Gescheitheit. Die Enge der Realität, Rationalität als Gefängnis. Ordnung, die zum Selbstzweck wird, und ihre eigene, inhumane Gesetzmäßigkeit entwickelt.

IV

TRADITION. DEUTUNG + Eintreten, Wahrwerden, Verwirklichung, Erreichen von etwas. Praktische Fähigkeiten, Berühmtheit, Schaffen von Ordnung, stabile Phase.

– Erstarrung, Prinzipienreiterei, Neigung zu Übertreibungen, Unreife, Unfähigkeit zu konsequentem Handeln.

SYNTHESE Wie die Zahl 4 sowohl die Wirklichkeit (4 Elemente) als auch die irdische Ordnung (4 Himmelsrichtungen) symbolisiert, so steht der Herrscher als Karte für den Verwirklicher, den Macher und den Ordner.

Zwischen den Karten III und IV verläuft eine hartumkämpfte Grenze, der Zaun von dem Hans Peter Dürr spricht, auf dem die Hexe Hagazussa hockt. Es ist die Grenze zwischen Natur und Wildnis einerseits und Kultur und Zivilisation andererseits. Wird diese Grenze nicht ständig vom Herrscher verteidigt, holt sich die Herrscherin Stück für Stück zurück, was ihr mühsam abgerungen wurde. Die Häuser zerfallen, die Autos verrosten. In diesem Jahrhundert scheint es der Kaiser allerdings erstmals soweit gebracht zu haben, die Kaiserin total zu verdrängen. Womit die Grenzstreitigkeiten vorerst erledigt wären.

Die allgemeine Zivilisationsverdrossenheit angesichts dieser Perspektive sollte aber nicht unbeachtet lassen, daß uns das Ordnungs- und Klarheitsbestreben des Kaisers Sicherheit und Komfort ermöglicht, wie es die rauhen Sitten und willkürlichen Bräuche der Kaiserin nicht kennen. Die Dame ist sehr launenhaft, bei ihr herrscht das gnadenlose Recht des Stärkeren; in fruchtbaren Zeiten gibt sie mehr als wir verzehren können, in kargen Zeiten läßt sie ihre Kinder hungern und frieren. Insofern ist der Rechtsstaat, der Komfort und die Kontinuität des Kaisers nicht unsympathisch. Oder?

Es ist unsere Aufgabe, die hartumkämpfte Grenze durchlässig werden zu lassen.

IV

ALLTAGSERFAHRUNG

Aufräumen, klare Verhältnisse schaffen. Sich seine Zeit systematisch einteilen. Dinge in Ordnung bringen (das reicht von der einfachen Reparatur bis zur Bereinigung zerrütteter Verhältnisse). Eine Zeit nüchterner, pragmatischer Vorgehensweise. Ideen und Pläne (endlich) in die Tat umsetzen.
Wünsche verwirklichen (... sich manchmal von selbst).

VIER

4	Himmelsrichtungen	Osten	Süden	Westen	Norden
4	natürliche Richtungen	vorne	rechts	hinten	links
4	Elemente	Luft	Feuer	Wasser	Erde
4	Qualitäten	trocken	warm	feucht	kalt
4	Temperamente	Sanguiniker	Choleriker	Phlegmatiker	Melancholiker
4	Evangelisten	Matthäus	Markus	Lukas	Johannes
4	Propheten	Jesaja	Jeremia	Hesekiel	Hosea
4	Erzengel	Raphael	Michael	Gabriel	Uriel
4	apokalyptische Reiter				
4	Paradiesflüsse	Gehon	Euphrat	Hyddekel	Phison
4	alchemistische Stufen	Merkurius	Äther	Salz	Sulfur
4	Tageszeiten	Morgen	Mittag	Abend	Nacht
4	Jahreszeiten	Frühling	Sommer	Herbst	Winter
4	archetyp. Stationen	Auferstehung	Frühlingsgott	Opfertod	Winterstarre
4	Tarotentsprechungen	Das Gericht	Der Wagen	Der Gehängte	Der Eremit
4	Gralshelden	Merlin	Arthur	Nimue	Morgana
4	Tarotzeichen	Schwert	Stab	Kelch	Münze
4	MA Stände	Ritter	Bauern	Klerus	Kaufleute
4	Kartenfarben	Pik	Kreuz	Herz	Karo
4	Mondphasen	zunehmend	Vollmond	abnehmend	Neumond
4	keltische Hexensabbate	Lichtmeß	Walpurgis	Lammas	All Hallow E'en
	in den Nächten zum	2. Februar	1. Mai	2. August	1. November
4	Buchstaben f. Gott (Tetragrammaton)	Yod	He	Vau	He
4	Winde	Euros	Notos	Zephyros	Boreas

IV

4	Grundrechen-arten	Addition	Subtraktion	Multi-plikation	Division
4	Kardinal-tugenden	Gerechtig-keit	Stärke	Hilfs-bereitsch.	Mäßigkeit
4	Jung'sche Typen	Denken	Fühlen	Intuition	Empfinden
4	Teile der Sphinx	Haupt	Krallen	Flügel	Leib
	Entspre-chungen	Wassermann	Löwe	Skorpion (Adler)	Stier (Bär)
4	Weltalter	Goldene	Silberne	Eherne	Eiserne
4	Stimmen	Sopran	Tenor	Alt	Baß
4	Zustände (der Hindus)	Wachen	Traumschlaf	Tiefschlaf	Versenkung

Die 4 Buchstaben »Adam« stehen für die 4 Himmelsrichtungen auf griechisch:

Anatole	Dusis	Arkto	Mesembria

Die 4 Buchstaben für Jesus = INRI stehen für die 4 Elemente auf hebräisch:

Jebuscha	Nour	Ruach	Iammin

Ist die Entfernung Sonne – Saturn = 100, dann ist die jeweilige Entfernung zur Sonne von:

Merkur	= 4	= 4
Venus	= 4 + 3	= 4 + 3
Erde	= 4 + 2 × 3 × 1	= 4 + 6
Mars	= 4 + 2 × 3 × 2	= 4 + 12
Mallona (heute: Asteroidengürtel)	= 4 + 2 × 3 × 4	= 4 + 24
Jupiter	= 4 + 2 × 3 × 8	= 4 + 48
Saturn	= 4 + 2 × 3 × 16	= 4 + 96

V

Der Hierophant · Der Papst · Der Hohepriester

The Pope · Le Pape

ARCHETYP — Der Heilige.

BUCHSTABE — He = H, Symbol = Atem, Luft, Schlitz. Zahlenwert = 5.

ZAHL — 5 = die Quintessenz = die Synthese aus der gegebenen Realität der 4. Die Zahl des Menschen (5 Finger, Sinne), die Summe aus der göttlichen Dreiheit und der menschlichen Dualität. Das Pentagramm. Das 5. Element des Ostens – Äther.

JUNG — Vom Glauben spricht man, wenn man ein Wissen verloren hat. Glauben und Unglauben an Gott sind bloßer Ersatz.

V

ZITATE

Dreißig Jahre lang ging ich auf der Suche nach Gott, und als ich ihm am Ende dieser Zeit die Augen geöffnet hatte, entdeckte ich, daß er es war, der mich suchte.

Bajezid Bastami

Die Speichen bilden das Rad,
wo sie nicht sind, liegt ihre Bedeutung.
Der Ton formt den Krug,
wo er nicht ist, liegt seine Bedeutung.
Die Wände formen den Raum,
wo sie nicht sind, liegt ihre Bedeutung.
Das Leben ist die Form,
wo es nicht ist, liegt seine Bedeutung.

Lao-Tse, Tao-Te-King

Wir müssen klar zwischen Glauben und Vertrauen unterscheiden, weil nach allgemeiner Übung Glauben die Bedeutung eines geistigen Zustandes erlangt hat, der fast das Gegenteil von Vertrauen ist. Glauben – wie ich das Wort hier benutze – ist das Beharren darauf, daß die Wahrheit so ist, wie man sie »gern haben« möchte oder sie sich wünschen würde. Der Glauben will sein Bewußtsein der Wahrheit unter der Bedingung erschließen, daß sie mit seinen vorgefaßten Ideen und Wünschen übereinstimmt. Hingegen ist Vertrauen eine vorbehaltlose Erschließung des Bewußtseins gegenüber der Wahrheit, wie immer diese aussehen mag. Vertrauen kennt keine Voreingenommenheit, es ist ein Sprung ins Unbekannte. Glaube klammert sich, Vertrauen aber läßt sich treiben. In diesem Sinne des Wortes ist Vertrauen die grundlegende Tugend der Wissenschaft und ebenso jeder Religion, die nicht Selbsttäuschung ist.

Alan W. Watts, Die Weisheit des ungesicherten Lebens

BILDER

Der Stellvertreter Gottes, die Brücke zwischen Gott und den Menschen, der Repräsentant des geistigen Gesetzes.

SYMBOLE MARSEILLE

Erstmals treten menschliche Figuren den Archetypen gegenüber.
2 Säulen + 2 Novizen + 1 Papst = 5.
Der Stab in der Linken bedeutet: Er regiert durch das Herz.

SYMBOLE WAITE

Dreifache Krone und dreifaches Kreuz als Zeichen der Zuständigkeit über Himmel, Erde und Hölle.

V

Das W auf der Krone steht wahrscheinlich für Arthur E. Waite. 2 Säulen jedoch im Unterschied zur Karte II in gleicher Farbe = Das Wesentliche (die Quintessenz) ist gleich.
Zeichen der Hand = Der offenbarte und verhüllte Teil der Lehre.
Schlüssel: Schlüsselgewalt, Verschwiegenheit, das Recht Sünden zu vergeben, geistige Kraft. 2 Schlüssel: Zugang zum Bewußten wie Unbewußten, Symbol des Petrus im Wappen der Päpste.
»Und ich will Dir des Himmelreichs Schlüssel geben. Alles, was Du auf Erden binden wirst, soll auch im Himmel gebunden sein, und alles, was Du auf Erden lösen wirst, soll auch im Himmel los sein.«
Rosen und Lilien auf den Kutten der Mönche = göttliche Liebe und seelische Reinheit.

HINTER-GRUND

Hierophant (griech.) »Einer, der die heiligen Dinge erklärt.« In den griechischen Mysterien der einzige Enthüller der heiligen Lehren, Oberster Eingeweihter und einziger Interpret esoterischer Geheimnisse.

ANALOGIEN

Das Pentagramm mit der Spitze nach oben, der Heilige Geist, das geistige Gesetz.

BOTSCHAFT

Es gibt mehr Dinge zwischen Himmel und Erde als wir mit unserem Verstand erkennen können.

Könnten wir weisen den Weg, es wäre kein ewiger Weg. Könnten wir nennen den Namen, es wäre kein ewiger Name.

Lao-Tse, Tao-Te-King

QUALITÄT

Sinnsuche, Offenbarung, Wahrheitssuche, Subjektivität, Vertrauen, Wegweiser der Erlösung.

ZIEL

Erleuchtung, Bedeutungsfindung, seinen Vorsätzen treu bleiben.

SCHATTEN

Der Propagandist des eigenen Standpunktes. Pharisäer, Heuchler, Scheinheilige. Intoleranz, Anmaßung, esoterische Arroganz.

V

TRADITION. DEUTUNG + Schutzkarte. Ansehen, Loyalität, Organisationstalent, Erkenntnis.

– Gesundheitsprobleme, Unentschlossenheit, Nachlässigkeit.

SYNTHESE Das 5. Element Äther erhebt uns über die Ebene der irdischen Gegebenheit, der reinen Wirklichkeit und verleiht dieser ihre Bedeutung. Gleichzeitig treibt es uns zu permanenter Suche nach dem Sinn des Lebens und nach der tieferen Bedeutung von Ereignissen an. Daraus ergibt sich die rational nicht ausreichend zu belegende Gewißheit, Teil einer höheren Ordnung zu sein. Dies symbolisiert der mit der Spitze nach oben gerichtete Fünfstern, das Symbol des Menschen. Er beinhaltet das Fünfeck in dem sich wiederum ein Fünfstern einpaßt und steht damit für die harmonische Eingliederung des Menschen in den Kosmos.

Der Hohepriester vertritt die Ebene des Glaubens, der Subjektivität im Gegensatz zur Objektivität des Kaisers (IV). Er ist der Astrologe, der Kaiser »nur« der Astronom.

Das Zeichen seiner Hand sagt im Gegensatz zur ausgestreckten Hand des Teufels (XV), daß es mehr Dinge gibt als wir sehen können. Dieses »mehr«, das die Bedeutung bzw. die Quintessenz aus dem Gegebenen und Sichtbaren ist, will er vermitteln.

Die Karte steht damit für tiefreichende Einsichten, Fragen des Glaubens und der Geborgenheit, die der Glaubensgewißheit entstammt.

ALLTAGS-ERFAHRUNG Fassen neuer Vorsätze. Verstehen tieferer Bedeutung (in trostlosen Situationen). In der Sinnfindung, Selbsteinordnung, Selbstausrichtung spürbar vorankommen. Trost finden. Ein persönlich entscheidendes Buch in die Hand bekommen. Durch ein Gespräch einen für die eigene Fortentwicklung wichtigen Anstoß erhalten.

GESCHICHTE Ein besonders frommer Derwisch geht tief in Gedanken versunken an einem Flußufer entlang. Plötzlich

wird er aufgeschreckt durch den laut hinausgeschrienen Derwischruf »U YA HU«. Der Derwisch hört genau hin und sagt zu sich: »Das ist vollkommener Blödsinn, denn der Rufer spricht die Silben ganz falsch aus. Richtig muß es heißen ›YA HU‹.«

V

Er weiß, daß er als wissender Schüler die Pflicht hat, diesen unglücklichen Schüler eines Besseren zu belehren. Deshalb mietet er sich ein Boot und rudert zu der im Fluß liegenden Insel, von der die Schreie kommen. Dort findet er einen Mann in einem Derwischgewand in einer Hütte, der sich zu dem Schrei rhythmisch bewegt.

»Mein Freund«, sagt der Derwisch, »du sprichst das falsch aus. Es ist meine Pflicht, dich darauf hinzuweisen. Du mußt das so aussprechen.« Und er macht es ihm vor.

»Danke«, sagt der andere demütig, und der erste Derwisch steigt wieder in sein Boot. Er ist zufrieden mit sich, weil er wieder eine gute Tat vollbracht hat. Denn es wird gesagt, daß derjenige, der die richtige Formel benutzt, sogar über Wasser gehen kann.

Kaum ist er am Ufer, tönt es wieder aus der Hütte: »U YA HU.« Während der besonders fromme Derwisch über die Halsstarrigkeit der menschlichen Natur zu meditieren beginnt, sieht er plötzlich eine merkwürdige Erscheinung. Von der Insel her kommt der andere Mann auf ihn zu – und der geht auf der Wasseroberfläche!

Starr vor Staunen läßt der Fromme den anderen an sein Ruderboot herantreten und hört ihn sagen: »Bruder, entschuldige, wenn ich dich noch einmal belästige, aber ich bin zu dir gekommen, um dich zu bitten, mir noch einmal die richtige Formel des Ausrufs zu nennen, denn ich kann ihn nur so schwer behalten.

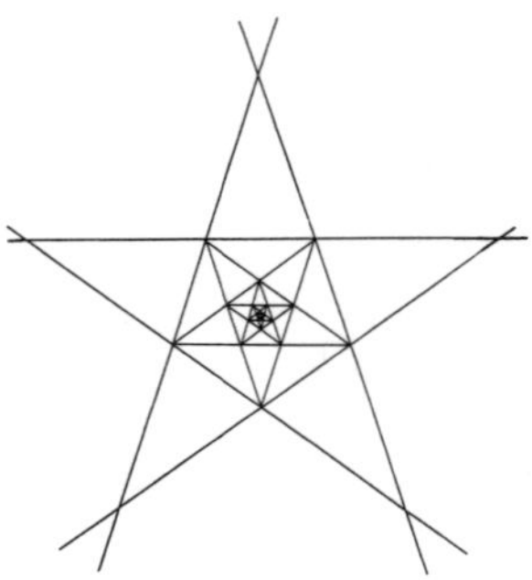

DER FÜNFSTERN UND DAS FÜNFECK ALS SYMBOL DER EINGLIEDERUNG DES MENSCHEN IN DEN KOSMOS.

V

Die Zahlen 3, 4, 5 in Keplers Weltharmonielehre

Wie wir gesehen haben, stellen sich die Zahlen 3, 4 und 5 innerhalb der ersten 10 Zahlen mit besonderer Signifikanz für uns Menschen dar:

3 die Zahl der göttlichen Urschwingung, des ewigen Entwicklungsrhythmus,
4 die Zahl der irdischen Realität und unserer Orientierung,
5 die Zahl der Quintessenz und die Zahl des Menschen.

Kepler zeigt in seiner Weltharmonielehre übergeordnete Zusammenhänge, die gerade von diesen Zahlen ausgehen. Das nachstehende Dreieck und damit auch alle darin enthaltenen Dreiecke haben das Seitenverhältnis 3 : 4 : 5. Nimmt man die Länge der Teilabschnitte als Schwingungszahl erhält man die 7 Töne unserer Dur-Tonleiter sowie die jeweiligen Dur-Dreiklänge. Nimmt man die Längen als Maße von Instrumentensaiten erhält man die Moll-Dreiklänge.

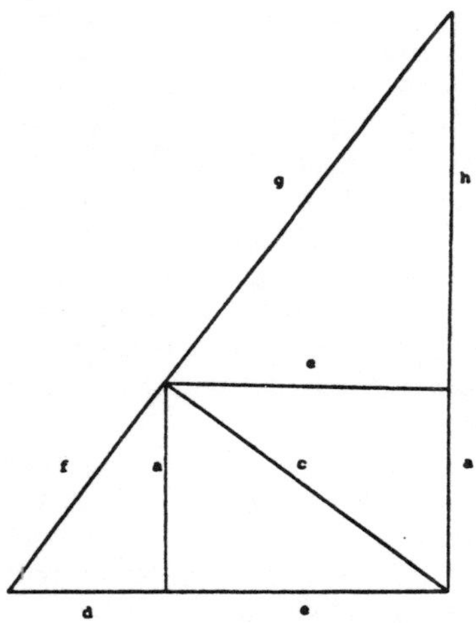

Ebenfalls aus diesen Zahlen 3, 4 und 5 entstehen die einzigen 5 vollkommenen geometrischen Körper, die die Geometrie kennt. Darunter versteht man Figuren, die einen gemeinsamen Mittelpunkt haben und deren Oberfläche sich aus gleichmäßigen Flächen (Dreiecke, Vierecke usw.) zusammensetzt. Es sind dies:

Tetraeder – Vierflächner (die Dreieckspyramide)
Oktaeder – die Achtflächner
Ikosaeder – Zwanzigflächner, der aus Dreiecken besteht und
Hexaeder – Sechsflächner (der Würfel), der aus Vierecken besteht und
Dodekaeder – Zwölfflächner (Diamant), der aus Fünfecken besteht.

V

Kepler hat nun diese Figuren so ineinandergestellt, daß der Würfel von der kleinstmöglichen Kugel umgeben ist und von der größtmöglichen ausgefüllt wird. In diese innere Kugel kommt nun die größtmögliche Dreieckspyramide, in deren innere Kugel der größtmögliche Zwölfflächner, in dessen Kugel der Zwanzigflächner, dem dann der Achtflächner folgt, in dem die letzte Kugel liegt. Somit ergeben sich in und um die 5 Körper insgesamt 6 Kugeln. Betrachtet man nun den Abstand der einzelnen Kugeln voneinander, so entspricht dieses Abstandsverhältnis dem Abstand der Umlaufbahnen der Planeten von Merkur bis Saturn:

1. Kugel = Saturn darin Würfel
2. Kugel = Jupiter darin 4-Flächner
3. Kugel = Mars darin 12-Flächner
4. Kugel = Erde darin 20-Flächner
5. Kugel = Venus darin 8-Flächner
6. Kugel = Merkur

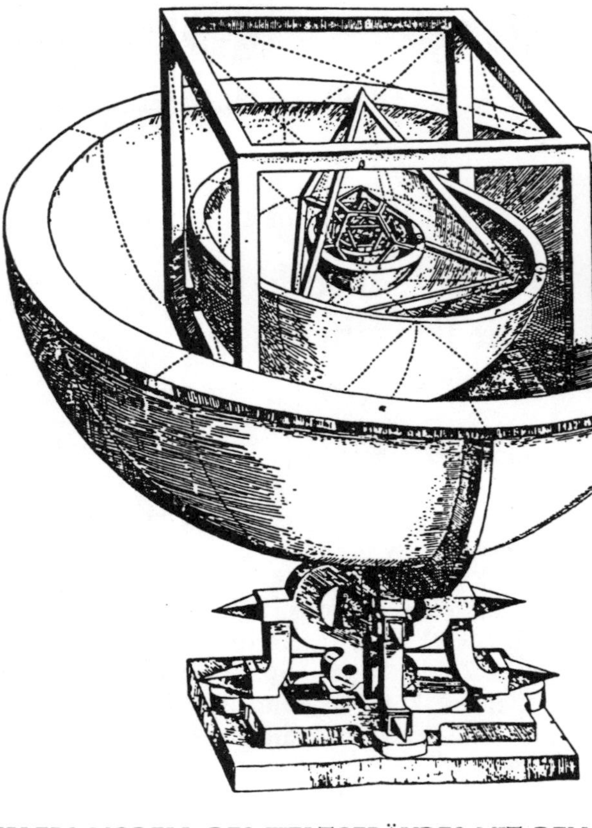

KEPLERS MODELL DES WELTGEBÄUDES MIT DEN INEINANDER GESCHACHTELTEN PLATONISCHEN KÖRPERN.

VI

Die Liebenden
Die Entscheidung

The Lover; The Lovers · L'Amoureux

ARCHETYP — Amor, der Scheideweg.

BUCHSTABE — Vau = W/V, Symbol = Auge, Ohr, Nagel, Licht. Zahlenwert = 6.

ZAHL — 6 = die Zahl, die aus sich herausgeht (im Gegensatz zur 9). Laut Pythagoras die erste vollkommene Zahl; sie ist Summe und Produkt ihrer Teile: 1 + 2 + 3 = 6 und 1 × 2 × 3 = 6.
Die Zahl der Vollständigkeit – 6 Tage der Schöpfung.
Die Zahl Gottes in der Welt – 2 Dreiecke ergeben 1 Quadrat.
In der Natur als Bienenwabe der ideale Baustein.

JUNG

Das Zusammentreffen von zwei Persönlichkeiten ist wie eine Mischung zweier verschiedener chemischer Körper: tritt eine Verbindung überhaupt ein, so sind beide gewandelt.

VI

ZITATE

Alle Entscheidungen müssen auf der Basis unzureichender Daten gefällt werden! Und doch sind wir verantwortlich für alles was wir tun.

Sheldon Kopp

Was bewegt die Männer, die, von einer Geliebten zur anderen wandernd, alle Spielarten weiblicher Reize und weiblicher Liebe an sich vorbeiziehen lassen müssen, um das Leben als lebenswert zu empfinden? Ihre nie aufhörende Sucht nach immer neuen Eroberungen beruht auf einem verborgenen Zweifel an ihrer Fähigkeit, überhaupt ein Weib ganz zu gewinnen und an sich zu binden. Sie gehen durch das Leben wie halbreife Jünglinge, die nur mit einem Teil ihres Wesens die Instinktnatur des Weibes lieben, mit dem anderen Teil aber unsicher sind und von der Frau ihrer Träume ein mütterlich-schwesterliches Entgegenkommen erhoffen. Da sie selbst um diesen inneren Widerspruch zugleich wissen und nichts wissen, benehmen sie sich auch den Frauen gegenüber zugleich wie selbstsichere Männer und zögernde Jünglinge. Die Weiber nun, die ihr zögerndes Wesen gleich mit in Kauf nehmen oder sich so anstellen, als sähen sie es nicht, lassen sie gleich wieder laufen, denn sie sagen sich: die sich so mütterlich geben, fürchten sich offenbar vor dem Kampf der Geschlechter, solche kann man nicht ernst nehmen. Und jenen, die sich die jünglinghafte Art nicht gefallen lassen, spielen sie ein männliches Gehabe vor. Fallen die Frauen aber darauf herein, so sagen sie sich: mit so dummen Geschöpfen kann man nicht glücklich sein. Wenn aber eine weder von ihren Schauspielkünsten geblendet wird, noch irgendwelcher Unsicherheit wohlwollend entgegenkommt, so wenden sie sich entsetzt von einem so herzlosen Wesen ab.
Es gibt aber auch noch eine andere Art erotischen Selbstbetrugs, die auf den ersten Blick gar nicht so aussieht. Ich meine eine Art übertriebener Gefühlslosigkeit und bewußt zur Schau getragener Härte, die einem unersättlichen Ehrgeiz entspringt, mächtiger, stärker, gefährlicher und gefürchteter als irgendein anderer Mann zu sein. Die Männer, die sich in diese Lebenshaltung flüchten, haben im tiefsten Versteck ihrer Seele doch auch nur eine ungeheuerliche Angst,

VI

das Geheimnis wahrer Männlichkeit gar nicht zu besitzen. Und da haben sie denn auch ganz recht. Denn ihnen fehlt die Fähigkeit, Ehrfurcht und Raserei sich verbinden zu lassen, wie es nur die Gnade der Aphrodite in einem Menschen zuwege bringen kann.
Aus all dem sollten aber die Hausbackenen, die sich nicht schämen, ihre Frauen als schützende Mütter, verständnisvolle Kinderfrauen und erotische Pflegerinnen zu betrachten, nicht etwa entnehmen, daß ihre Gebundenheit besser wäre als die Unbeständigkeit jener anderen.

Philipp Metman, Mythos und Schicksal

BILDER

Eros, das Parisdilemma. Der Konflikt: Jungfrau – Weib, reiner Geist – sündiges Fleisch, Heilige – Hure, die Schöne und das Tier.

SYMBOLE MARSEILLE

Der Mensch erscheint in natürlicher Größe = selbstbewußt. Dargestellt ist die Entscheidung zwischen Mutter und Geliebter. Darüber der Cupidus.

SYMBOLE WAITE

Adam und Eva. Dahinter der Baum des Lebens mit 12 Früchten und der Baum der Erkenntnis von Gut und Böse mit der Schlange. Daran (nur noch) vier Früchte – ursprünglich 5 entsprechend den 5 Sinnen. Darüber der Erzengel Raphael. Darstellung der »reinen Liebe«. Waite hat auf das Entscheidungsthema bewußt verzichtet.

ANALOGIEN

Der 6strahlige Stern, der Stern Salomons, das Schild Davids, das Zeichen Vishnus, die mystische Ehe zwischen Shiwa und Shakti, der aus 2 Dreiecken bestehende Stern: Das obere Dreieck Feuer, zeigt Richtung Eros und Schicksal, das untere Dreieck Wasser, zeigt Richtung Erde.

BOTSCHAFT MARSEILLE

Es gibt keine Probleme, nur Unentschiedenheiten. Deine Entscheidungen werden dadurch richtig, daß du zu ihnen stehst.

BOTSCHAFT WAITE

Du kannst niemanden zwingen, dich zu lieben. Du bist in dem Maße liebenswert, wie du dich selber annimmst.

VI

QUALITÄT

Entdeckung des individuellen Bewußtseins, Vollmündigkeit. Liebesbereitschaft, Bindungswille und -fähigkeit (Waite).

ZIEL

Recht auf Entscheidung, Verantwortungsbereitschaft.
Hingabe und Vereinigung der Gegensätze (Waite).

SCHATTEN

Entscheidungsschwäche, Halbherzigkeit.
Selbstaufgabe, Haß, krankhafte Eifersucht (Waite).

TRADITION. DEUTUNG +

Entscheidung, Lösung aus Abhängigkeiten, Selbstverantwortung.
Wahre Liebe, Heirat, neue Beziehung (Waite).

–

Zögern, Pessimismus, schlechte Gesundheit, Impotenz, Untreue, Laster, schlechte Verbindung.

SYNTHESE

Der Schwerpunkt der alten Kartenspiele liegt eindeutig auf der Entscheidungsthematik. Damit heißt eine Botschaft der Karte auch »Du kannst nicht alles haben«. Um zu bekommen, was Du begehrst, mußt Du etwas anderes, das Dir vertraut und lieb ist, loslassen. Oder wie es ein chinesisches Sprichwort veranschaulicht: »Du mußt Deine Hände öffnen, wenn Du Wasser schöpfen willst. Mit geballten Fäusten erreichst Du so gut wie nichts«. Waite hält diese Entscheidungsthematik für lächerlich und stellt stattdessen das Thema »reiner Liebe« dar. Doch auch dieser Erfahrung geht eine Entscheidung voraus. Sie ist aber wohl mehr eine Entscheidung für jemand/etwas als gegen etwas. Ich selbst deute die Karte je nach Kartenspiel unterschiedlich.

ALLTAGS-ERFAHRUNG

Entscheidungen jeder Art, d. h. sich für oder gegen etwas entscheiden. Sich verlieben, der großen Liebe begegnen, innerhalb der Beziehung/Ehe eine neue Phase intensiver Liebe erleben. Eine neue, wichtige Bekanntschaft machen. Aber auch sich mit Liebe einer Aufgabe widmen.

VI

GESCHICHTE

Uranus, dem Herrn des großen Schweigens und der sich entfaltenden Schau, dem Herrn des gestirnten Himmels, galt einst Gaia (die Erdgöttin) als stille empfangende Mutter der Güte, aus deren Schoß das aus seinen Sternenhöhen in sie träufelnde Licht der Nacht als farbenreiche Blumenwelt geboren werden sollte. Statt dieser gebar sie ihm unfaßbar wütende Dämonen, deren Wildheit die Allmacht seines in reglosem Leuchten verharrenden Meditierens brutal bedrohte. Darauf schuf er selbst den Fluch des Hasses, der ein Fluch des Nichtsehenwollens ist, und stieß die Ungeheuerlichen in den Tartaros zurück. Zu einem Krampf der Zeugung erstarrte seine Liebe, bis Chronos (sein Sohn) – die Mutter rächend – den von Uranus selbst unsichtbar vollzogenen Schnitt zwischen dem göttlichen Leib und dem haßgeladenen Organ mit der Sichel vollendete.

Das wogende Element des Weltmeeres, das den abstürzenden Teil des Gottes auffing, löste seine innere Starre und offenbarte zum ersten Male, daß aller Haß nur hartgepreßte Liebe ist: dem von den Wellen emporgeworfenen Schaum entstieg die vergebens Verleugnete: Aphrodite. In den Tiefen des Okeanos versenkte sie das Geheimnis der Haßliebe und der kalten Gier, und als Aphrogenes, als Schaumgeborene, zauberte sie aus den schaukelnden Massen des grenzenlosen Wassers alle Dunst- und Traumgestalten hervor, deren lokkende Versprechungen die von ihnen Betörten immerfort suchend von Liebe zu Liebe irren läßt, ohne je in Wirklichkeit zu finden, was sie anzieht. Als Königin des schönen Scheins führt sie seitdem jene Suchenden, die es nicht vermögen, wie Chronos den Blick in das Reich des härtesten Hasses und kältester Verachtung zu ertragen, in eine Traumwelt lieblicher Lösungen und anmutvoller Unentschiedenheiten.

Uranus, den Herrn der Stille, mit den seinem Schöpfungsakt entsprungenen Donnerdämonen zu versöhnen, bleibt den Menschen vorbehalten. Die tosenden Wirbel der Welt, der Kampf der Kreatur, das Hervorstürzen und Zusammenbrechen ringender Organismen, das Brüllen der Elemente, Geburt und Zerstörung, ewige Handlung und Unrast, Sehnsucht, Überraschung, Angst und Haß in der eigenen Seele als Symphonie des Lebens brausen zu hören und zu bejahen, ist die Leistung der großen Liebenden. Dieses letzte Geheimnis der Aphrodite ruht in den dunklen

Tiefen der den weiten Reif der Horizontes tragenden Gewässer. Seine Wächter sind die Fische.

Philipp Metman, Mythos und Schicksal

VI

Zwei (göttliche) Dreiecke bilden das Quadrat irdischer Realität.

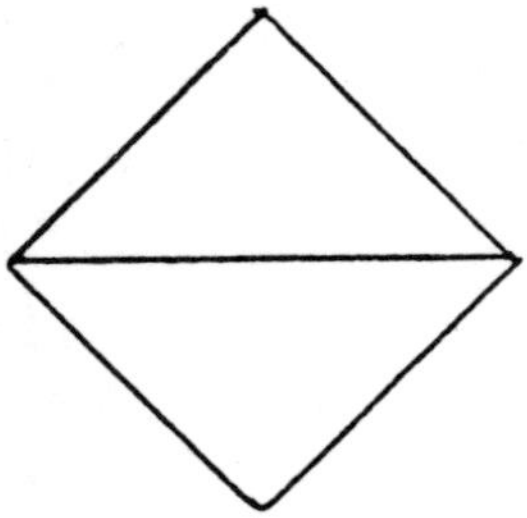

Ineinandergeschoben entsteht daraus der 6strahlige Stern, das Symbol des göttlichen Wirkens in der Welt, das Zeichen der Weltsexualität, der Stern Davids, Vishnus, etc.

Göttliche Ebene — Spirituelle Dimension

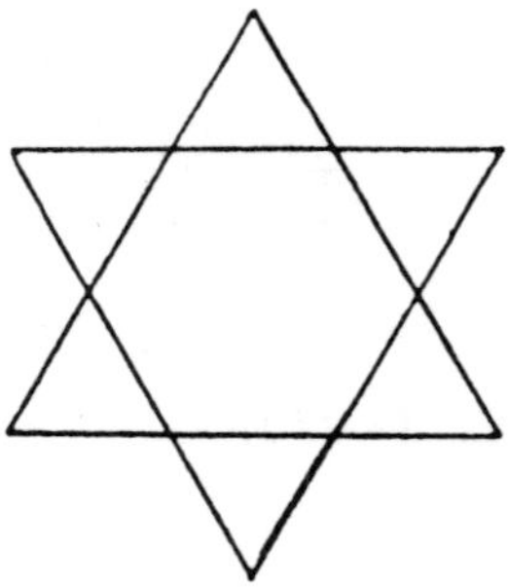

Irdische Ebene — Materielle Dimension

VII
Der Wagen · Der Siegeswagen Der Karren

The Chariot; The Cart · Le Chariot

ARCHETYP — Der Aufbruch des Helden.

BUCHSTABE — Dsain = S/Ds, Symbol = Pfeil, Waffe, Blitz, Sieg. Zahlenwert = 7.

ZAHL — 7 = Zahl göttlicher und irdischer Harmonie (3 + 4), des Schicksals und der Wandlung. 7 Tage der Woche, 7 fette / magere Jahre. Die Punkteaddition von 2 gegenüberliegenden Würfelseiten ergibt immer 7. Die 7 Schöpfungen. Die 7 alchimistischen Phasen der Transformation unter dem Einfluß von 7 Metallen und 7 Planeten (Sonne bis Saturn). Wenn der Umfang eines Kreises 22 (Zahl der Großen Arkana) ist, dann ist sein Durchmesser 7 ($22:7 = \pi$). Für die Pythagoräer eine Krisen-

zahl, die mit Krankheiten in Verbindung gebracht wurde.

VII

BILDER

Der Sonnenwagen, Phaeton, Ikarus, Elias mystischer Wagen, Hesekiels Feuerwagen, der Krieger, der triumphierende Osiris.

SYMBOLE MARSEILLE

4 Säulen (für die 4 Elemente) + 1 Fahrer = 5 = Quintessenz.

2 Pferde für die positive und negative Seite des Animalischen, auch physische und geistige Kraft, Lebenswille und Bewußtsein. 2 Masken auf den Schultern = Urim und Thummim, die von den Hohen Priestern Israels zur Befragung von Gottes Willen benutzt wurden (von Luther mit Licht und Recht übersetzt). Auch Sonne und Mond als Leitlichter, Licht und Schatten. Ein Brustschild, in dem in vier Reihen je 3 Edelsteine angeordnet sind (wie in 2. Moses 28,15 ff als Amtsschild beschrieben). S. M. Simon Magnus – Samaritanischer Zauberer, wird später als Erzketzer verteufelt und zum Stammvater der gnostischen Sekten.

SYMBOLE WAITE

Der Wagen wird von Sphinxen gezogen. Im Phaidros beschreibt Platon einen solchen Wagen als Sinnbild für die menschliche Seele. Der Fahrer trägt einen achtstrahligen Stern in der Krone (Hinweis auf die Lemniskate ∞ in I). An der Vorderseite des Wagens vermutlich Lingam und Yoni, das männliche und weibliche Zeichen der Hindus.

Ein strahlendes Viereck auf der Brust des Fahrers (irdischer Herrscher). Das Panzerhemd mit alchemistischen Symbolen. Der Stab (des Magiers) mit der goldenen Spitze deutet edle Ziele an. Die Stadt im Hintergrund = die schützenden Mauern der Stadt wurden verlassen.

ANALOGIEN

Die Pubertät, die siegreiche Sonne im Frühjahr.

BOTSCHAFT

Der junge König bringt neue Kraft und neue Ideen.

VII

QUALITÄT

Der Aufbruch der Kräfte, die Flucht nach vorn. Das Halten des Gleichgewichts (im zweirädrigen Wagen).
Das Koordinieren 2 divergierender Kräfte (Pferde).

ZIEL

»Die Hebung des Schatzes«. Das Finden und Erobern des eigenen Platzes in dieser Welt. Sieg.

SCHATTEN

Ichaufblähung, Selbstüberschätzung, Rücksichtslosigkeit, Leichtsinn.

TRADITION. DEUTUNG +

Sieg, Triumph, Harmonie, erfolgreicher Abschluß einer langen Tätigkeit, Begabung, Situation unter Kontrolle haben. Der gerade Weg nach vorn.

–

Selbstherrlichkeit, Größenwahn, Kontrolle/Orientierung verlieren. Letztlich an Hindernissen scheitern.

SYNTHESE

Der Siegeswagen steht für alle einen freudigen Aufbruch begleitenden Erfahrungen und Eigenschaften: Mut, Zuversicht, Begeisterung, Tatendrang, Initiative. Aber auch für die Geschicklichkeit des Wagenlenkers: das Halten des inneren und äußeren Gleichgewichts und die Fähigkeit, die von Natur aus gegensätzlichen Zugrichtungen der Pferde (z.B. Wollen und Fühlen) zu einem gemeinsamen Vorwärtsstürmen zu bringen. Wie bei nur wenigen anderen Karten, drängt sich hier die Schattenseite mit in den Vordergrund: die Selbstüberschätzung, das Verkennen der nur begrenzten Fähigkeiten. Daran erinnern die Mythen mit Erzählungen vom Flug des Ikaros und von Phaeton. Insofern warnt die Karte gleichzeitig vor Unmäßigkeit und erinnert daran, die eigenen Grenzen zu respektieren. Ebenfalls auf der Schattenseite ist auch die »Ersatzreise« des Drogentrips zu sehen.

ALLTAGSERFAHRUNG

Widersprüchlichkeiten meistern. In einer Angelegenheit ein deutliches Stück vorankommen. Mit Elan an eine Aufgabe herangehen. Gegensätzlich-

keiten zusammenbringen. Eine von Trennung bedrohte Beziehung wieder »flott« bekommen. Unternehmungslust. Fortziehen.

VII

SIEBEN

7 Jahre braucht der Körper, um sich völlig zu erneuern.
7 Weltwunder
7 Haupttöne
7 Tore Thebens, die 7 Kämpfer gegen Theben
7 Schlangenköpfe der Lernäischen Hydra
7 Hügel Roms
7 Schwaben
7-Meilenstiefel
7-Schläfer
7 Zwerge
7 Raben
7 sichtbare Planeten der Alten
7 Wochentage
7 Schöpfungstage
7 Chakras, die 7 mystischen Lotosblüten
7 Halswirbel
7 Tugenden, 4 weltliche und 3 religiöse
7 Christlichen Sakramente (Taufe, Konfirmation, Eucharistie, Reue, Ordensgelübde, Ehe, letzte Ölung)
7-armige Leuchter – Chanuk
7 Bitten des Vaterunsers
7 Stockwerke des Tempels von Babylon
7 Stufen am Throne Salomons
7 Meere
7 Priester mit 7 Posaunen blasen 7 Tage bis zum Fall von Jericho
7 Tage des Passah- und des Laubhüttenfestes

Offenbarung:

7 Gemeinden
7 Geister
7 goldene Leuchter
7 Sterne
7 Siegel
7 Hörner
7 Engel

7 Posaunen
7 Donner
7 Häupter
7 Kronen
7 Plagen
7 goldene Schalen
7 Könige

VII

Böse Sieben

7 Todsünden (Stolz, Geiz, Unkeuschheit, Neid, Zorn, Unmäßigkeit, Trägheit)
7 Plagen (manchmal auch 10)
7 Strafengel
7 Jahre Teuerung
7 böse Geister

In der chaldäischen Reihe werden die sieben sichtbaren Planeten (einschließlich Sonne und Mond) nach ihrer durchschnittlichen Umlaufgeschwindigkeit geordnet:

♄ ♃ ♂ ☉ ♀ ☿ ☽

Bringt man die Planeten in dieser Reihenfolge reihum auf die Spitzen eines Siebensterns und betrachtet dann ihre Reihenfolge gemäß den Linien des Sterns, so erhält man die Reihenfolge der Wochentage:

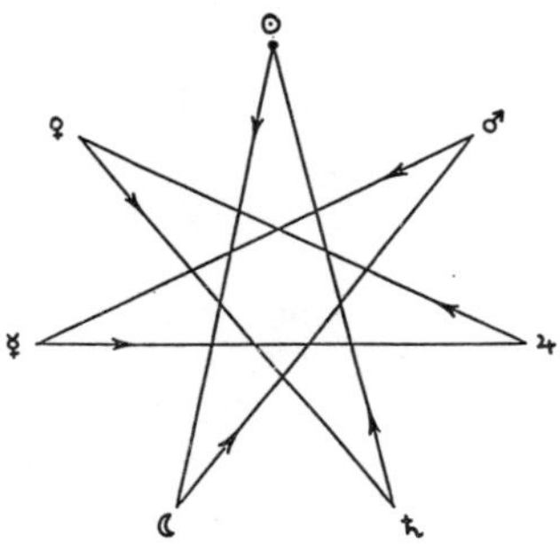

Planet	Deutsch	Keltisch	Englisch	Französisch
☉ = Sonne	Sonntag	Sunna	Sonday	Dimanche
☽ = Mond	Montag	Mano	Monday	Lundi
♂ = Mars	Dienstag	Zio	Tuesday	Mardi
☿ = Merkur	Mittwoch	Wodan	Wednesday	Mercredi
♃ = Jupiter	Donnerstag	Tunar	Thursday	Jeudi
♀ = Venus	Freitag	Fria	Friday	Vendredi
♄ = Saturn	Samstag	Loki	Saturday	Samedi

VIII

bei Waite Nr. XI

Die Gerechtigkeit

Justice · La Justice

ARCHETYP — Der Richter.

BUCHSTABE — Chet = Ch, Symbol = Acker, Keim, Mauer, Zaun. Zahlenwert 8.

ZAHL — 8 = die Zahl der Gerechtigkeit und des Ausgleichs, da sie in 2 gleiche Zahlen (4) geteilt werden kann, die weitergeteilt wiederum gleiche Zahlen ergeben.
Alle 8 Jahre gibt es einen ungefähren Ausgleich des Mond- und des Sonnenkalenders.
Das Achteck steht als Übergang vom Quadrat zum Kreis und damit als Mittler zwischen der göttlichen und der irdischen Ebene.
Die Acht, die das negierende N der Nacht nicht

VIII

besitzt, ist in allen Sprachen unbewußter Ausdruck der Wachheit und Helligkeit:
eight – night / huit – nuit /
otto – notte / ocho – noche /
octo – nox (noctu)

JUNG

Moral wurde nicht in Form von Tafeln vom Sinai heruntergebracht und dem Volk aufgenötigt, sondern die Moral ist eine Funktion der menschlichen Seele, die so alt ist wie die Menschheit ... Sie ist ein instinktives Regulativ, welches auch das Zusammenleben in der Tierherde ordnet.

ZITAT

Ich liebe den Bösen, der weiß, daß er böse ist, mehr als den Gerechten, der weiß, daß er gerecht ist. Von den Bösen aber gar, die sich für gerecht halten, ist das Wort gesagt: »Noch an der Schwelle der Unterwelt kehren sie nicht um.« Denn sie wähnen, man führe sie zur Hölle, damit sie die Seelen aus ihr erlösen.

Erzählungen der Chassidim

BILDER

Kardinaltugend, der Engel Gabriel, die Vertreibung aus dem Paradies, König Salomon.

SYMBOLE MARSEILLE

Die Waage als Symbol des Ausgleichs und als Meßinstrument. Das Schwert, das weder zum Angriff noch zur Verteidigung gehalten wird, dient zur Unterscheidung, Entscheidung und Vollstreckung.

SYMBOLE WAITE

2 Säulen dazwischen ein Vorhang (wie II) in violett, der letzten für uns sichtbaren Spektralfarbe. Dahinter der goldene Himmel. Begrenztheit irdischer Gerechtigkeit.
Schwert und roter Mantel = Mars
Waage und grüner Kragen = Venus.
Die Tochter von Mars/Venus (Ares/Aphrodite) heißt Harmonia. Der rechte Fuß (bewußte Seite) ist sichtbar. Die Figur der Dike (Astraia), die zu Beginn des eisernen Zeitalters die Erde verließ und zum Sternbild Jungfrau wurde.

ANALOGIEN

Das geschriebene Recht als Abstraktion des Rechtsempfindens.

VIII

BOTSCHAFT

Du bist selbstverantwortlich.

Du bist frei, zu tun, was immer Du willst. Du mußt nur bereit sein, die Konsequenzen zu tragen. *Sheldon Kopp*

QUALITÄT

Mittlerfunktion zwischen idealem Anspruch und irdischer Machbarkeit. Objektivität, Gerechtigkeit, Vergangenheitsbewältigung, Urteilsvermögen.

ZIEL

Bewahren der Ordnung, des Gleichgewichts. Stabilität, Fairneß, Urteil, Beurteilung, Entscheidung, Unterscheidung, sein Recht bekommen.

SCHATTEN

Selbstgerechtigkeit, »Law and Order«, Vorurteile.

TRADITION. DEUTUNG +

Guter, gerechter, fairer Ausgang, Gleichgewicht, Aufrichtigkeit, Aufgabe alter Gewohnheiten.

–

Unrecht, Voreingenommenheit, Selbstquälerei, Brutalität, Unehrlichkeit, Pharisäertum.

SYNTHESE

Das Spektrum dieser Karte ist weitreichend: Gerechtigkeitsempfinden, Urteilsvermögen setzen Objektivität, Kompromißfähigkeit vielleicht sogar salomonische Weisheit voraus und verlangen Entscheidungskraft.

Die Gerechtigkeitskarte erinnert an Goethes berühmte Worte: »Nur das Gesetz kann uns die Freiheit geben«, da Rechtslosigkeit automatisch zum Recht des Stärkeren und damit zu Willkür und zur Benachteiligung aller schwachen Gruppen führt. Insofern hat diese Karte mit der traditionellen Nr. VIII (= 2 × 4) Verwandtschaft mit dem Kaiser (IV), dessen Anliegen ebenfalls das Aufrechterhalten der Ordnung ist.

Justitia wird schon seit jeher als Frau dargestellt. Gleichzeitig erinnert das Äußere der Karte an die Hohepriesterin (II). Damit wird angedeutet, daß Recht und Rechtssprechung kein formal logischer Vorgang ist, sondern gleichfalls eines guten Gespürs bedarf.

Waite hält es nicht für notwendig, zu erklären, warum er diese Karte mit der Karte Kraft (XI) in

VIII

der Reihenfolge ausgetauscht hat. Insofern halte ich eine Spekulation über seine Beweggründe für müßig und ziehe die alte Reihenfolge vor:
1. Auf Grund der Zahlensymbolik: 8 die Zahl der Gerechtigkeit und 11 die Zahl der Sünde, und
2. Im Sinne der Ausgewogenheit des Aufbaus der Trümpfe: Die erste Dekade wird von der männlichen Kraft des Magiers (I), die zweite Dekade von der entsprechenden weiblichen Kraft (XI) eingeleitet.

Die Karte steht für Ausgewogenheit und Gleichgewicht der Kräfte. Diese Themen sollten allerdings nicht mit der inneren, gelassenen Harmonie verwechselt werden, die durch die Karte der Mäßigkeit (XIV) dargestellt wird. Mit Gleichgewicht der Kräfte kann auch das sogenannte Gleichgewicht gemeint sein, daß angeblich nur durch Wettrüsten sicherzustellen ist.
Im entsprechenden Umfeld bedeutet die Karte »guter Ausgang einer Angelegenheit», wobei hier wiederum »gut« nicht gleichbedeutend mit wünschenswert sein muß und natürlich schon gar nicht als einseitiger Vorteil zu Lasten anderer zu verstehen ist.
Die Karte verspricht, daß einem Gerechtigkeit widerfährt, was auch bedeutet »sein Recht zu bekommen«, im Sinne von »auf seine Kosten kommen«. Andererseits kann das natürlich auch heißen, mit den negativen Folgen früherer Handlungen konfrontiert zu werden.

ALLTAGS-ERFAHRUNG

Zu seinem Recht kommen. Kräftemäßiges Gleichgewicht erleben bei gemeinsamen Aktivitäten, Diskussionen, Konflikten. Eine Phase ungetrübten Urteilsvermögens, hoher Kompromißfähigkeit und Ausgewogenheit. In Auseinandersetzungen schlichtend eingreifen. Die Karte ist auch als Aufforderung zu verstehen, nicht gegen die Grundregeln der Fairneß zu verstoßen.

IX
Der Eremit

The Hermit · L'Hermite

ARCHETYP	Der alte, weise Mann.
BUCHSTABE	Theth = Th, Symbol = Obdach, Ziel, Geheimnis. Zahlenwert = 9.
ZAHL	9 = die Zahl, die sich in sich zurückzieht (im Gegensatz zur 6, die aus sich herausgeht). Die Zahl der Weihung (3 × 3) und Besinnung. Die Zahl die immer auf sich selbst zurückkommt: 9 + 9 = 18 = 9 (Quersumme), 1 + 2 + 3 + 4 + 5 + 6 + 7 + 8 + 9 = 45 = 9, 9 × 1 bis 9 ergibt immer eine Zahl deren Quersumme 9 ist. Nach 9 Jahren trägt der Haselstrauch Früchte. Seine Nuß gilt als Symbol konzentrierter Weisheit (eine Nuß knacken).

IX

Die neunte Sephira = Jesod = sod = Geheimnis und Je/Jod = 10 = das Geheimnis der 10.
Vollendungs- und Schicksalszahl: 9 Monate zwischen Empfängnis und Geburt. Jesus starb zur 9. Tagesstunde.
3 × 9 Tage brachten die Initianden des Zeus in einer Höhle zu. In einem irischen Augustinerkloster (Lough Derg) mußte man sich zunächst 7 Tage reinigen und fasten, am 8. Tag wurde man in einen Sarg gelegt, am 9. erhielt man die letzte Segnung und wurde dann in eine Höhle geführt, »dem Fegefeuer des St. Petrick«, in der man diesen Tag – wenn nicht für immer – verblieb.

JUNG

Der Mensch würde gewiß keine siebzig und achtzig Jahr alt, wenn diese Langlebigkeit dem Sinn seiner Spezies nicht entspräche. Deshalb muß auch sein Lebensnachmittag eigenen Sinn und Zweck besitzen und kann nicht bloß ein klägliches Anhängsel des Vormittags sein. Bei primitiven Stämmen sehen wir zum Beispiel, daß fast stets die Alten die Hüter der Mysterien und Gesetze sind, und in diesen in erster Linie drückt sich die Kultur des Stammes aus. Wie steht es in dieser Hinsicht bei uns? Wo ist die Weisheit unserer Alten? Wo sind ihre Geheimnisse und Traumgeschichte? Fast eher wollen es bei uns die Alten den Jungen gleichtun. In Amerika ist es sozusagen das Ideal, daß der Vater der Bruder seiner Söhne und die Mutter womöglich die jüngere Schwester ihrer Tochter ist.

ZITAT

Die Demagogen, die Impresarios der Selbstentfremdung, die schon verschiedene Zivilisationen zugrunde gerichtet haben, belästigen die Menschen, damit sie nicht nachdenken, sie bemühen sich, sie in großen Massen zusammenzuhalten, damit sie ihre Persönlichkeit nicht da aufbauen können, wo sie einzig und allein aufgebaut werden kann, in der Einsamkeit. (...) Und mit all dem erreichen sie, daß die Menschen sich von Leidenschaften hinreißen lassen und in Eifer und Schrecken sich *außer sich* versetzen. Und da der Mensch das Lebewesen ist, dem es gelungen ist, sich in *sich selbst* zurückzuziehen, so ist es klar, daß er einer

tieferen Stufe zustrebt und in die Tierheit zurückfällt, wenn er sich außer sich versetzt.

José Ortega y Gasset, Der Mensch und die Leute

IX

BILDER

Der Einsiedler, der (Wander)Mönch, der Pilger, Jesus in der Wüste, der Prophet, der Hirte, Merlin.

SYMBOLE MARSEILLE

Das Licht als Wegweiser, Lebensflamme, Weisheit.
Die Kutte – blau = geistige Kraft, Gelb = alchemistisches Gold.
Die Laterne – das Licht der okkulten Wissenschaft, von der Kutte geschützt = verborgen.

SYMBOLE WAITE

Laterne nicht verhüllt, darin leuchtet ein Stern. Weniger das Bild des Suchers als des Erleuchters. Das Eis steht für die Kühle der Zurückgezogenheit. Die Kapuze, die vor Fremdbeeinflussung schützt.

ANALOGIEN

Die introvertierte Seite des Menschen. Der einsame Weg der Selbstfindung. Winterstarre als Vorbereitung zum Frühlingserwachen. Kargheit, das Alter.

BOTSCHAFT

Jeder von uns ist letztlich allein.
Die wichtigsten Dinge muß jeder für sich selbst tun.
Das Bergwerk ist immer größer als der Edelstein.
Es ist leichter, ein großartiger und verehrter Guru zu sein als ein fröhlicher und zufriedener Straßenfeger.

QUALITÄT

Selbsterkenntnis, Weisheit, Erleuchtung, Klugheit. Mit der Gegenwart zufrieden sein. Abschalten können.

ZIEL

Zufriedenheit, Pflichterfüllung, Unterwegssein, Lernen allein zu sein, Reifwerdung.

Ziel der Initiation ist es, den Geist wachzurütteln, damit sich der Wille herauskristallisiert.

IX

SCHATTEN Selbstbespiegelung, Erstarrung, Verhärtung, Entfremdung, Verbitterung, Lebensfeindlichkeit.

TRADITION. DEUTUNG + Weisheit, Meditation, Konzentration auf das Wesentliche, Zeit der Besinnung, Neubewertung der Lebensziele/-inhalte, Vorsicht.

– Isolation, wenig Energie, chronische Krankheit, Verschlossenheit, Sturheit, Phobien.

SYNTHESE Die Karte zeigt den wohl bekanntesten Archetypus, den alten, weisen Mann (Merlin, Talisien, Abraham) als Sucher und Führer. Sie beinhaltet vor allem Rückzug, äußere Ruhe, Abgeschiedenheit, Introvertiertheit, als Voraussetzung, um sich auf Wesentliches zu konzentrieren, um die eigenen Prioritäten herauszukristallisieren. Sie steht somit für eine Phase, in der man – nicht von Äußerlichkeiten abgelenkt – mit sich selbst ins Reine kommt.

Lebensabschnitte, die vom Eremiten gekennzeichnet sind, können zu den interessantesten, wertvollsten und auch zu den zufriedensten Erfahrungen zählen. Voraussetzung ist allerdings, daß man sich bereitwillig auf eine Zeit äußerer Ruhe einläßt, sie vielleicht sogar bewußt aufsucht, und sich nicht durch unergiebige Erwartungen und äußere Erfolge und Erlebnisse unter unerträglichen Druck setzt.

Gelassenheit, Bescheidenheit, eine angenehme Form von Demut und Dankbarkeit gegenüber dem Leben sind die wertvollen Ergebnisse einer solchen Erfahrung.

Insofern sollten wir dem Ruf des Eremiten spätestens dann folgen, wenn uns das Leben trotz größter Betriebsamkeit und Ereignisfülle nur noch fad und oberflächlich erscheint oder wir in den hektischen Umtrieben des Alltagslebens riskieren, uns selbst zu verlieren und vom Sog der Ereignisse fortgerissen werden. Die Ruhe des Eremiten bietet zwar keinen äußeren Glanz, aber die tiefe Zufriedenheit eines reichen, erfüllten Innenlebens.

ALLTAGS-ERFAHRUNG

IX

Abschalten können. Zeiten äußerer Ruhe, Zurückgezogenheit und innerer Zufriedenheit. Fastenperioden, Meditationserfahrungen, Besinnungsphasen. Ruhiges, ungestörtes Aufgeben unliebsamer Gewohnheiten (Rauchen, zuviel Essen usw.). Erkennen eigener Prioritäten. Mit sich selbst (und allein) zufrieden sein. Klarheit gewinnen, Bescheidenheit lernen. Im Berufs- oder Privatleben eine Zeit ohne äußeren Glanz, in der Kräfte gesammelt werden, und die richtungsweisend ist für die nachfolgende Erlebniswelle: Nach der Winterstarre (Eremit) kommt das Frühlingserwachen.

Wenn man sich gegen dieses Thema wehrt, heißt die Karte: Nicht bekommen, was man unbedingt haben will. Geselligkeit suchen, aber darin einsam bleiben. Alle Kontaktversuche als unfruchtbar erleben. Auf der Suche nach anregenden Erlebnissen ständig frustiert werden.

X

Das Glücksrad
Das Rad des Schicksals

The Wheel of Fortune · La Roue de Fortune

ARCHETYP Fortuna.

BUCHSTABE Jod = J, Symbol = Zeigefinger, Ewigkeit, Macht. Zahlenwert 10.

ZAHL 10 = Das Sinnbild der Vollkommenheit. Die Zahl der Punktepyramide (der heilige Tetraktys der Pythagoräer), die aus den Grundzahlen 1–4 besteht, und in der die Vielheit wieder zur Einheit wird.

```
   *
  * *
 * * *
* * * *
```

10 Finger, 10 Gebote, 10 Sephirot, das Dezimalsystem.

X

JUNG

Der Weg zum Ziel ist zunächst chaotisch und unabsehbar, und nur ganz allmählich mehren sich die Anzeichen einer Zielgerichtetheit. Der Weg ist nicht geradlinig sondern anscheinend zyklisch. Genauere Kenntnis hat ihn als Spirale erwiesen: Die Traummotive kehren nach gewissen Intervallen immer wieder zu bestimmteren Formen zurück, die ihrer Art nach ein Zentrum bezeichnen.

ZITATE

Der Mensch ist an das Schicksalsrad gebunden, bis ihm seine von Gott gegebene Freiheit zu wählen bewußt wird. Dann erkennt er die paradoxe Natur der Kraft, die ihn gebunden und ihm die Macht gegeben hat, die Bande zu brechen, falls er sich für die Schmerzen entscheidet, die ein solcher Kampf mit sich bringt, und er zugleich die Gefahren der Freiheit akzeptiert, denen er auf dem spiralförmigen Weg begegnen wird, der von dem gebrochenen Rad nach oben führt.

Frances Wickes

Du sollst nicht fragen »Warum passiert mir dies immer?«, denn zutiefst in deinem Innern weißt du, daß du diese Dinge unfreiwillig auf dich ziehst, was immer sie sein mögen.

Beata Bishop

BILDER

Karma, Kismet, Vorsehung, der ständige Kreislauf, das Auf und Ab des Sonnenrades, die unaufhörliche Bewegung des Universums, der Strom menschlichen Lebens und menschlicher Geschicke.

SYMBOLE MARSEILLE

Das Rad des Lebens, das notwendigerweise auf Regen Sonne und auf Sommer Winter folgen läßt. Je mehr sich der Mensch am Außenrand (extravertiert) befindet, um so heftiger ist die Bewegung. Das Rad als Symbol des kreisenden Himmels, dessen Gestirne die Geschicke der Menschen verkünden.

Anubis, der schakalköpfige ägyptische Gott, der die Seelen der Toten wiegt. Typhon, das affenähnliche Wesen, der Gott der Zerstörung und Verwirrung. Die negative, versucherische Seite der Sphinx.

X

SYMBOLE WAITE

Der Typhon in seiner ägyptischen Form als die Schlange Seth. Die 4 Geschöpfe der Vision Hesekiels als Bild für die 4 Elemente, die aus ihren Büchern dem Frager seine Aufgabe verkünden. Auf dem Rad TORA und/oder ROTA, dazwischen die hebräischen Buchstaben für Gott JHVH = Göttliche Vorsehung, Beständigkeit. Auch die Disziplinierung der Sphinx entspricht der Verneinung des Zufalls.
Im inneren Kreis die alchemistischen Symbole für Sulfur/Schwefel 🜍, Salz ⊖, Quecksilber/Merkurius ☿, Wasser ≈. Im Zentrum kein Zeichen = die Mitte ist nicht benennbar.
Wenn man im Sinne der Drehung des Rades die Buchstaben TORA in die verschiedensten Kombinationen dreht, ergibt sich daraus der von Paul Foster Case übermittelte Satz: ROTA TARO ORAT TORA ATOR, der übersetzt werden kann als: Das Rad des Taro verkündet das Gesetz Ators (eine ägyptische Göttin, der Isis entsprechend).

BOTSCHAFT

Eine Karte aus dem Mittelalter zeigt 4 Wesen mit 4 Aussagen:

Aufwärts:	Regnabo	– Ich werde herrschen. Eselsohren wachsen.
Oben:	Regno	– Ich herrsche. Mensch mit Eselsohren.
Abwärts:	Regnavi	– Ich herrschte. Statt Ohren ein Schwanz.
Unten:	Sum sine regno	– Ich bin ohne Herrscher. Ein Greis.

Schicksal besteht aus 2 Komponenten: das objektive Ereignis und die Art des Betroffenen, damit umzugehen.

QUALITÄT

Unerwartete Wendungen. Das freie Spiel der Kräfte.

ZIEL

Annahme des Schicksals.

SCHATTEN

Fatalismus, Resignation.

X

TRADITION. DEUTUNG + Überraschendes Glück, Veränderung, Neuanfang.

– Wendung zum Schlechteren, Ausgeliefertsein, nicht in den Gang der Dinge eingreifen können.

SYNTHESE Die Schicksalkarte führt fast automatisch zur Standpunktdiskussion: Freier Wille contra Vorherbestimmung. Einerseits erscheint es unerträglich, daß unser gesamtes Leben in allen Einzelheiten vorherbestimmt sein sollte, andererseits ist die Proklamation des absolut freien Willens lächerlich, nachdem uns niemand um Zustimmung zu den wesentlichsten Ereignissen unseres Lebens fragt, zu Geburt und Tod. Auch das Argument, zumindest den Tod könne man der Art und dem Zeitpunkt nach selbst bestimmen, überzeugt nicht, da diese Freiheit nur eine modifizierte Unterwerfung unter eine unerschütterliche Gesetzmäßigkeit ist.

Unsere Freiheit sehe ich darin, wie wir mit Schicksalsereignissen umgehen:

Die Eremitenruhe (IX) kann als unerträglich oder schöpferisch erlebt werden;

Gesetz und Ordnung (VIII) als Hindernis oder Schutz;

Der Aufbruch (VII) als freudiger Entschluß oder ängstliches Unterfangen;

Die Entscheidung (VI) als unerträgliche Notwendigkeit oder als Möglichkeit der Willensentfaltung;

Die Sinnsuche (V) als nie endendes Abenteuer oder als zwanghafter Dogmatismus;

Die Ordnung (IV) als wünschenswerte Klarheit oder verkrampftes Schubladendenken;

Die Kreativität (III) als unerschöpfliche Kraft, stets neu zu beginnen, oder als Labyrinth, in dem man sich verliert;

Die Intuition (II) als Quelle inspirierter Weisheit oder als verwirrender Nebel;

Die Klugheit (I) als göttliche Erkenntniskraft oder als kalte, berechnende Gescheitheit.

Insofern ist es die gleiche Bewegung des Rades, die der eine als Aufschwung willkommen heißt

X

(Glücksrad) und der andere als Abschwung fürchtet (Schicksalsrad). Sicher ist nur, daß das Rad sich ständig weiterdreht oder wie es ein Franzose des 15. Jahrhunderts ausdrückte: »Rien ne m' est sur que la chose incertaine.« (Nichts ist mir sicher außer der Unsicherheit.)
Je näher wir der Nabe des Rades sind, um so weniger spüren wir die Drehung, je weiter wir am Außenrand leben, um so heftiger wird das Auf und Ab. D. h. der introvertierte Mensch wird in seiner Ruhe weniger gestört, wohingegen der Extravertierte stets dramatische Auf- und Abschwünge erlebt.

Waite hat durch den Hinweis auf die TORA, den Namen Gottes JHVH, die alchemistischen Symbole der Transformation und der Disziplinierung der Sphinx im Gegensatz zu den alten Vorlagen die Willkür des Zufalls und die Launenhaftigkeit der Fortuna durch die göttliche Vorsehung ersetzt. Diese Betrachtung entspricht gewissermaßen der sich zunehmend verbreitenden Einstellung: Jeder macht in seinem Leben genau die Erfahrungen, die er braucht (um sich weiterzuentwickeln). D. h., du fährst so lange Beulen in dein Auto, bis du lernst, besser zu fahren, dir mehr Zeit zu nehmen, den Wert deines Fahrzeuges mehr zu schätzen, besser auf seine Funktionstüchtigkeit zu achten oder was immer dir bislang nebensächlich erschien oder du nicht wahrhaben wolltest. Insofern hat diese Karte eine gewisse Ähnlichkeit mit dem Gehängten (XII). Im Unterschied dazu steht allerdings die Aufwärtsbewegung, die unerwartete Glücksfälle mit sich bringt.

ALLTAGS-ERFAHRUNG

Situationen, die uns schicksalhaft vorkommen, d. h. auf deren Verlauf wir keinen nennenswerten Einfluß nehmen können: Die U-Bahn bleibt ohne erkennbaren Grund auf der Fahrt zum Flughafen im Tunnel stehen. Aussteigen kannst du nicht. Weder die größte Aufregung noch das dauernde Anstarren der Uhr hilft dir jetzt weiter. Am besten ist, du akzeptierst die Ausweglosigkeit und überlegst dir in aller Ruhe die einzelnen

Schritte, um am schnellsten vom Zug zum Flugzeug zu kommen, für den Fall, daß die U-Bahn noch in letzter Minute ankommt, und was du tust, wenn es tatsächlich für deinen Abflug zu spät ist. Sollte sich dann herausstellen, daß auch dein Flugzeug mit Verspätung abfliegt, hast du den Ab- und Aufschwung des Rades gleich hintereinander erlebt.

X

<table>
<tr><th colspan="3">Die 10 Sephiroth</th><th rowspan="2">Zuordnung</th><th rowspan="2">Bereich</th></tr>
<tr><th></th><th>hebräisch</th><th>Bedeutung</th></tr>
<tr><td>1.
2.

3.</td><td>Kether
Chochmah

Binah</td><td>Krone
Weisheit (theoretische Vernunft)
Intelligenz (praktische Vernunft)</td><td>Vernunftreich</td><td>Der göttliche Plan</td></tr>
<tr><td>4.

5.

6.</td><td>Gedula (Chesed)
Geburah (Dim)
Tiphereth (Rachamim)</td><td>Liebe

Gerechtigkeit (Stärke)

Schönheit (Barmherzigkeit)</td><td>Gefühlsreich</td><td rowspan="3">Ausführung des Universums</td></tr>
<tr><td>7.
8.
9.</td><td>Netzah
Chod
Jesodh</td><td>Festigkeit
Pracht
Fundament</td><td>Naturreich</td></tr>
<tr><td>10.</td><td>Malkuth</td><td>Reich</td><td>Zusammenfassung</td></tr>
</table>

1. Kether (Krone)	= erste Bewegung
2. Chochmah (Weisheit)	= Tierkreissphäre
3. Binah (Verständnis)	= Saturnsphäre
4. Chesed (Gnade)	= Jupitersphäre
5. Geburah (Stärke)	= Marssphäre
6. Tiphereth (Schönheit)	= Sonnensphäre
7. Netzah (Sieg)	= Venussphäre
8. Chod (Ruhm)	= Merkursphäre
9. Jesod (Basis)	= Mondsphäre
10. Malkuth (Reich)	= Erdsphäre

Quelle: Miers, H., Lexikon der Geheimwissenschaften

X

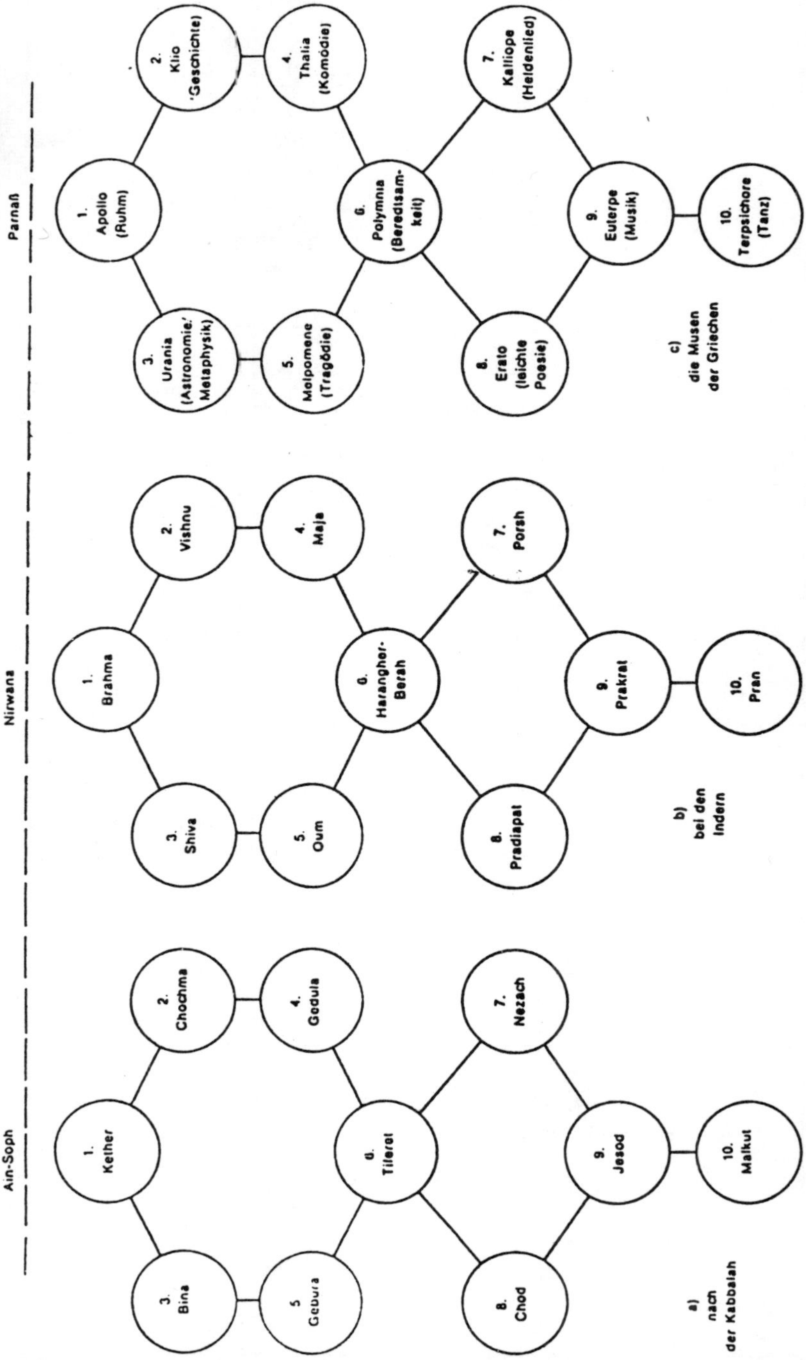

DIE 10 SEPHIROTH DER KABBALAH MIT DEN ENTSPRECHUNGEN BEI DEN INDERN UND GRIECHEN

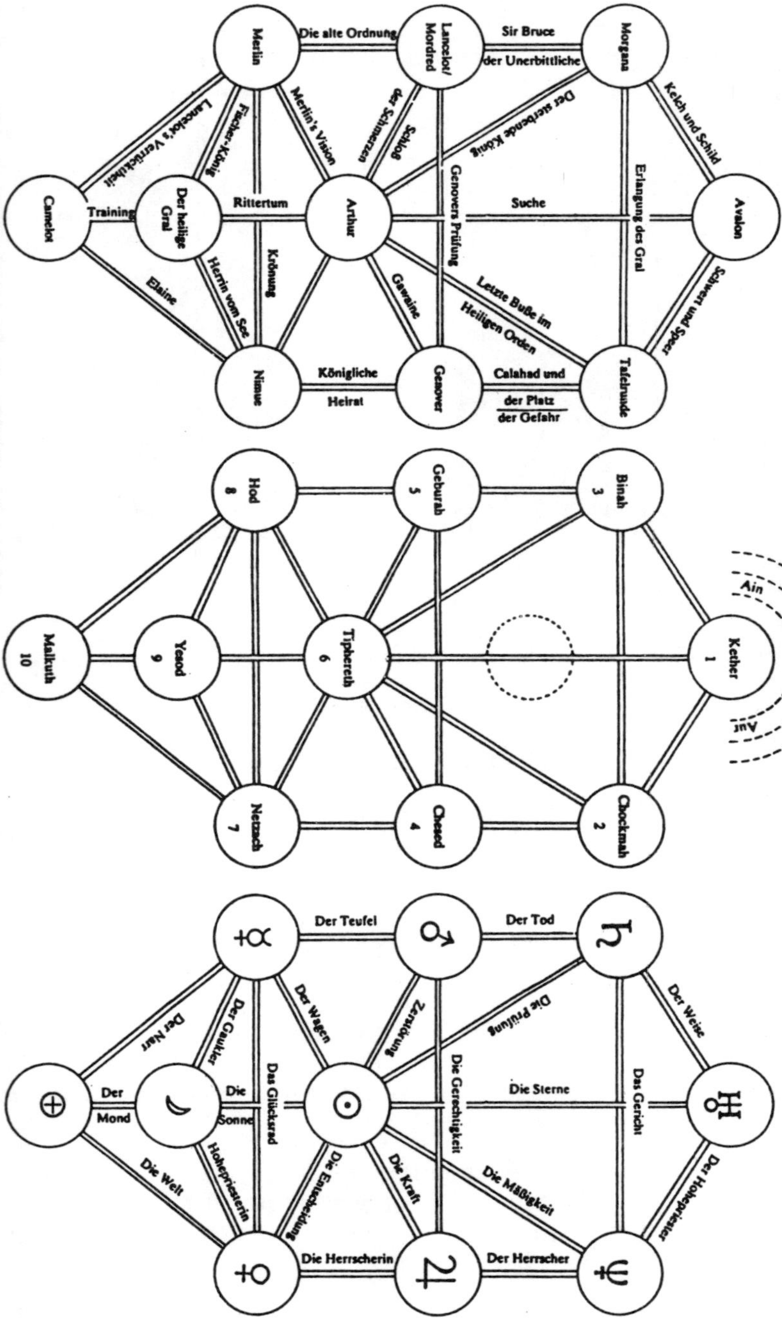

X

DER BAUM DES LEBENS

XI

bei Waite Nr. VIII

Die Stärke · Die Kraft

Strength; Force · Force

ARCHETYP — Der Kampf mit dem Drachen.

BUCHSTABE — Kaph = K, Symbol = halbgeschlossene, knetende Hand. Zahlenwert 20.

ZAHL — 11 = Die Zahl der Sünde. 1 Schritt über die 10 Gebote hinaus. Der Karneval beginnt am 11.11. um 11 Uhr 11 und wird von einem 11köpfigen Präsidium geleitet.

Die Epagomenen = die 11 Tage Differenz zwischen einem Sonnenjahr von 365 Tagen und dem Mondjahr von 354 Tagen entstanden folgendermaßen:

In der Zeit als das Jahr noch 360 Tage hatte, verfluchte einst der Sonnengott Ra seine Gemah-

lin Nut (die Mutter der Götter), weil sie ihn fortgesetzt mit anderen Liebhabern betrog. Durch diesen Fluch konnte sie nun die Kinder, die sie von den Liebhabern empfangen hatte, weder unter seiner Herrschaft noch der des Mondes (weder am Tag noch in der Nacht) gebären.

XI

Um ihr aus dieser Klemme zu helfen, kam ihr einer ihrer Liebhaber, Thoth (der listige Hermes), zu Hilfe. Er spielte mit Selene, der Mondgöttin, ein Brettspiel, das er gewann. Dafür erhielt er den 72. Teil des Jahres (360 : 72 = 5). Diesen schlug er dem bisherigen Jahre zu, das seitdem 365 Tage hat. Diese zusätzlichen Tage beginnen mit dem Aufstieg des Hundsternes Sirius im Juli. Es sind die heißen Tage des Jahres, die Hundstage. Da sie weder unter der Herrschaft der Mondgöttin Selene noch unter der des Sonnengottes Ra standen, konnte Nut an jedem dieser Tage gebären. Da die Mondgöttin natürlich in Nächten bezahlen mußte, ging ihr noch ein weitere Tag verloren, so daß ihr Jahr nur noch 354 Tage hat.

»Zwischen den Zeiten« ist in vielen Kulturen ein Zeitabschnitt im Jahr gewesen, in denen die »normalen« Verhältnisse auf den Kopf gestellt wurden. Frauenfeste, bei denen den Männern übel mitgespielt wurde, Werwolffeste, Haberfeldtreiben. Diese Feste lassen sich zum großen Teil auf die Reste eines Dianakultes zurückführen, der dem der griechischen Artemis (die Kopfgeborene) entsprach, die in der Frühzeit als die Löwin der Weiber galt.

JUNG

Erotik ist eine Fragwürdigkeit und wird es immer sein, was auch irgendeine zukünftige Gesetzgebung dazu zu sagen haben wird. Sie gehört einerseits zu der ursprünglichen Tiernatur des Menschen, welche so lange bestehen wird als der Mensch einen animalischen Körper hat. Andererseits aber ist sie den höchsten Formen des Geistes verwandt. Sie blüht aber nur, wenn Geist und Trieb im rechten Einklang stehen. Fehlt ihr der eine oder andere Aspekt, so ist ein Schaden entstanden oder doch wenigstens eine unbalan-

XI

cierte Einseitigkeit, welche leicht ins Krankhafte abgleitet. Zuviel Tier entstellt den Kulturmenschen, zuviel Kultur schafft kranke Tiere.

ZITATE

Alle wichtigen Schlachten trägst Du in Dir selbst aus. Dein einziger Sieg liegt in der Hingabe an Dich selbst.
Sheldon Kopp

Ohne das Tier in uns wären wir kastrierte Engel.
Hermann Hesse

Wir bekämpfen nicht unsere dunklen Triebe mit einer blassen, kraftlosen, außerhalb der Triebe stehenden Tugend, sondern mit anderen, leidenschaftlicheren Trieben.
Nikos Kazantzakis

BILDER

Kardinaltugend Mut, Samson, Herkules, der Froschkönig, Daniel in der Löwengrube.

SYMBOLE MARSEILLE

Im Gegensatz zu Samson, Herkules ect. nähert sich diese Frau dem Löwen freundlich, vorsichtig von hinten = der unbewußten Seite. Der Löwe wird allgemein mit Weisheit aber auch mit Leidenschaft und der animalischen Natur des Menschen assoziiert.

SYMBOLE WAITE

Waite hat der Karte die Nr. VIII gegeben. Sie zeigt die Lemniskate ∞ wie beim Magier (I). Hier wird eindeutig der Rachen geschlossen, d. h. die Kraft ist bereits gebändigt. Der Löwe kann an einer Blumengirlande (dem sanften Joch des göttlichen Gesetzes) geführt werden. Der rote Löwe steht für alchemistisches Gold.

ANALOGIEN

Rumpelstilzchen, Dr. Jekyll and Mr. Hyde, Graf Öderland.

BOTSCHAFT

Zähme das Tier in Dir (durch liebevolle Annahme).

QUALITÄT

Sanfte Gewalt, moralische Kraft, Selbstdisziplin, Mut, Stolz, Beherrschung, Tatkraft.

ZIEL

Zähmung, Wandlung der animalischen Natur durch liebevolle Annahme.

XI

SCHATTEN — Die zerstörerische Seite der Kraft, Machthunger. Das Großmaul. Ungezügelter Ehrgeiz, grenzenlose Selbstverherrlichung. Der sensationshungrige Spießer, der Zotenerzähler, Prüderie, Sauberkeitsneurose.

TRADITION. DEUTUNG + — Vertrauen, Beherrschung einer neuen Kraft, etwas in den Griff bekommen, geistige und körperliche Kraft und Gesundheit.

– Verletzungsgefahr, Auftrieb niederer Kräfte, Geschmacklosigkeiten.

SYNTHESE — Die Karte Kraft zeigt die Meisterung und Zähmung unserer animalischen (sündhaften?) Natur und die Stärke, den Mut und die Tatkraft, die erwachsen, wenn diese Urkräfte kanalisiert werden. Dabei geht es nicht um das Bekämpfen oder Unterdrücken dieser Kräfte, sondern zunächst um deren Annahme. Damit ist das Eingeständnis gemeint, daß diese »niederen Triebe«, unsere archaischen Instinkte und Urkräfte in uns liegen (und nicht nur in anderen).

Die Freude der Boulevardpresse über einen neuen, auflagensteigernden Sensationsprozeß (»bad news are good news«), in dem die Untat eines Einzelnen unter dem viel zu kurzen Mäntelchen des Informationsbedürfnisses mit gnadenloser Lüsternheit bis ins letzte, prickelnde Detail geschildert werden darf, zeigt die Lebendigkeit von »Jack the Ripper« in jedem Leser. Der bigotte Tonfall der Entrüstung dagegen den geballten Konsens der Gesellschaft, solche erschreckenden Abartigkeiten nur in wenigen Außenseitern zu sehen. Genau hier liegt die Problematik: Wenn wir Rumpelstilzchens Namen nicht kennen, d. h. wenn wir das Ungeheuer in uns nicht erkennen wollen, fällt es uns hinterrücks an und bringt uns zu Verhaltensweisen, über die der zivilisierte Mensch in uns entsetzt ist. (Exzesse unter Alkoholeinfluß, die Sau rauslassen.) Nur die offene Begegnung mit dem Tier in uns kann zur Zähmung führen. Es sind Millionen ignorierter Löwen, die zum nachträglichen Schrecken ihrer

XI

Besitzer »Ja« brüllen, wenn der Teufel (XV) sie fragt: »Wollt Ihr den totalen Krieg?«

Es gibt aber noch eine andere Seite der ungebändigten Löwenkraft: Die ungehemmt ausgelebte Einmaligkeit und Großartigkeit, die in übersteigertem Größenwahn, Despotentum und den Entgleisungen der Ichverherrlichung ihr eigenes Opfer wird.

»Gegen diesen Ehrgeizdämon vermag weder die Bereitschaft zur schmerzlichen Entsagung, noch die Verurteilung eines moralisierenden Intellektes etwas. Denn die Lust der Selbstverherrlichung wird durch jede Leistung, ja sogar durch jede erhabenste sittliche Absicht nur gesteigert.«

Philipp Metman

Die Alchemisten, deren höchstes Ziel die Verwandlung unedler Stoffe in edle Materie (Gold, Silber) war, nannten das zur Wandlung benötigte herzustellende Elixier den »Stein der Weisen« oder den »roten Löwen«. Er steht für die Gefahr, dem materiellen Anreiz der alchemistischen Arbeitsergebnisse und den damit verbundenen Verlockungen des Ruhmes und des öffentlichen Rampenlichtes zu erliegen, statt diese Urkraft mit der gebotenen Demut zu nutzen und den Erfolg im alchemistischen Labor in aller Stille als Gradmesser der eigenen, inneren Transformation zu betrachten.
Die in dieser Karte dargestellte weibliche Kraft beruht auf der Harmonie zwischen der animalischen und der zivilisierten Natur des Menschen. Sie steht zu Beginn der 2. Dekade der Trumpfkarten und ist dem Magier (I) verwandt, der die ersten 10 Karten anführt, und hinter dessen männlicher Kraft das Geheimnis der Harmonie zwischen Bewußtem und Unbewußtem liegt.

ALLTAGS-ERFAHRUNG

Eine Zeit großer Tatkraft, Mut und hoher Risikobereitschaft. Erfolge mit öffentlicher Anerkennung. Unternehmungslust. Kraftvolle und leidenschaftliche Phasen. Begegnungen mit den animalischen Kräften in uns (Habgier, Rachsucht,

Zerstörungswut). Arbeiten an sich selbst wie Psychotherapie, Bioenergetik usw.

XI

LITERATUR-AUSZUG

Wenn ich »Mut« sage, meine ich nicht nur die Bedeutung »Entschlossenheit, Tapferkeit«, sondern vor allem die tiefere, ältere Bedeutung dieses Wortes, die sich mit »Kraft des Denkens, Empfindens, Wollens« umschreiben läßt. So verstanden kennzeichnet es genau, was geschieht, wenn jemand Fühlung mit Qualität bekommt. Er wird vom Mut erfüllt.

Die Griechen hatten dafür das Wort »enthousiasmos«, von dem sich unser »Enthusiasmus« herleitet und dessen genaue Bedeutung »erfüllt von theos« – oder Gott oder Qualität lautet.

Neuen Mut schöpft man, wenn man lange genug still ist (Karte IX), um das wahre Universum (Karte X) zu sehen und zu hören und zu fühlen, und nicht mehr bloß um die eigenen abgestandenen Ansichten darüber kreist (Karte IX – Schatten). Aber dieser Mut ist nichts Ungewöhnliches, Ausgefallenes.

Man sieht ihn oft von Leuten, die von einem langen, geruhsamen Anglerurlaub zurückkehren. Oft glauben sie, sich rechtfertigen zu müssen, weil sie soviel Zeit »sinnlos« vergeudet haben und ihr Tun nicht »vernünftig« begründen können. Aber der heimkehrende Angler verfügt im allgemeinen über einen erstaunlichen Vorrat an Mut, meist sogar eben die Dinge betreffend, die er noch vor ein paar Wochen bis zum Hals satt hatte. Er hat seine Zeit nicht vergeudet. Es scheint uns nur so von unserem beschränkten kulturbedingten Gesichtspunkt aus.

Soweit ich es überblicke, gibt es zwei Hauptarten von Entmutigungen. Bei der ersten wird man durch äußere Umstände aus dem Qualitätsgleis geworfen; diese will ich als »Rückschläge« bezeichnen. Die zweite Art von Entmutigungen, die »Blockaden«, wird durch Umstände verursacht, die überwiegend in uns selbst liegen.

Rückschläge

Wenn du zum erstenmal eine größere Arbeit ausführst, mußt du wohl den Zusammenbau-in-der-verkehrten-Reihenfolge-Rückschlag am meisten fürchten. Er tritt im allgemeinen zu einem Zeitpunkt ein, wo du denkst, du hättest es beinahe geschafft. Nach tagelanger Arbeit

XI

hast du alles wieder zusammengebaut, nur: Wo kommt denn die her? Eine Pleuellagerbuchse?! Wie ist es möglich, daß du die vergessen hast? O mein Gott, jetzt muß alles noch einmal auseinandergenommen werden? Du hörst förmlich wie der Mut entweicht. Pfffffft.

In solchen Fällen bleibt dir nichts anderes übrig, als wieder von vorne zu beginnen und den Motor noch einmal zu zerlegen ... nach einer Ruhepause von etwa einem Monat, in der du dich an den Gedanken gewöhnst.

Trotz aller Vorkehrungen kann es immer mal wieder vorkommen, daß man ein Aggregat in der falschen Reihenfolge zusammenbaut, und wenn dir das passiert, mußt du auf deinen Mutpegel achten. Hüte dich vor dem Mut der Verzweiflung, der dich dazu verleitet, durch überhastetes Arbeiten verlorene Zeit wieder wettzumachen. Dabei passieren nur noch mehr Fehler. Sobald du erkannt hast, daß du das Ding noch einmal auseinandernehmen mußt, ist unwiderruflich die erwähnte längere Pause fällig.

Der nächste Rückschlag ist die *intermittierende Störung*. Das vertrackte daran ist, daß diese Störung genau dann verschwindet, wenn man sie beheben möchte. Wackelkontakte in der elektrischen Anlage sind die häufigste Erscheinungsform. Die Unterbrechung des Kontaktes tritt nur auf, solange das Motorrad Erschütterungen ausgesetzt ist. Wenn es steht, ist alles wieder in Ordnung. Es ist fast unmöglich, eine solche Störung zu beheben. Man kann höchstens versuchen, sie absichtlich herbeizuführen; gelingt das nicht, vergißt man am besten die ganze Geschichte.

Intermittierende Störungen werden zur Entmutigung, wenn sie einen zu der Illusion verleiten, man habe die Maschine wirklich repariert. Es empfiehlt sich bei jeder Reparatur, erst mal ein paar hundert Meilen zu fahren, bevor man den Schluß zieht. Es geht einem schon auf die Nerven, wenn solche Störungen immer wieder auftreten, aber man kann sich damit trösten, daß man auch nicht schlechter dran ist, als wenn man die Maschine immer wieder in die Werkstatt bringt und trotzdem nicht zufriedengestellt wird. An deiner eigenen Maschine kannst du die Werkzeuge mitnehmen, die du voraussichtlich brauchst, bis die intermittierende Störung wieder einmal auftritt, und wenn es soweit ist, absteigen und versuchen, sie zu beheben.

Blockaden

XI

1. Die verbreitetste und bösartigste aller Blockaden ist *Wertstarrheit.* Damit ist das Unvermögen gemeint, neu zu bewerten, was man sieht, also seine bisherigen Wertvorstellungen zu revidieren. Bei der Motorradwartung muß man neu entdecken, was man tut. Starre Wertvorstellungen machen das unmöglich.

Die typische Situation ist, daß das Motorrad nicht läuft. Die Tatsachen sind da, aber man sieht sie nicht. Man hat sie vor Augen, aber sie haben noch nicht genug Wert.

Wenn dir diese Art von Wert-Entmutigung widerfährt, mußt du vor allem langsamer treten; langsamer treten mußt du so oder so, ob du willst oder nicht, der Unterschied liegt darin, daß du bewußt langsamer trittst, noch einmal durchgehst, was du schon für erledigt hieltest, um festzustellen, ob die Dinge, die du für wichtig hieltest, wirklich so wichtig waren, und ... na ja ... einfach die Maschine anstarren. Dagegen ist nichts zu sagen. Einfach eine Zeitlang mit der Maschine leben, sie betrachten, wie man eine Angelschnur betrachtet, und du kannst dich darauf verlassen, über kurz oder lang wirst du so sicher wie das Amen in der Kirche ein leichtes Rucken spüren, eine kleine bescheidene Tatsache, die schüchtern anfragt, ob du an ihr interessiert bist. Das ist das Prinzip, das dafür sorgt, daß die Welt nicht stehenbleibt. Man muß sich für sie interessieren.

Ich kann mir kein anschaulicheres Beispiel für Wertstarrheit denken als die alte *südindische Affenfalle,* deren Funktionsprinzip die Wertstarrheit ist. Die Falle besteht aus einer ausgehöhlten Kokosnuß, die an einen Pfahl angebunden ist. In die Kokosnuß kommt eine Handvoll Reis, nach dem der Affe durch ein kleines Loch greifen kann. Das Loch ist groß genug, daß er die Hand hineinstecken kann, aber zu klein, um die Faust mit dem Reis wieder herauszuziehen. Der Affe greift hinein und ist auf einmal in der Falle gefangen – aber nur wegen seiner Wertstarrheit. Er ist außerstande, den Reis neu zu bewerten. Er vermag nicht zu erkennen, daß Freiheit ohne Reis mehr wert ist als Gefangenschaft mit Reis. Die Dorfbewohner kommen, um ihn zu packen und fortzuschleppen. Sie kommen näher .... immer näher ... jetzt! Welchen allgemeinen Rat – keinen spezifischen, sondern welchen allgemeinen Rat

XI

würdest du dem bedauernswerten Affen in seiner Zwangslage geben?

Nun, ich glaube du könntest ihm genau das sagen, was ich über Wertstarrheit gesagt habe, nur vielleicht mit etwas mehr Dringlichkeit. Es gibt eine Tatsache, die der Affe kennen sollte: Wenn er die Faust aufmacht, ist er frei. Aber wie soll er hinter diese Tatsache kommen? Indem er die Wertstarrheit aufgibt, die den Reis höher einschätzt als die Freiheit. Wie soll er das anstellen? Nun, er müßte irgendwie versuchen, bewußt langsamer zu treten und noch einmal durchgehen, was er schon für erledigt hielt, um festzustellen, ob die Dinge, die er für wichtig hielt, wirklich so wichtig sind und ... na eben aufhören, an der Kokosnuß zu zerren, und sie einfach nur eine Zeitlang anstarren. Und über kurz oder lang müßte er ein Rucken spüren, von einer kleinen Tatsache, die wissen will, ob er sich für sie interessiert. Er sollte versuchen, diese Tatsache weniger im Hinblick auf sein großes Problem zu verstehen als um ihrer selbst willen. Dieses Problem ist vielleicht gar nicht so groß, wie er denkt. Und auch die Tatsache ist vielleicht gar nicht so klein wie er denkt. Das sind in etwa die allgemeinen Informationen, die du ihm geben könntest.

2. Die nächste Blockade ist sehr wichtig. Es ist die innere Entmutigung durch *Ichbezogenheit*. Die Ichbezogenheit ist nicht ganz unabhängig von der Wertstarrheit, sondern eine ihrer vielen Ursachen.

Wenn du eine hohe Meinung von dir hast, ist deine Fähigkeit, neue Tatsachen zu erkennen, herabgesetzt. Deine Ichbezogenheit isoliert dich von der Wirklichkeit der Qualität. Wenn die Tatsachen zeigen, daß du eindeutig Blödsinn gemacht hast, bist du weniger geneigt, es zu glauben. Und wenn falsche Informationen zu deinen Gunsten sprechen, wirst du wahrscheinlich dieses schmeichelhafte Bild deiner selbst für richtig halten. Bei jeder Reparaturarbeit an einer Maschine ist man übel dran, wenn man zu sehr ichbezogen ist. Man täuscht sich immer wieder, macht immer wieder Fehler, und ein Mechaniker, der ein übersteigertes Selbstbewußtsein aufrechtzuerhalten hat, ist schwer gehandikapt.

Wenn Bescheidenheit nicht deine Stärke ist, kannst du dieser Entmutigung trotzdem entgehen, wenn du wenigstens eine bescheidene Haltung vortäuscht. Wenn du einfach mal annimmst, daß du nicht beson-

ders viel los hast, dann steigt dein Mut, wenn die Tatsachen diese Annahme bestätigen. Auf diese Weise kannst du dich über Wasser halten, bis der Zeitpunkt kommt, wo die Tatsachen beweisen, daß die Annahme nicht stimmt.

XI

3. *Langeweile* ist die nächste Entmutigung, die mir einfällt. Langeweile bedeutet, daß du vom Qualitätsgleis abgekommen bist und die Dinge nicht mit neuen Augen siehst, daß du deine Haltung des »steten Anfangens» verloren hast und dein Motorrad in großer Gefahr ist. Langeweile heißt, daß dein Mutvorrat fast erschöpft ist und erst aufgefüllt werden muß, bevor du weitermachst.

Wenn du dich langweilst, gibt es nur eins: sofort aufhören! Geh ins Kino. Stell den Fernseher an. Laß den lieben Gott einen guten Mann sein. Tu, was du willst, nur mach nichts mehr an der Maschine. Falls du nicht aufhörst, passiert als nächstes der Große Fehler, und dann verbünden sich Langeweile und der Große Fehler gegen dich und versetzen dir einen Schlag, der dir den letzten Mut austreibt, und dann bist du wirklich am Ende.

Mein bestes Mittel gegen Langeweile ist Schlafen. Man schläft sehr leicht ein, wenn man gelangweilt ist, aber es ist fast unmöglich, sich zu langweilen, wenn man richtig schön ausgeschlafen ist. Mein zweitbestes Mittel ist Kaffee. Wenn beide Mittel versagen, kann das bedeuten, daß tiefersitzende Probleme dich beschäftigen und von der Arbeit ablenken. Die Langeweile ist ein Signal dafür, daß du dich mit diesen Problemen beschäftigen solltest – das tust du ja ohnehin – und sie bereinigen solltest, bevor du am Motorrad weitermachst.

Am langweiligsten finde ich es, die Maschine zu putzen. Das ist in meinen Augen pure Zeitverschwendung. Sie wird sowieso gleich wieder dreckig, wenn man ein Stück damit fährt. Ein Mittel gegen Langeweile bei bestimmten Arbeiten, wie Schmieren und Ölwechsel und Einstellen, besteht darin, daß man eine Art Ritual daraus macht. Arbeiten mit denen man nicht vertraut ist, und Arbeiten, mit denen man vertraut ist, haben jeweils ihre eigene Ästhetik. Ich putze das Motorrad, wie man zur Kirche geht, nicht in der Hoffnung, etwas Neues zu entdecken, obwohl ich immer die Augen offen halte, sondern um die Bekannt-

XI

schaft mit Altvertrautem aufzufrischen. Manchmal ist es schön, altvertraute Wege zu gehen.

Auch Zen hat etwas über Langeweile zu sagen. Seine wichtigste Übung, »einfach sitzen», muß die langweiligste Beschäftigung der Welt sein – es sei denn, es handelt sich dabei um die alte indische Übung des Lebendigbegrabenseins. Man tut kaum etwas; man bewegt sich nicht, denkt nicht, sorgt sich um nichts. Was könnte langweiliger sein? Und doch liegt im Zentrum aller Langeweile genau das, was der Zen-Buddhismus lehren will. Was ist das? Was liegt unerkannt im Zentrum der Langeweile?

Nun könnte einer fragen: »Wenn ich also all diesen Entmutigungen entgehe, kann mir nichts mehr passieren?«

Die Antwort lautet natürlich »nein«, es kann dir noch alles passieren. Du mußt auch richtig leben. Deine Art zu leben schafft die Voraussetzung dafür, daß du den Entmutigungen ausweichst und die richtigen Tatsachen siehst. Willst du wissen, wie man ein vollkommenes Bild malt? Nichts leichter als das. Vervollkommne dich und dann mal einfach. So machen es alle Experten. Das Malen eines Bildes oder das Reparieren eines Motorrads ist nicht von deiner übrigen Existenz zu trennen. Wenn du sechs Tage in der Woche, an denen du nicht an der Maschine arbeitest, ein schlampiger Denker bist, welche Vorkehrungen gegen Entmutigungen, welche Tricks könnten dann am siebten Tag plötzlich einen scharfsinnigen Denker aus dir machen? Es hängt alles zusammen.

Wenn du aber sechs Tage in der Woche ein schlampiger Denker bist und dir am siebten wirklich Mühe gibst, scharfsinnig zu denken, dann denkst du vielleicht an den folgenden sechs Tagen nicht mehr ganz so schlampig wie an den vorangegangenen sechs. Ich glaube, worum es mir bei den »Entmutigungen« tatsächlich geht, sind Abkürzungen zum rechten Leben.

Das Motorrad, an dem man eigentlich arbeitet, ist man selbst. Die Maschine, die scheinbar »da draußen« ist, und die Person, die scheinbar »hier drinnen« ist, sind in Wirklichkeit nicht zwei getrennte Dinge. Miteinander wachsen sie in die Qualität hinein oder entfernen sich von ihr.

Robert M. Pirsig,
Zen oder die Kunst ein Motorrad zu warten

XII

Der Gehängte · Der Hängende
Die Prüfung

The Hanged Man; The Hanging Man · Le Pendu

ARCHETYP	Das Gefängnis.
BUCHSTABE	Lamed = L, Symbol = Ausgestreckter Arm, Opfer. Zahlenwert = 30.
ZAHL	12 = 3 × 4 = Die Zeitgrenze der menschlichen Realität. 1 + 2 + 3 + 4 + 5 + 6 + 7 + 8 + 9 + 10 + 11 + 12 = 78 78 ist die Zahl aller Karten des Tarotspiels. 12 Tages- und Nachtstunden, 12 Monate Der zwölfjährige Jesus im Tempel.

XII

JUNG

Das Unbewußte versucht immer wieder, eine unmögliche Situation hervorzurufen, um das Individuum dazu zu zwingen, sein Allerbestes zu geben ... Sonst gibt man sich mit weniger als dem Besten zufrieden, man ist nicht vollständig, man verwirklicht sich nicht selbst. Es bedarf einer unmöglichen Situation, in der man seinen eigenen Willen und sein eigenes Denkvermögen aufgeben muß und nichts tun kann, als der unpersönlichen Kraft des Wachsens und der Entwicklung zu vertrauen.

ZITAT

Festsitzen – das ist der Moment Null des Bewußtseins.
Robert Pirsig

BILDER

Die erzwungene Ruhe. In der Klemme stecken. Introversion. Auf dem Kopf stehen.

SYMBOLE MARSEILLE

Die Wolke der Verzückung – hier die blauen Haare, in anderen Spielen der Heiligenschein.
Die gekreuzten Beine = 4 (Kreuz) Auch Anspielung auf den Kaiser.
Kopf und Armpartie = 3 (Dreieck) – 3 × 4 = 12.
Das irdische Kreuz über dem göttlichen Dreieck = Jesus, der das Kreuz trägt, Atlas, der die Weltkugel trägt.

SYMBOLE WAITE

Das Tau Kreuz (Baum), Zeichen des Adepten (Eingeweihten), Symbol der Heiligung und Weihung. Die Beine bilden das Gnostikerkreuz. Im Gegensatz zu den meisten Spielen hängt der Gehängte bei Waite am rechten Bein. Hinweis darauf, daß dieser Zustand bewußt gesucht wurde. Die Triebe am Holz heißen, daß sich neue Kraft bereits aufbaut. Die Figur entspricht der Aufrechtstehenden in der Karte Welt (XXI). Die 12 ist eine »Umkehrung« der 21.

HINTERGRUND

Bei äußerer Unbeweglichkeit kann sich innere Freiheit entfalten. Mit dem Kopf für längere Zeit nach unten hängend nimmt man den Herzrhythmus stärker war. Der Rhythmus des »Ich bin.« Östliche Mystiker nannten diesen Rhythmus »Nada«, der (gemäß Mikrokosmos = Makrokos-

mos) dem »Herzschlag« des Absoluten bzw. des Universums entspricht.

XII

ANALOGIEN

Odin hing nach der alten Edda 9 Tage lang am Weltenbaum Yggdrasil, und als er von ihm abfiel, hatte er die Runen entdeckt, war voller Weisheit und des Zauberns mächtig:
»Ich weiß, daß ich hing
Am windigen Baum,
Neun Nächte lang,
Mit dem Ger verwundet,
Geweiht dem Odin,
Ich selbst mir selbst.
An jenem Baum, da jedem fremd
aus welcher Wurzel er wächst.«

Der Weltenbaum steht am Schoße der Erdmutter, nahe dem Omphalos, dem Nabel der Welt, und verbindet die Schichten der Welt miteinander, indem er mit den Wurzeln in die Unterwelt greift und mit seiner Krone in den Himmel ragt. Vom Yggdrasil fließt Honig, der Kraft und Weisheit gibt. Dieser Baum wächst (wie viele Schamanenbäume) von dem Himmel in die Erde. Die Zauberfrau Völva klettert ihn zur Krone hinunter(!) über 9 Stufen (auch 9 Äste) und gelangt zu den 9 Welten.

Nach der Edda kann ein Gehängter mit Hilfe der magischen 12. Rune vom Galgen sprechen und alle Fragen beantworten.

Die umgekehrte Kreuzigung des Petrus, mit der er die Menschen darstellen wollte, wie sie waren, bevor Luzifer die alte Ordnung der Dinge umgekehrt hat. Er soll am Kreuz gesagt haben. »Hierüber sagt der Herr im Geheimnis: ›Wenn ihr nicht das Rechte nehmt und das Obere als das Untere, werdet ihr das Reich nicht erkennen‹.«

BOTSCHAFT

Kopf-unten sehe ich die Welt ganz anders.
Sheldon Kopp

QUALITÄT

Annahme des Schicksals und Suche nach der tieferen Bedeutung.

XII

ZIEL — Erlösung, Reife, Weisheit finden, die erlösende Versenkung.

SCHATTEN — Resignation, Selbstaufgabe.

TRADITION. DEUTUNG + — Lebensumkehr, vollkommene Hingabe, Initiation, geistige Aufgeschlossenheit. Sich für eine wertvolle Sache opfern. Innerer Frieden, neue Sicht der Welt.

– Falsche Prophetie, Überheblichkeit, Widerstand gegen spirituelle Einflüsse, Selbstaufgabe, Angst, Passivität, Erschöpfung, Untreue.

SYNTHESE — Die Zahl 12 stellt das Endes eines Zyklus dar, der, wenn er weitergehen soll, mit 1 neu beginnt. Opfertod und Wiederauferstehung sind die archetypischen Stationen an dieser Grenze.
Das Opfer, das Selbstopfer, das Aufopfern von Zielen, Vorstellungen, Meinungen, bis hin zum Selbstwertgefühl, sind die Themen, die zur Karte des Hängenden gehören. Festsitzen, in der Klemme stecken, sich ohnmächtig fühlen, zur Untätigkeit verdammt sein, sind wohl die häufigsten Erfahrungen, die in diesem Zusammenhang gemacht werden. Es ist, als hätte das Schicksal völlig unerwartet »Schach« gesagt, und nun muß man die ganze, wohldurchdachte Strategie fallen lassen, um dem drohenden »Matt« zu entgehen. Der gemeinsame Nenner dieser Hindernisse ist: Sie sind nicht eigentlich bedrohlich, allenfalls lästig, werden oft zunächst gar nicht richtig wahrgenommen, zeigen sich dann aber von einer Hartnäckigkeit, die man wiederum nie vermutet hätte und lassen sich erst überwinden, wenn man die ihnen innewohnende Lektion gelernt hat. Die ist dann ihrerseits häufig von überraschender Tiefe.

Als letzte Karte im Zwölferzyklus stellt der Gehängte die Prüfung dar, die abgelegt werden muß, bevor der neue Zyklus beginnt. Damit werden nicht mehr entwicklungsgemäße Angewohnheiten, Betrachtungsweisen und anderes mehr abgelegt und durch die Bereitschaft ersetzt,

XII

für die Erfahrungen des nächsten Zyklus offen zu sein. Anders als bei der folgenden Karte Tod (XIII) geschieht dies jedoch nicht, indem etwas persönlich Wichtiges genommen wird, sondern durch diesen – oft als unerträglich empfundenen – Zustand des Festsitzens, der so lange anhält bis wir für die neue Betrachtungsweise offen sind, bis die Erleuchtung kommt.
Insofern steht diese Karte auch für die Initiationsriten und für die Prüfungen des zukünftigen Adepten. Da diese den Zustand jedoch bewußt aufsuchen, hängt Waite's Figur am rechten Bein (der bewußten Seite).

ALLTAGS-ERFAHRUNG

Zwangspausen, vereitelte Aktivitäten, in der zugeschneiten Skihütte festsitzen, das Auto das »gerade jetzt« nicht anspringt, sich aus der Wohnung ausgeschlossen haben, nach Geschäftsschluß feststellen, daß man etwas ganz Wichtiges nicht eingekauft hat, verreisen wollen und den Reisepaß nicht finden usw.
Natürlich auch tiefergehende Zwangspausen (z. B. eine Krankheit), die sich nicht nur auf Teilaspekte auswirken, sondern die gesamte Lebenseinstellung verändern können.

LITERATUR-AUSZUG

Beispielsweise kann eine Schraube am Seitendeckel Deines Motorrads festsitzen. Du schaust im Handbuch nach, um festzustellen, ob es einen besonderen Grund dafür gibt, daß sich diese Schraube nicht lösen läßt, aber da steht nur »Seitendeckel abnehmen«, in jenem bewundernswert lakonischen technischen Stil, der einem nie sagt, was man wissen will.

Gesetzt, Du bist unerfahren und drehst mit Deinem Schraubenzieher aus Leibeskräften, ein Verfahren, mit dem Du bislang immer Erfolg hattest, das aber diesmal nur dazu führt, daß der Schlitz der Schraube deformiert wird.

Du warst in Gedanken schon viel weiter und hast überlegt, was Du tun würdest, wenn der Seitendeckel ab ist, und deshalb dauert es eine Zeit, bis Dir aufgeht, daß dieses lästige kleine Mißgeschick einer kaputten Schraube nicht bloß eine lästige Kleinigkeit ist. Du sitzt fest! Schluß. Aus. Auf einmal ist es völlig unmöglich geworden, das Motorrad zu reparieren.

XII

Das ist nicht etwa ein seltenes Ereignis in der Wissenschaft. Es ist das allerhäufigste. Man sitzt einfach fest.

Dein Handbuch hilft Dir jetzt auch nicht weiter. Wissenschaftliche Vernunft ebensowenig. Du brauchst kein wissenschaftliches Experiment anzustellen, um herauszufinden, wo der Fehler liegt. Du weißt ja genau, wo er liegt. Was Du brauchst, ist eine Hypothese dafür, wie Du die schlitzlose Schraube da rauskriegst.

Das ist der Moment Null des Bewußtseins. Man sitzt fest. Keine Antwort. Alles aus. Kaputt. Es ist ein Tiefschlag für das Selbstbewußtsein. Man verliert Zeit. Man ist unfähig. Man weiß nicht, was man tun soll. Man sollte sich über sich selbst schämen. Man sollte die Maschine zu einem richtigen Mechaniker bringen, der sich mit solchen Sachen auskennt.

Es ist ganz normal, wenn in solchen Momenten das Angst-Wut-Syndrom auftritt und man den Seitendeckel am liebsten mit Hammer und Meißel bearbeiten würde. Man überlegt, und je länger man überlegt, um so mehr ist man geneigt, die Maschine auf eine Brücke zu schaffen und sie in den Fluß zu schmeißen. Es ist ja auch wirklich nicht einzusehen, daß man an einem so winzigen Schlitz in einer Schraube restlos scheitern sollte.

In Wirklichkeit steht man vor dem großen Unbekannten, der Leere allen abendlichen Denkens. Man braucht irgendeine Idee, irgendwelche Hypothesen.

Versuchen wir es einmal mit einer Neubeurteilung der Situation, indem wir annehmen, daß Dein Festsitzen der Nullpunkt des Bewußtseins, nicht die schlimmste aller denkbaren Situationen, sondern die bestmögliche ist. Schließlich ist es eben dieses Festsitzen, auf das die Zen-Buddhisten mit soviel Mühen absichtlich hinarbeiten. Ihr Geist ist leer, sie haben »losgelassen«, nehmen die geistige Haltung des »steten Anfangs« ein. Nimm zur Abwechslung einmal an, daß dieser Augenblick wirklich und zutiefst festsitzt, bist Du vielleicht besser dran, als wenn er voller Ideen steckt.

Die Lösung für das Problem erscheint Dir zunächst oft unwichtig oder gar nicht erstrebenswert, aber das Festsitzen bewirkt, daß sie mit der Zeit ihre tiefere Bedeutung offenbart. Sie kam Dir nur deshalb unbedeutend vor, weil Deine frühere starre Haltung, die dazu führte, daß Du festsitzt, sie unwesentlich erscheinen ließ.

XII

Nun überleg Dir, daß dieser Zustand des Festsitzens, ganz gleich wie sehr Du Dich an ihn klammerst, unweigerlich verschwinden wird. Dein Geist wird sich ganz natürlich und frei auf eine Lösung hinbewegen. Du kannst dies gar nicht verhindern, es sei denn, Du bist ein wahrer Meister im Festsitzen. Die Angst vor dem Festsitzen ist unbegründet, denn je länger Du festsitzt, um so deutlicher erfährst Du Dein Qualitäts-Bewußtsein, das Dich jedesmal eine Lösung finden läßt.

Man sollte nicht versuchen, das Festsitzen zu vermeiden. Es ist der psychische Vorläufer alles echten Verstehens:

Schrauben sind normalerweise so klein, einfach und billig, daß man sie für unwichtig hält. Jetzt aber, wo Dein Qualitätsbewußtsein geschärft ist, wird Dir klar, daß diese eine, bestimmte und besondere Schraube weder billig, klein oder unwichtig ist. In diesem Augenblick ist diese Schraube genau den Kaufpreis des ganzen Motorrads wert, weil das Motorrad völlig wertlos ist, solange man die Schraube nicht herausbekommt. Hand in Hand mit dieser Neubewertung der Schraube geht die Bereitschaft unseren Horizont zu erweitern.

Wie Deine Lösung dann tatsächlich aussieht, ist unwichtig, sofern sie nur Qualität aufweist. Die Lösungen sind alle einfach – wenn man sie gefunden hat. Aber sie sind erst einfach, wenn man sie schon kennt!

Robert M. Pirsig,
Zen oder die Kunst ein Motorrad zu warten

XIII
Der Tod

Death · La Mort

ARCHETYP — Der Tod.

BUCHSTABE — Memm = M, Symbol = Wasser, Helle, Weib. Zahlenwert = 40.

ZAHL — 13 = die Unglückszahl. Mit 12 schließt sich der Kreis (Uhr, Kalender) beginnt er nicht von neuem bei 1, ist der Kreislauf zu Ende. Es hat 13 geschlagen!
Bei anderen Völkern eine Glückszahl: Jesus und die 12 = 13. Am 13. Tag nach Christi Geburt erschien den Weisen der leitende Stern.
Eine heilige Zahl vor Einführung des Sonnenjahres. Das Mondjahr hat 13 Monde. Erst mit der Verteufelung der Mondgöttin wurde aus der 13 des »Teufels Dutzend« und Freitag der 13. zum Unglückstag, weil eben dies der Tag der Mutter-

XIII

göttin Freya war. Am 13. oder 15. August feierte man in Griechenland den Tanz der Todesgöttin Hekate. Daraus wurde später Mariä Himmelfahrt.
Zahlenwert 40 = Biblischer Zeitabschnitt: Wüstenwanderung, Dauer einer Generation, Moses auf dem Sinai, Jesus in der Wüste, Jesus erscheint den Jüngern, Elias wandert zu Horeb, 40 Tage Fastenzeit vor Ostern. Laut Augustinus ist der Embryo erst ab dem 40. Schwangerschaftstag beseelt.

JUNG

Die Tatsache zu akzeptieren, daß man mit der Zeit vergeht, ist eine Art Sieg über die Zeit. Nicht leben zu wollen ist gleichbedeutend mit nicht sterben zu wollen. Werden und Vergehen sind der gleiche Bogen. Wer immer diesen Bogen nicht begleitet, bleibt schwebend in der Luft und wird taub. Vom mittleren Alter an bleibt nur jener lebendig, der willens ist, mit dem Leben zu sterben.

ZITATE

Die zentrale Tatsache meines Lebens ist mein Tod. Nach einiger Zeit löst sich alles in Nichts auf. Immer wenn ich den Mut habe, dieser Tatsache ins Gesicht zu sehen, werden meine Prioritäten klar... Ich verschwende keine Energien an Illusionen. Mein Image spielt keine Rolle. Ich frage mich nicht, ob ich richtig oder falsch handele; ich tue was ich tue und bin was ich bin. Basta!

Sheldon Kopp

Herr, lehre uns bedenken, daß wir sterben müssen, auf das wir klug werden.

Psalm 90,12

Die Palme wirft ihre Blätter und Früchte ab, wenn sie reif sind.
Der Papalagi (der Weiße) lebt so,
als wenn die Palme ihre Blätter und Früchte festhalten wollte:
Es sind meine! Ihr dürft sie nicht haben und nicht davon essen.
Wie soll die Palme neue Früchte tragen können?
Die Palme hat viel mehr Weisheit als der Papalagi.

Papalagi

XIII

Es sei denn, daß das Weizenkorn in die Erde falle und ersterbe, so bleibt's allein, wo es aber erstirbt, so bringt es viele Früchte.

Johannes 12,24

Nichts ist schöpferischer als der Tod; denn er ist das ganze Geheimnis des Lebens. Er bedeutet, daß die Vergangenheit abgestreift werden muß, daß man dem Unbekannten nicht entgehen kann, das ICH nicht fortdauern kann, und daß nichts endgültig festgelegt werden kann. Wenn ein Mensch dies weiß, lebt er zu ersten Male in seinem Leben. Wenn er seinen Atem anhält, verliert er ihn, wenn er ihn verströmen läßt, findet er ihn.

Alan W. Watts

BILDER

»Jedermann«, Saturn – Gott der Zeit, der Sensenmann, Gevatter Tod. Die Pest (der schwarze Tod). Der Tod als Erlösung, als Heimgehen. Der Tod als Freund und ständiger Begleiter.

SYMBOLE MARSEILLE

Das Skelett zeigt die Notwendigkeit, sich von der Identifikation mit seinem Körper zu lösen.
Die Sichel des abnehmenden Mondes (Hekate, auch Astarte, Göttin der Zeit, Gezeiten und der Veränderung). Zeit der Ernte.
Auf vielen Karten wird der Name der Karte nicht geschrieben, aus Angst, daß der kommt, dessen Name ausgesprochen wird.
Die Haltung der Arme und der Sense erinnern an das Saturnzeichen.

SYMBOLE WAITE

Statt des Sensenmanns der 4. apokalyptische Reiter mit dem schwarzen Banner, darin die mystische Rose, das Symbol des Lebens und der gereinigten Wünsche. Am Helm die rote Feder, das alchemistische Symbol für den Stein des Weisen. Der Fluß als Bild der ewigen Bewegung und Entwicklung, darauf das Totenboot des Pharaos = der Weg zu neuem Leben.

Im Hintergrund die Sonne als Symbol der Unsterblichkeit. König, Frau und Kind gehen in die Knie, während der Geistliche dem Tod aufrecht begegnet = Kraft der Glaubensgewißheit.

XIII

Der Tod als der natürliche Übergang zur nächsten Seinsstufe.

ANALOGIEN Die vielen kleinen Tode. Die Einweihungszeremonien, die eine sinnbildliche Todesphase enthalten. Zugrunde gehen = Auf den Grund (zurück) gehen.

BOTSCHAFT Vor dem Tod sind alle gleich (totale Demokratie). Sterben ist die intensivste, vielleicht lebendigste Erfahrung des Lebens und nicht identisch mit sich totstellen. Nichts ist dauerhaft.

QUALITÄT Das Große Loslassen, Stirb und Werde, Abschiednehmen.

ZIEL Platz schaffen für das Neue, Heimgehen.

SCHATTEN Sich totstellen. Todesangst.

TRADITION. DEUTUNG + Zerstörung mit nachfolgender Umwandlung und Erneuerung (die allerdings noch nicht in dieser Karte liegt). Ende einer Phase, eines Gefühls etc., Gewohnheiten aufgeben (müssen).

– Anhaltender Stillstand, nachlassende Vitalkräfte, Katastrophe, Angst, Panik.

SYNTHESE Das Unfaßbare dieser Karte kommt sehr deutlich in einem alten französischen Soldatenlied zum Ausdruck, in dem es heißt: »Cinq minutes avant sa mort il vivait encore«. (Fünf Minuten vor seinem Tod lebte er noch.)
In allen alten Kartenspielen wurde diese Karte nicht benannt, aus Angst, der Unerbetene könne kommen, wenn sein Name fiele. Sie hieß der »Unaussprechliche« u. ä. Erst die in diesem Jahrhundert entstandenen Spiele nennen den Namen, wie es bei den Trumpfkarten üblich ist.
Ob dadurch das Unfaßbare faßbarer geworden ist, sei dahingestellt. Sicherlich ist der Tod nach wie vor ein Tabu, und die Bereitschaft sich mit ihm auseinanderzusetzen nicht größer als in früheren Zeiten. Stattdessen sind wir heute gut orga-

XIII

nisiert und haben den Tod aus unserem Alltag weg in die Kliniken abgeschoben. Der Sterbende aber wird dort mit seiner Angst vor dem letzten, großen Ereignis seines Lebens alleingelassen. »Du siehst ja schon wieder viel besser aus« usw. sind die Floskeln, die an die unbedingte Tabueinhaltung appellieren, und der Kranke, wohlwissend, daß dieser ›Trost‹ erlogen ist, fügt sich in das unwürdige Spiel, um seine letzten Besucher nicht zu vertreiben.

Wir müssen lernen, den Tod anders zu verstehen. Das Polaritätsgesetz, dem wir unterliegen, besagt, daß wir nur in Gegensatzpaaren denken, begreifen und erfahren können: Gäbe es keine Nacht, würden wir den Tag nicht wahrnehmen, ohne Leid keine Freude, ohne Pech kein Glück. Das bedeutet natürlich auch, ohne den Tod wäre das Leben nicht als Qualität erfahrbar. Somit bekommt das Leben seinen Sinn erst dadurch, daß wir sterben müssen, wird erst angesichts des Todes bedeutsam.
Die Berichte »Verstorbener« (klinisch Toter, die wiederbelebt wurden) lassen sich in 2 Gruppen unterteilen. Die einen, die sich an absolut gar nichts erinnern, die anderen, die von einer sehr intensiven, im höchsten Maße angenehmen und befreienden Erfahrung sprechen. Ich kenne keinen Bericht eines schrecklichen Erlebnisses.
Mir scheint, wir verwechseln das, was wir »sich totstellen« nennen, mit sterben. Sich totstellen, heißt: Angst haben und durch diese Angst gelähmt sein. Wir verbinden diese Erfahrung mit dem Gefühl der Kälte und der Einsamkeit. Die Berichte vom Sterben dagegen sind so intensiv, daß man sogar vermuten darf, daß das Sterben die intensivste Erfahrung unseres Lebens überhaupt sein wird.
Angst vor dem Tod ist damit auch Angst vor dem überwältigenden Erlebnis. Auf einer tieferen Ebene werden Tod und Sexualität häufig miteinander in Verbindung gebracht, und der Orgasmus wird der »kleine Tod« genannt. Todesangst und die Angst, sich im Orgasmus zu verlieren und

XIII

fallen zu lassen, sind daher wohl verwandt. Der Preis, den wir damit für die Aufrechterhaltung des Todestabus bezahlen, ist eine zu Genitalität degenerierte Lust.

Den Tod nicht als unseren Erzfeind zu verstehen, sondern als Erfahrung, die so selbstverständlich zu unserem Leben gehört, wie das Ausatmen zum Einatmen, sollte daher unser Ziel sein. Die Bilder, in denen er sich zeigt, wenn wir die Tabugrenze durchbrechen, sind: der Tod als Erlösung, als Heimgehen, als die Befreiung aus dem Körpergefängnis, als ersehnter Ruhebringer und als notwendiger Platzbereiter für das Neue.

Dies gilt selbstverständlich auch für die vielen kleinen Tode, die wir im Laufe unseres Lebens sterben. Eben immer da, wo wir etwas sehr lieb und vertraut Gewordenes aufgeben müssen, wo wir Abschied nehmen müssen.

Aber gerade wenn die Todeskarte das Ende eines ewigen Beziehungsdramas oder das Ende eines Zyklus' sich immer wiederholender mißliebiger Verhaltensweisen anzeigt, wird ihre befreiende Wirkung in aller Klarheit deutlich. Das soll natürlich nicht darüber hinwegtäuschen, daß auch die schmerzvollsten Verlusterlebnisse mit dieser Karte gemacht werden.

ALLTAGS-ERFAHRUNG

Alle Erfahrungen, die mit Beenden, Aufgeben, Abschied nehmen und Loslassen (müssen) zu tun haben. (Befreiendes) Ende von Beziehungen, Kündigung/Verlust des Arbeitsplatzes oder der Wohnung, Aufgabe (unliebsamer) Gewohnheiten. Alle Verlusterlebnisse wie ungewollte Trennungen, bestohlen werden usw.

GESCHICHTE

Vor langer Zeit soll in Isfahan einmal ein Jüngling gelebt haben, der Diener eines reichen Kaufmannes war. Sorglos ritt der Jüngling an einem schönen Morgen zum Markt; in seiner Börse klimperten die Münzen aus der Schatzkammer des Händlers, mit denen er Fleisch, Früchte und Wein kaufen sollte. Als er auf den Marktplatz kam, sah er plötzlich den Tod vor sich stehen. Der winkte ihm zu als wolle er ihm etwas sagen. Tief erschrocken kehrte der Jüngling um, gab

XIII

seinem Pferd die Sporen und floh auf der Straße nach Samara. Als die Nacht hereinbrach, erreichte er staubbedeckt und erschöpft die Stadt, ging in eine Herberge, mietete sich mit dem Geld des Kaufmanns ein Nachtquartier und ließ sich todmüde, aber erleichtert auf das Bett fallen. Er glaubte den Tod überlistet zu haben. Mitten in der Nacht jedoch klopfte es an die Zimmertüre. Da stand der Tod und lächelte leutselig. »Wie ist es möglich, daß du hier bist?« fragte der Jüngling bleich und zitternd. »Ich sah dich doch heute morgen noch auf dem Marktplatz von Isfahan.« Der Tod antwortete: »Nun, ich bin gekommen, dich zu holen, wie dir bestimmt ist. Als ich dich heute morgen auf dem Marktplatz in Isfahan sah, wollte ich dir sagen, daß wir heute abend eine Verabredung in Samara haben. Aber du wolltest mich nicht zu Wort kommen lassen und flohst.«

Zitiert nach: *Liz Greene, Schicksal und Astrologie*

LITERATUR-AUSZUG

Der Wind in Djemila

Es gibt Orte, wo der Geist stirbt um einer Wahrheit willen, die ihn verneint. Als ich nach Djemila kam, lag eine drückende Stille über allem – reglos wie das Gleichgewicht einer Waage. Einige Vogelschreie, der gedämpfte Ton der dreigelochten Flöte, das Getrippel von Ziegen – all diese Geräusche brachten mir die Stille und Trostlosigkeit des Ortes erst zu Bewußtsein. Hin und wieder flog flügelklatschend und schreiend ein Vogel aus den Trümmern. Jeder Weg, jeder Pfad zwischen den Häuserresten, die großen gepflasterten Straßen zwischen den leuchtenden Säulen, das riesige, auf einer Anhöhe zwischen Triumphbogen und Tempel gelegene Forum – alle enden in jenen Schluchten, die von allen Seiten Djemila umgeben, das wie ein ausgebreitetes Kartenspiel unter dem endlosen Himmel liegt. Und dort ist man nun einsam und umringt von Stille und Steinen; und der Tag geht hin, und die Berge wachsen und werden violett. Aber der Wind bläst über die Hochebene von Djemila. Mitten in diesem großartigen Durcheinander von Sonne und Wind und lichtgrellen Ruinen nimmt die schweigende Vergangenheit der toten Stadt den Menschen mehr und mehr in sich hinein und verschlingt ihn.

Man braucht viel Zeit, um nach Djemila zu gelangen. Es ist keine Stadt, wo man halt macht, um später weiter zu fahren. Djemila führt nirgendwo hin und erschließt keinerlei Landschaft. Es ist ein Ort, den man wieder

XIII

verläßt. Die tote Stadt liegt am Ende einer langen, vielfach gewundenen Straße, die immer wieder ihr Erscheinen verheißt und deshalb so ermüdend lang wirkt. Endlich, tief eingelassen zwischen hohen Bergen, auf dem blassen Hochplateau, taucht das gelbliche Skelett eines Knochenwaldes auf: Djemila, Gleichnis und sichtbare Lehre, daß überall nur Geduld und Liebe uns bis ans klopfende Herz der Welt gelangen lassen. Dort, zwischen ein paar Bäumen, liegt die gestorbene Stadt und verteidigt sich mit all ihren Bergen und all ihren Trümmern gegen billige Bewunderung, malerisches Mißverstehen und törichte Träume.

Den ganzen Tag waren wir in diesem dorrenden Glanz umhergeirrt. Langsam schien der Wind, den man am frühen Nachmittag kaum fühlte, mit jeder Stunde zu wachsen und das ganze Land zu füllen. Er kam von weither aus einer Lücke zwischen den östlichen Bergen, eilte vom Horizont herbei und warf sich in jähen Sprüngen zwischen die sonnenglühenden Trümmer. Ich flatterte wie ein Segel im Wind. Mein Magen zog sich zusammen; meine Augen brannten, meine Lippen sprangen auf und meine Haut trocknete aus, bis ich sie kaum noch empfand. Durch sie hatte ich sonst die Schrift der Welt, die Zeichen ihrer Huld und ihres Zorns, entziffert, wenn ihr sommerlicher Atem sie erwärmte oder der Reif seine Frostkrallen in sie schlug. Jetzt aber, stundenlang vom Wind gepeitscht und geschüttelt, betäubt und ermattet, ging mir das Gefühl für die Oberfläche, die meinen Leib zusammenhielt, verloren. Der Wind hatte mich geschliffen wie Flut und Ebbe einen Kiesel und hatte mich bis zur nackten Seele verbraucht. Ich war nur noch ein Teil von jener Kraft, die mit mir tat, was sie wollte und mich immer entschiedener in Besitz nahm, bis ich ihr schließlich ganz gehörte, so daß mein Blut im gleichen Rhythmus pulste und dröhnte wie das mächtige allgegenwärtige Herz der Natur. Der Wind verwandelte mich in ein Zubehör meiner kahlen und verdorrten Umgebung; seine flüchtige Umarmung versteinerte mich, bis ich, Stein unter Steinen, einsam wie eine Säule oder ein Ölbaum unter dem Sonnenhimmel stand.

Dies gewaltsame Wind- und Sonnenbad erschöpft meine gesamte Lebenskraft, die kaum noch in mir ihre matten Flügel regt, kaum sich zur Klage aufrafft, kaum sich zur Wehr setzt. Schließlich bin ich, in alle Winde verstreut, alles vergessend, sogar mich selber, nur noch dieser wehende Wind und im Wind diese Säule und

XIII

dieser Bogen, dieses glühende Pflaster und dieses bleiche Gebirge rings um die verlassene Stadt. Nie habe ich in einem solchen Maß beides zugleich, meine eigene Auflösung und mein Vorhandensein in dieser Welt, empfunden.

Ja, ich bin vorhanden; und jäh wird es mir klar, daß ich an eine Grenze rühre wie ein für immer eingekerkerter Mensch, für den alles vorhanden ist; aber auch wie ein Mensch, der weiß, daß »morgen« wie »gestern« sein wird und ein Tag wie der andere. Denn wenn ein Mensch seines Vorhandenseins inne wird, erwartet er nichts mehr. Es sind die banalsten Landschaften, die einen Seelenzustand widerspiegeln. Ich aber suchte in diesem Lande überall nach etwas, das nicht mir gehörte, sondern von ihm ausging: eine gewisse Freundschaft mit dem Tode, in der wir uns verstanden. Zwischen den Säulen, die jetzt schräge Schatten werfen, zergingen meine Ängste wie verwundete Vögel in der hellen Trockenheit der Luft. Alle Angst kommt aus lebendigem Herzen; aber jedes Herz wird Ruhe finden: das weiß ich, sonst nichts. Je mehr der Tag zur Neige ging, je stiller und fahler die Welt wurde unter dem Aschenregen der einfallenden Dunkelheit, desto selbstverlorener und wehrloser fühlte ich mich gegen jenes langsame, innere Aufbegehren, das »nein« sagt.

Wenige Menschen begreifen, daß es ein Verweigern gibt, das nichts mit Verzichten zu tun hat. Was bedeuten hier solche Worte wie Zukunft, Beruf oder Fortkommen oder der Fortschritt des Herzens? Wenn ich eigensinnig nichts von »später« hören will, so vor allem, weil ich ohnehin nicht auf meinen gegenwärtigen Reichtum verzichten will. Ich mag als junger Mensch nicht glauben, daß der Tod der Beginn eines neuen Lebens ist. Für mich ist er eine zugeschlagene Tür. Ich sage nicht: er ist eine Schwelle, die es zu überschreiten gilt – er ist ein furchtbares und schmutziges Abenteuer! Alles, was man mir einreden will, möchte dem Menschen die Last des Lebens abnehmen. Aber ich sehe die großen Vögel mit ihren schweren Schwingen über Djemila kreisen und verlange nach einer gewissen Lebenslast und bekomme sie. Ganz aufgehen in diesem Wunsch: zu dulden – und alles Übrige zählt schon nicht mehr. Ich bin zu jung, als daß ich vom Tode reden könnte. Müßte ich es dennoch – hier würde ich das rechte Wort finden, das zwischen Schrecken und Schweigen das klare Wissen um einen Tod ohne Hoffnung bekennt.

XIII

Man lebt mit ein paar vertrauten Ideen – zwei oder drei. Je nach der Umgebung in der man aufgewachsen, und je nach den Menschen, denen man begegnet ist, poliert man sie und gibt ihnen ein neues Gesicht. Um eine eigene Idee zu haben, über die man reden kann, dazu braucht es wenigstens zehn Jahre. Das entmutigt begreiflicherweise ein wenig. Derweilen aber wird dem Menschen das schöne Antlitz der Welt vertrauter. Bisher sah er ihr grad ins Gesicht. Nun muß er einen Schritt zur Seite tun und ihr Profil betrachten. Ein junger Mensch aber sieht der Welt ins Gesicht. Er hat noch nicht die Zeit gehabt, sich den Gedanken des Todes oder des Nichts zurechtzuschleifen, obschon seine Schrecken ihn quälen. Gerade aber dies ist Jugend: diese bittere Zwiesprache mit dem Tode, diese körperliche Angst des Tieres, das die Sonne liebt.

Im Gegensatz zu allem was man sagt, macht Jugend sich in diesen Dingen nichts vor. Sie hat dazu weder Zeit noch Neigung. Und sonderbar: vor dieser zerklüfteten Landschaft, vor der düsteren Feierlichkeit dieses versteinerten Schreis, der Djemila heißt, vor dieser toten Hoffnung und diesen erstorbenen Farben, begriff ich, daß ein Mensch, der wert ist so genannt zu werden, am Ende seines Lebens diese Zwiesprache erneuert, die paar, seit langem geläufigen Ideen verleugnet und jene Unschuld und Wahrhaftigkeit wiederfindet, die in dem Blick des frei seinem Schicksal gegenübertretenden antiken Menschen leuchten. Er gewinnt seine Jugend zurück, aber nur indem er dem Tode die Hand reicht.

Wie verächtlich hingegen alle Krankheit! Krankheit ist ein Heilmittel gegen den Tod, auf den sie uns vorbereitet. Das erste, was der Lehrling in ihrer Schule lernt, ist Mitleid mit sich selber. Sie hilft dem Menschen bei seinem angestrengten Versuch, sich vor der Gewißheit des absoluten Todes zu drücken. Aber ich sehe Djemila und weiß: der einzig wahre Fortschritt der Kultur, den von Zeit zu Zeit ein Mensch für sich verwirklicht, besteht darin: bewußt zu sterben.

Es erstaunt mich immer wieder, wie dürftig unsere Ideen über den Tod sind, da wir doch alle unsere andern Ideen so eifrig hin und her wenden. Der Tod ist entweder gut oder böse. Man fürchtet ihn oder ruft ihn herbei (wie es heißt). Dies beweist aber auch, daß das Einfache als solches über unser Begreifen geht. Was ist das, was wir »blau« nennen? Wie können wir es

XIII

denken? Das gleiche gilt für den Tod. Über den Tod und über die Farben können wir nicht reden. Ich sage mir: Ich muß sterben; aber was heißt das? Ich kann es weder glauben noch an mir erfahren, sondern immer nur an andern. Ich habe Leute sterben sehen, vor allem Hunde. Das Entsetzliche ist: sie zu berühren. Ich denke dann an Blumen, an das Lächeln der Frauen, an Liebe und begreife, daß meine Todesangst nur die Kehrseite meiner Lebensgier ist. Ich beneide alle, die zukünftig leben werden und die Wirklichkeit der Blumen und Frauen in Fleisch und Blut erleben. Ich bin neidisch, weil ich das Leben allzusehr und mit schicksalhafter Selbstsucht liebe. Was kümmert mich die Ewigkeit! Eines Tages liege ich vielleicht im Bett, und jemand sagt zu mir: »Sie sind kein Feigling, ich will aufrichtig mit Ihnen reden. Sie werden bald sterben.« Und ich liege da mit meinem ganzen Leben, meiner ganzen herzabschnürenden Angst und starre ihm fassungslos ins Gesicht. Das Blut steigt mir zu Kopf und klopft in den Schläfen. Wahrscheinlich würde ich alles um mich herum kurz und klein schlagen.

Aber die Menschen sterben widerwillig. Man sagt ihnen: »Wenn du wieder gesund bist ...«, und dann sterben sie. Das will ich nicht. Und wenn die Natur bisweilen lügt, so sagt sie bisweilen auch die Wahrheit. Djemila an diesem Abend sagt die Wahrheit; und wie traurig, wie eindringlich redet seine Schönheit! Ich will vor mir und der Welt nicht lügen, noch mich belügen lassen. Ich will klar sehen bis ins Letzte und will mein Ende betrachten mit allem Neid und aller Angst, die mich schütteln. Je mehr ich mich von der Welt trenne und mich anklammere an das Los der lebenden Menschen, statt in den überdauernden Himmel zu schauen, desto größer wird meine Todesangst. Bewußt sterben bedeutet: die Kluft zwischen uns und der Welt verringern und freudlos und im Bewußtsein, daß die Herrlichkeit dieser Welt für immer vorbei ist, das Ende auf sich nehmen. Und das Klagelied der Hügel von Djemila gräbt mir dies bittere Wissen tief in die Seele.

Albert Camus, Hochzeit des Lichts

XIV
Mässigkeit

Temperance · Temperance

ARCHETYP Harmonie.

BUCHSTABE Nun = N, Symbol = Frucht, Fisch. Zahlenwert = 50.

ZAHL 14 = 2 × 7. Zahl der Nothilfe. 14 christliche Nothelfer.
14 Nothelfer, die Nagal, den babylonischen Gott von Kuta in die Unterwelt begleiten.
14 Tage verhelfen dem zunehmenden Mond zu seiner Herrschaft als Vollmond.
4 × 14 = 56 = die Zahl der Karten der Kleinen Arkana.
Nach seiner Geburt machte Buddha 56 Schritte, 14 in jede Himmelsrichtung, 7 vor und 7 zurück.

XIV

JUNG

Die psychische Energie ist ein wählerisches Ding, das seine eigenen Bedingungen erfüllt haben will. Es kann noch soviel Energie vorhanden sein: Dennoch können wir sie nicht nutzbar machen, solange es nicht gelingt, ein Gefälle herzustellen.

ZITATE

Das Glück ist keine leichte Sache: Es ist sehr schwer, es in uns selbst und unmöglich, es anderswo zu finden.
Chamfort

Wenn Glaube an Ewiges unmöglich wird, und es nur den kleinen Ersatz von Glauben an den Glauben gibt, suchen die Menschen ihr Glück in den Freuden der Zeit. Wie sehr sie auch immer versuchen mögen, es tief in ihrem Hirn zu begraben, so sind sie sich doch immer bewußt, daß diese Freuden sowohl ungewiß wie kurz sind. Das zeitigt zwei Ergebnisse: Auf der einen Seite hat man Angst, man könnte etwas versäumen, so daß der Geist gierig ist und nervös von einem Vergnügen zum anderen flattert, ohne in einem davon Ruhe und Befriedigung zu finden. Auf der anderen Seite gibt die fruchtlose Mühe, dauernd nach einem zukünftigen Heil in einem Morgen, das niemals kommt, zu jagen, in einer Welt, in der alles zerfällt, dem Menschen die Haltung des: »Was hat es denn überhaupt für einen Zweck?«
Allan W. Watts

BILDER

Kardinaltugend, das rechte Maß, Harmonie, im Gegensatz zum Unmaß der nachfolgenden Karte (XV).

SYMBOLE MARSEILLE

Die weiße Flüssigkeit aus dem roten (Körper) und dem blauen (Geist) Behälter ist reine Essenz – Energie.
Eine 5blättrige Blume an der Stelle des 3. Auges.
Ein altägyptisches Amulett (Mena) bestand aus einem schmalen Krug (männlich), aus dem eine Flüssigkeit in einen größeren Krug (weiblich) floß. Es stellte die sexuelle Vereinigung dar und sollte die Geschlechtskraft im Leben nach dem Tode sicherstellen.

SYMBOLE WAITE

Ein Engel mit dem Sonnenzeichen auf der Stirn, möglicherweise der Erzengel Michael, der Führer der Toten zum ewigen Licht. Der Pfad führt zum

Licht, zur Sonne, in der sich eine Krone verbirgt. Auf der Brust das göttliche Dreieck im irdischen (körperlichen) Quadrat = Der Körper ist der Tempel Gottes; auch göttliches Wirken auf Erden. Darüber im Faltenwurf des Gewandes die hebräischen Zeichen des göttlichen Namens JHVH.

XIV

HINTERGRUND

Mäßigkeit ist wohl eher eine verunglückte Übersetzung. Das Wort Temperance wird vermutlich auf das lateinische temperare = mischen zurückgehen, womit wir beim rechten Maß bzw. der richtigen Mischung sind (Alchemie).
Die Alchemisten stellten die Liebe zwischen (über) Tod und Hölle (Karte XIII und XV) als die siegreiche und verwandelnde Kraft.

BOTSCHAFT

Wenn Du gierig bist, wirst Du niemals satt.

QUALITÄT

Ausgewogenheit, Geduld, Vertrauen.
Sich so annehmen wie man ist.

ZIEL

Innere und äußere Harmonie. Der Stein des Weisen.
Das erfüllte Leben.
Frieden mit sich schließen.

SCHATTEN

Notar Bolamus (Degenhardt)

Der alte Notar Bolamus hat so gelebt wie er sagt.
Hat ein bißchen geraucht und getrunken, ein bißchen von allem genascht, ein bißchen an allem genagt,
ein bißchen geschafft, ein bißchen gezeugt, ein bißchen Vermögen gemacht,
und manchmal da ist er am Morgen sogar ein bißchen erschrocken erwacht.
Der alte Notar Bolamus hat sich gut durch die Zeit gebracht, weil: er war immer ein bißchen dafür und ein bißchen dagegen und er gab immer acht.
»Nur Auschwitz«, sagt er, »das war ein bißchen zuviel.« Und er zitiert seinen Wahlspruch: ›Alles mit Maß und mit Ziel.«

TRADITION. DEUTUNG +

Geduld, Vernunft, Diplomatie, Ausgeglichenheit, Harmonie, Liebe.

XIV

– Konditionsschwäche, Warnung vor Übertreibungen, Launen, Unausgeglichenheit.

SYNTHESE

Die Karte, die treffender »Das rechte Maß« genannt wird, steht für innere Gelassenheit, Ruhe und Harmonie. Insofern unterscheidet sie sich von der Ausgewogenheit der Gerechtigkeit (VIII), die auf einem – durchaus angespannten – Kräftegleichgewicht beruht, durch entspannte Ausgeglichenheit.
Der harmonische und offenbar in beide Richtungen fließende Energiestrom zwischen den beiden Krügen zeigt die gelungene Verbindung zwischen Bewußtem und Unbewußtem, deren Folge tiefe innere Zufriedenheit, in sich Ruhen ist; das Gefühl verbindender Einheit im Gegensatz zu innerer Zerrissenheit und Zersplitterung. Dies bewirkt wiederum einen harmonischen Gleichklang zwischen unserer Intuition, unseren unbewußten Kräften und der uns umgebenden Realität.

ALLTAGS-ERFAHRUNG

Zeiten der Harmonie, innerer Ruhe und fröhlicher Gelassenheit. Häufig auch angenehmes Nichtstun. Beziehungen als sehr harmonisch erleben oder sich verlieben. Mit seinem Körper bzw. seiner Gesundheit liebevoll umgehen. Auch hohen (beruflichen) Anforderungen und Verpflichtungen mit innerer Gelassenheit und Freude nachkommen.

XV
Der Teufel

The Devil · Le Diable

ARCHETYP — Der Versucher, der Widersacher.

BUCHSTABE — Samech = S, Symbol = Schlange, Vibration. Zahlenwert = 60.

ZAHL — 15 = Zahl des Vollmondes (der 15. eines Monats = Vollmondtag)
Ninive, die Stadt der babylonischen Mondgöttin Ishtar hatte 15 Tore.

JUNG — Die im zivilisierten Menschen aufgestauten Triebkräfte sind ungeheuerlich destruktiv und um vieles gefährlicher als die Triebe des Primitiven, der seine negativen Triebe beständig in bescheidenem Maße lebt. Dementsprechend kann kein Krieg der historischen Vergangenheit an grandioser

XV

Scheußlichkeit mit dem Krieg zivilisierter Nationen rivalisieren.
Wenn wir auch, juristisch gesehen, nicht dabeiwaren, um mitzutun, so sind wir doch, kraft unseres Menschseins, potentielle Verbrecher. Es hat uns in Wirklichkeit nur an der passenden Gelegenheit gefehlt, mit in den infernalischen Wirbel hinabgerissen zu werden. Keiner steht außerhalb des schwarzen Kollektivschattens der Menschheit.

ZITATE

Töte das Böse in Dir, dann kann Dich das Böse in der Welt nicht mehr angreifen. *Krishnamurti*

Der klügste Trick des Teufels ist, uns davon zu überzeugen, daß es ihn nicht gibt. *Baudelaire*

BILDER

Das Böse, Satan, Luzifer, der gefallene Engel, die verlorene Seele, die Sünde, die Hölle, der ägyptische Gott Seth (oft als Schlange oder Krokodil dargestellt). Beelzebub (von Baal-Zebul, »Baal, der Erhabene« Gott der Philister, verballhornt in Baal-Sebub, d. h. »Baal der Fliegen«). Der Leibhaftige, der Hexer, der Bucklige, der schwarze Magier, der Sündenfall.

Die Fledermaus ist ein Nachtflieger. Sie meidet das Tageslicht und zieht sich jeden Morgen in dunkle Höhlen zurück, wo sie sich kopfüber aufhängt und Energien für ihre nächtlichen Streiche sammelt. Sie ist ein Blutsauger, dessen Biß die Pest bringt und dessen Speichel die Umgebung verseucht. Sie liebt es, sich im menschlichen Haar zu verfangen und dadurch Wahnsinn zu verursachen. *Volksglaube*

SYMBOLE MARSEILLE

Der goldene Helm (Wotan) mit Geweihhörnern, dem Zeichen neuen Lebens, geistiger Erneuerung und insbesondere göttlichen Feuers. Ein Puzzle aus Einzelteilen. 4 Finger sichtbar, der Daumen, der für die Willenskraft steht, ist nicht erkennbar. Die Fesseln des gebundenen, gefangenen Menschen.
Den Teufel als weibliches Wesen darzustellen, war im Mittelalter normal. Häufig sogar in der

Gestalt der Venus. Uns ist davon des Teufels Großmutter erhalten geblieben. Diana/Artemis, deren Kult im Mittelalter Gegenstand der Hexenverfolgung war, wurde in der Frühzeit mit einem Hirschgeweih dargestellt. Aus dem Namen Diana leitet sich in vielen altromanischen Sprachen das Wort für Hexe ab.

XV

SYMBOLE WAITE

Die Figur des Baphomet, eine angeblich bei den Tempelrittern verehrte Gestalt, mit sehr widersprüchlichem Hintergrund. Laut Waite ist die »richtige« Schreibweise rückwärts = TEM OHP AB = Templi omnium pacis abbas = der Vater des Tempels, universeller Friede. – Womit das Böse zur Verkehrung des Guten wird, dieses aber immer noch in gewisser Weise beinhaltet. Die gehörnte Ziege von Mendes (griechischer Dämonengott). Angeblich an der Magengrube das Merkurzeichen. Die ausgestreckte, erhobene Hand bedeutet Fluch. In Griechenland bedeutet diese Geste: »Scher dich zum Teufel.« In der Hand das Saturnzeichen. Auf der Stirn das umgekehrte Pentagramm, der Drudenfuß, bei dem die göttliche, obere Spitze (Äther) nach unten gekehrt ist = Zeichen schwarzer Magie.
Der Halb-Kubus = Thron des Halbwissens.
Die Schwänze der Gestalten stehen für die tierische Natur. Das glühende Feuer des Zepters zündet offenbar bei dem Mann. Die Ketten sind so locker um den Hals gelegt, daß sich die beiden Gefangenen jederzeit leicht befreien könnten.

HINTERGRUND

Der kollektive Schatten. Abgespaltete Teile der Psyche, die sich völlig selbständig und »böse« ausleben können (Dr. Jekyll und Mr. Hyde).

ANALOGIEN

Schwarze Magie, Saturn, Besessenheit, vom Teufel geritten werden. Pan – Panik – Pandämonium (Reich der bösen Geister).

BOTSCHAFT

Je heller das Licht um so dunkler der Schatten.
Wir sind zur Freiheit verdammt.
Es ist unmöglich, das Licht richtig zu würdigen, ohne das Dunkle zu kennen.

XV

QUALITÄT

Gegen die eigene Überzeugung handeln. Abhängigkeiten. Die Fesseln und das Verhängnis des materiellen Lebens. Das Gegenstück zur Karte V, Der Hierophant. Bei Waite auch die Schattenseite der Karte VI, Die Liebenden. Maßlosigkeit.

ZIEL

Die Kraft, die stets das Böse will und stets das Gute schafft.
Triebkraft der schwarzen Magie ist die Gier nach Macht.
Kalte Lüsternheit, Besessenheit, Abhängigkeiten.

LICHT-SEITE

Luzifer/Prometheus – Dämonen = Lichtbringer. Aus der Gebundenheit, aus Verstrickungen ausbrechen.

TRADITION. DEUTUNG +

(wenn umgekehrt) Heilung. Beginn spirituellen Begreifens. Magnetische Ausstrahlung. Ablehnung materieller Werte. Besinnung auf Höheres.

–

In Leidenschaften gefangen sein, Aufstieg dunkler Mächte, schicksalhafte Verstrickung, Warnung vor Trägheit und übertriebenen Leidenschaften, Egoismus, schlechter Einfluß, Oberflächlichkeit, (selbst-)zerstörerische Kräfte, Gewalt.

SYNTHESE

Bei der Betrachtung dieser Karte müssen wir sehr wohl unterscheiden zwischen dem Bild, das uns vermittelt wird und der dahinterliegenden Bedeutung. Das überlieferte Bild des Teufels stammt aus einer Weltsicht, die wir heute belächeln oder angesichts ihrer üblen Auswirkungen in der Inquisition verurteilen. Damit aber den Schluß ziehen zu wollen, den Teufel bzw. das Böse gäbe es nicht, wäre wohl zu voreilig (s. o. Zitat Baudelaire).
Den Teufel als den Gehörnten darzustellen, ist eine Vorliebe der mittelalterlichen Kirche, die damit die Götter des alten Glaubens verteufelte. Hörner gehören in den Kult der Mondgöttin und stehen für die Sicheln des zu- und des abnehmenden Mondes. Geweihe sind ebenfalls der Mondgöttin zugeordnet und zwar in ihrer Form als

XV

Diana/Artemis, die unter anderem die Göttin der Jagd war. Sie stehen aber auch für den Hirschkönig, der an heiligen Festtagen mit der Hohenpriesterin als Vertreterin der Mondgöttin die Große Ehe, die Heilige Hochzeit vollzog. Andererseits berichten viele Mythen, wie Diana an Anodos, der jährlichen Erneuerung ihrer Jungfräulichkeit, eben diesen Hirschkönig von ihrer Hundemeute zu Tode hetzen ließ. Die Vorstellung, daß dem betrogenen Mann Hörner aufgesetzt werden, geht wohl auf diese Mythen zurück.

In gnostischen Glaubensrichtungen wurde der Teufel häufig als der wahre Freund und Gott der Menschen verehrt, im Gegensatz zum unberechenbaren und rachsüchtigen christlichen Gott, der trotz seiner Allmacht den Opfertod seines eigenen Sohnes verlangt, um sich selbst mit der Menschheit zu versöhnen. Der Teufel dagegen wurde in der Form des Luzifer/Prometheus verehrt, der aus Mitleid mit den in Dunkelheit und Kälte vegetierenden Menschen das göttliche Feuer stahl, es den Menschen schenkte und dafür ungeheuerliche Strafen erleiden mußte.
Wie immer der einzelne zu diesen Bildern stehen mag, es sollte keine Betrachtungsweise darüber hinwegtäuschen, daß das Böse, wie immer man es nennt, existiert. Die Bilder haben sich in den Jahrhunderten oft geändert, nicht dagegen unsere fast selbstverständliche Neigung, den Teufel nur bei den anderen zu sehen.
Er ist unser Schatten – oder auch der kollektive Schatten der Gesellschaft – und versinnbildlicht damit auch diese Eigenart, daß er, obwohl durch uns bedingt und hervorgerufen, offensichtlich außerhalb von uns liegt. Wir müssen aber lernen, ihn nicht nur »da draußen«, eben bei den anderen zu sehen, sondern daß er seine Ursache in uns hat.
Wer seinen Schatten erkennen will, zähle einmal all die Eigenschaften und Verhaltensweisen auf, die er an anderen überhaupt nicht ausstehen kann. Das Ergebnis ist die wohl treffendste Aufstellung der eigenen Schattenseite. Das Häßliche daran ist, daß es oft gerade das Profane ist, das in diesem

XV

Bereich liegt, wodurch es uns so schwerfällt, es als zu uns gehörig anzunehmen. Um sich aber von diesen Ketten zu befreien, muß man sich ihrer erst bewußt werden, nur dann kann man sie abstreifen.

Über die Quersumme der Zahl 15 (= 6) und im Waite Deck auch vom Motiv her ist die Karte mit den Liebenden (VI) verwandt und zeigt deren Schattenseite: die in Sexualität und/oder Machtkampf erstarrte Liebesbeziehung. Die erhobene Hand des Teufels erinnert an die des Hohenpriesters (V). Dessen Hand lehrt, daß es eine sichtbare und eine unsichtbare Welt gibt. Die ausgestreckte Hand des Teufels dagegen behauptet: Es gibt nichts außer der sichtbaren Realität. Insofern symbolisiert der Teufel auch das strikt materialistische Weltbild.

Die Karte steht für alle Erfahrungen, bei denen wir gegen unsere Grundsätze verstoßen, sei es aus innerer Begierde oder aus Angst (z. B. den Beruf zu verlieren, wenn man Erwartungen nicht erfüllt, obwohl sie mit den eigenen Grundsätzen nicht vereinbar sind). Sie weist auch auf Abhängigkeiten hin, in denen wir uns befinden oder vor denen wir gewarnt werden. Das können sowohl materielle Abhängigkeiten sein wie auch körperliche Sucht, seelische Hörigkeit oder die Verstrikkungen der Leidenschaft.

Als Versucher hat der Teufel natürlich etwas sehr Verlockendes. Somit weist diese Karte auch auf spannende, reizvolle Erfahrungen hin, warnt aber gleichzeitig vor den Gefahren, die darin liegen.

ALLTAGS-ERFAHRUNG

Gegen seine Überzeugungen verstoßen. Eine Liebesbeziehung, die in Körperlichkeit erstickt. Prickelnde und spannende Erfahrungen, in denen die Gefahr liegt, ihnen zu verfallen: die Leidenschaften des Spiels, der Liebe und der Lust, der Rausch der Kraft und der Macht. Sich in diesen Leidenschaften verstricken und gefangen fühlen. Sich von Menschen, Drogen, Geld usw. abhängig fühlen. Erotische Sammelwut. Innere Zerrissenheit.

XVI
Der Turm

The Tower of Destruction;
The God-House · La Maison Dieu

ARCHETYP — Zerstörung.

BUCHSTABE — (H) Ain = Gh, Symbol = materielle Fessel, Ton. Zahlenwert = 70.

ZAHL — 16 = 4 × 4 – Verhärtung

BILDER — Turm von Babel, Elfenbeinturm, Zerstörung von Salomons Tempel, die Vertreibung aus Eden, Zerstörung von Sodom und Gomorra. Das Gefängnis des falschen Bewußtseins.

SYMBOLE MARSEILLE — In der alten Zeit glaubte man, Türme könnten die schmerzhafte Distanz überwinden, die durch die

XVI

gewaltsame Trennung der Ureltern (Himmel und Erde) entstanden ist.
Die Krone auf dem Turm = keine Autorität über sich anerkennen. Von der Feder umgeworfen = weich aber wirksam. Die Feder als Zeichen der Reinheit und Wahrheit. In der ägyptischen Totenwelt wurden die Seelen der Verstorbenen mit einer Feder aufgewogen. Der Turm selbst ist nicht zerstört, nur die Krone ist abgeworfen.

SYMBOLE WAITE

Insgesamt viel intensiver und bedrohlicher. Beinhaltet den Sturz des menschlichen Geistes, der versucht das Mysterium Gottes zu ergründen, und möglicherweise das Ende göttlicher Vergebung.
Vom Blitz getroffen = von Gott berührt.
Die 22 Tropfen weisen auf die 22 Tarottrümpfe hin.

ANALOGIEN

Uranus (Blitz), Krieg, Geistesblitz, Erdbeben. Das heilige römische Reich wurde auch der Turm des Stolzes genannt. Es hieß, solange dieses Reich bestehe, könne der Antichrist nicht auf die Welt kommen. Die Zerstörung des Reiches war somit ein Vorbote des Jüngsten Gerichtes. Falls dies das Thema der Karte ist, stellen die beiden Figuren den Kaiser und den Papst dar.

HINTERGRUND

Die Karte wird auch das Haus Gottes genannt. Im Mittelalter glaubte man, daß nur Satan für die Blitze verantwortlich sein könne, die in Kirchen einschlugen. Es wurde viel darum gerätselt, warum Gott nicht in der Lage sei, seine eigenen Kirchen zu schützen. Von häretischer Seite wurde natürlich vermutet, daß die Kirchen dem falschen Gott gewidmet waren, und Luzifer der richtige Gott und Freund der Menschen sei.

BOTSCHAFT

Türme ziehen Blitze an!
Du hast Dich eingemauert – auf Sand gebaut.

QUALITÄT

Aufbrechen geistiger, politischer, seelischer Borniertheit, Neugeburt.

XVI

ZIEL	Vernichtung des Erstarrten, Befreiung des Lebendigen, Öffnen, Erkenntnis.
LICHT-SEITE	Das Aufbrechen von Verkrustungen.
TRADITION. DEUTUNG +	Erleuchtendes, durchschlagendes Ereignis, Freisetzung der eingemauerten Seele, plötzliche Erkenntnis, traumatische Veränderung, plötzliche Trennung.
–	Anhaltende geistige Einkerkerung, Katastrophe, Schock, Unvorsichtigkeit, Uneinsichtigkeit.

SYNTHESE

Der Turm steht als Symbol für Verhärtungen und Verkrustungen der menschlichen Seele, die durch einen heftigen Impuls von außen erschüttert und aufgebrochen werden. Das Damaskuserlebnis, von dem die Bibel berichtet, und das aus Saulus Paulus werden ließ, zeigt die Heftigkeit dieser umwerfenden Erfahrung in seiner dramatischen Form.

Der Turm, in den man sich zurückzieht, bietet wohl Schutz gegenüber den Widrigkeiten des Lebens und ermöglicht es, hoch zu steigen. Die Abtrennung von der Außenwelt, und damit von der Lebendigkeit und Vielfalt des Lebens, ist jedoch ihrer Tendenz nach zu schroff und undurchlässig, so daß das im Turm gefangene Leben (die im verhärteten Körper eingesperrte Seele) zu verkümmern beginnt.

Somit ist die Zerstörung des Turms (des falschen Bewußtseins, wie Sheldon Kopp ihn nennt) durch ein erschütterndes Ereignis, ein Erlebnis, das im ersten Moment sicherlich als bedrohlich empfunden wird. Aber wenn sich der aufgewirbelte Staub gesetzt hat, erkennt man sehr schnell, daß die ursprünglichen Schutzmauern zuletzt nur noch die Mauern eines Gefängnisses waren, deren Zusammenbruch nun eine neue Phase aufblühender Lebendigkeit ermöglicht.

Die Karte weist damit auf plötzliche, unerwartete und tiefgreifende Erschütterungen hin, die zunächst als persönliche Katastrophe erlebt werden, dann jedoch ihren belebenden und

XVI

befreienden Aspekt erkennen lassen. Das gilt für alle Bereiche, in denen uns unser Sicherheitsbedürfnis verleitet hat, Starrheit an Stelle von Lebendigkeit zu setzen. Dogmatische Lebensgrundsätze werden davon genauso betroffen wie festgefahrene Beziehungen. Die Karte kann auch für erhebliche finanzielle Verluste stehen und für den Zusammenbruch eines materialistischen Weltbildes.

ALLTAGS-ERFAHRUNG

Plötzliche, erschütternde Ereignisse wie Trennungen, Unfälle, Verluste. Das Zusammenbrechen von Plänen, aber auch die zündende Erkenntnis. Die belebende und befreiende Erfahrung bewußt suchen mit psychotherapeutischen Methoden wie Bioenergetik und Rebirthing. Aufgabe rigider Standpunkte und Vorstellungen.

GESCHICHTE

Der König mit dem Leichnam

Jeden Tag kam ein heiliger Bettler an den Hof des Hindu-Königs und schenkte ihm schweigend eine Frucht. Der König nahm die Gabe an, ohne ihr viel Aufmerksamkeit zu schenken, und übergab sie unbesehen seinem Schatzmeister. Jeden Tag ging der Bettler, wie er gekommen war, ohne etwas für sich zu erbitten.

Jahrelang spielte sich diese rätselhafte Pantomime auf die gleiche Weise ab. Doch eines Tages gab der König das Geschenk, einer plötzlichen Laune folgend, seinem Affen. Als das Tier in die Frucht biß, kam ein herrlicher Edelstein zum Vorschein. Wie der König das sah, fragte er seinen Schatzmeister, was aus all den früheren Geschenken geworden war. Man hatte sie alle in die Schatzkammer geworfen, deren Boden jetzt mit faulem Obst und Edelsteinen übersät war.

Der König freute sich und wurde neugierig. Am nächsten Tag sprach er den Bettelmönch an, und dieser erbat sich zum erstenmal eine Gegengabe. Der König sollte der furchtlose Held sein, den er für einen Exorzismus brauchte. Mutig ließ sich der König auf ein Treffen ein, das für die nächste Neumondnacht auf dem großen Friedhof, dem Ort der Feuerbestattungen, verabredet wurde, wo auch Verbrecher gehenkt wurden.

XVI

In der Dunkelheit der vereinbarten Nacht, verkleidet und mit dem Schwert bewaffnet, ging der König unerschrocken zu seinem grausigen Stelldichein. Verkohlte Schädel und Skelettreste lagen verstreut auf dem Gelände, während Dämonen darüber in der Luft einen schauerlichen Lärm vollführten. Als der König nähertrat, um zu erfahren, was er tun sollte, zog der alte Zauberer gerade einen Bannkreis. Er hieß den König zu einem Baum am anderen Ende der Verbrennungsstätte gehen, an dem ein Mann aufgehängt war. Er sollte die Leiche losschneiden und in den Bannkreis tragen.

Zitternd aber entschlossen ging der König auf den Galgenbaum zu, um seine seltsame Frucht zu pflükken. Er stieg auf den Baum und durchschnitt das Seil. Als der Tote herabfiel, war ein Stöhnen zu hören. Als er nachsah, ob noch Leben in der starren Gestalt war, brach ein gespenstiges Lachen aus ihrer Kehle. Er sprach den Geist an, aber sofort flog die Leiche wieder hoch an ihren Ast.

Als der König auf den Baum kletterte, um wieder das Seil zu durchtrennen, gab er acht, daß diesmal kein Laut über seine Lippen kam. Er wuchtete den Körper auf die Schulter und machte sich auf den Rückweg. Aber er war noch nicht weit gekommen, als das Gespenst zu ihm sprach: »Große und ungewohnte Plage hast du dir aufgeladen, Verehrter, da will ich dir mit einer Geschichte die Zeit verkürzen.« Der König schwieg und das Gespenst erzählte:

Es waren einmal drei junge Brahmanen bei einem Lehrer, die liebten alle drei seine wunderschöne Tochter. Der Vater mochte sie keinem geben, aus Angst, den beiden anderen bräche es das Herz. Da starb das Mädchen plötzlich, von einer Krankheit weggerafft. Verzweifelt verbrannten die drei seine Leiche; dann zog der eine als bettelnder Asket in die Welt, der andere nahm das Gebein der Geliebten und pilgerte damit zu den lebensspendenden Fluten des heiligen Ganges. Der dritte aber baute sich eine Asketenhütte über ihrer letzten Stätte und schlief auf ihrer Asche.

Der durch die Welt zog war einmal Zeuge eines wunderbaren Vorganges. Er erlebte, wie jemand mit einem Zauberspruch aus einem Buch ein verbranntes Kind aus seiner Asche leibhaft wieder ins Leben rief. Da stahl er das Buch und eilte heim zur Asche der Geliebten. Zu gleicher Zeit kehrte auch der andere

XVI

zurück, der das Gebein des Mädchens mit den lebensspendenden Wassern des göttlichen Flusses benetzt hatte. Über Asche und Knochen ward der Zauber vollzogen: Da stand die Geliebte wieder da, herrlicher noch als einst. Und sofort erhob sich ein Streit unter den dreien: der eine hatte ihre Asche gehütet, der andere ihr Gebein mit Wasser des Lebens benetzt, der dritte den Zauber gesprochen, wem gehörte sie?

»Ja, wem gehörte sie?« fragte das Gespenst im Leichnam den König. »Der Kopf soll dir zerspringen, wenn du es weißt und nicht sagst!«

Der König glaubte, die Antwort zu wissen und wagte nicht, sie zu verschweigen. Der Brahmane, der das Mädchen mit dem Zauberspruch wieder zum Leben erwecken konnte, so sagte er, habe wie ein Vater gehandelt. Der andere, der den frommen Dienst auf sich genommen hatte, ihre Gebeine an den Heiligen Fluß zu bringen, habe wie ihr Sohn gehandelt. Der letzte aber, der seine Geliebte nie verließ und sogar auf ihrer Asche schlief, konnte allein ihr Mann sein.

Als er das letzte Wort gesprochen hatte, stöhnte die Leiche gequält auf und flog von der Schulter auf den Baum zurück. Wohl oder übel mußte der König umkehren, sich die Leiche wieder aufladen und den beschwerlichen Weg von vorn antreten.

Doch so oft er auch losmarschierte, immer wiederholte sich die traurige Szene. Jedesmal peinigte ihn das Gespenst mit einem neuen Rätsel und drohte, der Kopf werde ihm zerspringen, wenn der König die Antwort wisse aber verschweige. Und jedesmal fand der König sein Bewußtsein erweitert, fand er neues Wissen in sich, von dem er zuvor nichts gewußt hatte. Doch alle seine weisen Urteile brachten ihm nur immer wieder den Gang zurück zum Galgenbaum. Es war zum Verzweifeln.

Es waren vierundzwanzig Geschichten, die das Gespenst erzählte. Aber nur dreiundzwanzigmal mußte der König zum Baum zurücktrotten, denn auf das vierundzwanzigste Rätsel fand er keine Antwort. Keines Menschen Weisheit kann das große Dunkel bis in seine letzten Tiefen ausloten. Schweigend dachte er darüber nach, daß er unter einem Bettlergewand Weisheit gefunden und von einem Affen Demut gelernt hatte, daß die spöttischen Rätsel eines scheinbar

XVI

bedrohlichen Fremden seine Weisheit vergrößert hatten. Da er auf die letzte Frage keine Antwort wußte, erreichte er nun endlich sein Ziel und konnte den Leichnam in den magischen Kreis tragen. War er vielleicht bei seinem stummen Grübeln weiser als bei all seinen klugen Antworten?

Der Geist schien endlich mit dem König zufrieden und verließ den Körper, der nun reglos auf den Schultern des Königs lag. Doch bevor das Gespenst verschwand, warnte es den König:

»Höre, was ich dir zu deinem Heile sage, und tu es! Der Bettelasket ist ein gefährlicher Schwindler; mit seiner Beschwörung wird er mich zwingen, wieder in den Leichnam zurückzukehren; dann wird er mich anbeten und versuchen, dich mir als Opfer darzubringen. Dazu wird er dich heißen, vor mir niederzufallen, und wenn du mit Haupt und Händen flach am Boden liegst, wird er dir mit dem Schwert deinen Kopf abschlagen wollen. Deshalb sag ihm, »mach mir das vor, wie man sich niederwirft«, und wenn er vor dir liegt, schlag ihm den Kopf ab. Dann wird die Herrschaft über die Geister, nach der ihn mit seinem Zauber gelüstet, dir zufallen. Sie sei dein!«

Als der König in den Bannkreis eintrat, lief tatsächlich alles so ab, wie das Gespenst vorhergesagt hatte. Der Zauberer forderte ihn auf, sich niederzuwerfen, fiel aber auf die List des Königs herein und verlor seinen Kopf. Da brachen die Geister des Friedhofs in ein Freudengeheul aus; denn nun waren sie endlich aus der Sklaverei der Verzauberung des üblen Schwarzmagiers befreit. Zum Dank hatte der König einen Wunsch frei. In weiser Zurückhaltung bat er nun darum, daß die Geschichte dieser Nacht überall auf der Welt und durch alle Zeitalter von den Menschen erzählt werden solle.

Und so lebt diese Geschichte in Ost und West, in allen Sprachen, gestern, heute und morgen. Ich habe das meinige getan, indem ich sie euch erzählt habe. Tut ihr nun das eure und erzählt sie weiter!

Zitiert nach: *Sheldon Kopp, Kopfunter hängend sehe ich alles anders*

XVII
Der Stern

The Star · L'Etoile

ARCHETYP Hoffnung.

BUCHSTABE Pe = P, Symbol = Mund mit der Zunge, Rede. Zahlenwert = 80.

ZAHL 17 ist die Zahl der neuen Hoffnung. Vom letzten Vollmond an gerechnet ist es die 17. Nacht, in der nach drei finsteren mondlosen Nächten erstmals wieder die Sichel des neuen Mondes am westlichen Horizont zu erblicken ist.

ZITATE Millionen Jahre sind die Gestirne durch die Räume gewandert, haben geduldig gewartet und des Momentes geharrt, da du erschienst, um sich nun darzubieten in einer Konstellation, die weder vorher je so da war noch jemals wiederkehren wird, um dein Horoskop zu gestalten! Millionen Menschen haben vor dir gelebt, bilden die Kette deiner Ahnen, haben gelebt und

geliebt, haben es durch ihr Leben möglich gemacht, daß du auf dieser Erde erschienst, erscheinen mußtest.

Oskar Adler, Testament der Astrologie

XVII

Für das Tier genügt es, wenn der Augenblick erfreulich ist. Aber der Mensch ist damit kaum zufrieden. Er ist vielmehr daran interessiert, erfreuliche Erinnerungen und Erwartungen zu haben – besonders Erwartungen. Wenn er deren sicher ist, dann kann er sich auch mit einer ungewöhnlich erbärmlichen Gegenwart abfinden. Ohne diese Sicherheit aber kann er selbst inmitten augenblicklicher physischer Freuden grenzenlos unglücklich sein ... Auf diese Weise ist es kaum törichter, sich auf eine Zukunft einzustellen, die nicht zur Gegenwart wird, als auf eine Zukunft, die – wenn sie schließlich doch auf mich zukommt – mich »abwesend« finden wird, und der ich dann über die Schulter statt ins Gesicht schaue.

Alan W. Watts; Die Weisheit des ungesicherten Lebens

BILDER

Leitstern, Sternschnuppe (1 Wunsch frei), der Star, der gute Stern, die Sternstunde

SYMBOLE MARSEILLE

7 Sterne um einen achtstrahligen Doppelstern.
Isis, die Göttin der Sterne, hatte auf der Erde 7 Orakelpriesterinnen, die 7 Weisen von Arabien oder die 7 Säulen der Weisheit genannt. Sie wurde als Astarte in Syrien, Ishtar in Babylon, Esther in Elam, Ashtoreth in Palästina und Ostara oder Eostre in Nordeuropa verehrt. Alle diese Namen bedeuten Stern. Daraus ging unser »Ostern« hervor.
Der Vogel – Verbindung zwischen Himmel und Erde.
Vögel galten als himmlische Boten, Elias Rabe, Noahs Taube, Ibis – der Vogel Thoths, des ägyptischen Gottes der Weisheit. Hugin und Munin, die beiden Raben, die auf den Schultern des Odin saßen, symbolisieren seine Fähigkeit, »ein anderes Gesicht« zu haben und (als Tier) in ferne Länder fahren zu können. Ähnliches gilt für die Raben des Bran, Chronos, Saturn, Asklepios und die Kraniche Apollons.
Von hochfliegenden Vögeln (Wandervögeln) glaubte man, daß sie während ihrer Abwesenheit

XVII

beim »Großen Geist« verweilen und bei ihrer Rückkehr durch die Art ihres Fluges das Schicksal der Menschen verkünden.
2 Bäume des Garten Edens = Lebensbaum + Baum der Erkenntnis. Baum steht in den keltischen Sprachen für Wissen / Weisheit.

SYMBOLE WAITE

Der flammende Stern der Freimaurer (laut Waite). Nach anderen Quellen hat deren Stern allerdings nur 5 Zacken. Die Figur der Binah, der höheren Vernunft (3. Sephiroth des Lebensbaums der Kabbala).

ANALOGIEN

Stern von Bethlehem, Sterntaler, Hundsstern Sirius, Astrologie. Stern der Isis, das Symbol der jährlichen Nilüberflutung. Isis war die Quelle des Lebenswassers für alle Seelen auf ihrem Weg zu den Sternen.

BOTSCHAFT

Die größte Stärke des Menschen ist seine Hoffnung. Vertraue in Deine Zukunft.

QUALITÄT

Ewige Weisheit, Unsterblichkeit, Zukunft, Fülle.

ZIEL

Führung, Vertrauen in die höhere Ordnung.

SCHATTEN

Irrlicht, Unglücksstern, in der Zukunft statt in der Gegenwart leben.

TRADITION. DEUTUNG +

Schutzkarte, große Liebe wird gegeben / empfangen, Energie, Genesung, Hoffnung, Glaube, Liebe, Vertrauen in das Schicksal, tiefe Einsicht.

–

Zweifel, Pessimismus, Liebespech, Engstirnigkeit, Krankheit.

SYNTHESE

Die verschiedenen Symbole dieser Karte verweisen auf eine höhere Ordnung, der wir unterliegen. Seit alters her haben die Menschen versucht, diese Symbole zu deuten, um dadurch Einblick in die tiefere Bedeutung unseres Schicksals und einen Blick in unsere Zukunft zu gewinnen. Weisheit, Zukunft, Hoffnung und Vertrauen sind die Themen, die sich aus diesem Umfeld ergeben:

XVII

Die Sterne beschäftigen seit Tausenden von Jahren die Astrologen. Die hier dargestellten 7 Sterne um einen Hauptstern mögen für die 7 Orakelpriesterinnen der Isis stehen.
Der Ibisvogel, der durch seinen runden Schnabel an die Mondsichel erinnert, ist der Vogel des Gottes Thoth, des ägyptischen Gottes der Weisheit. Aus dem Flug der Vögel versuchte man früher eine Botschaft der Götter zu lesen.
Waite selbst nennt die dargestellte Figur die Binah, die im kabbalistischen Baum des Lebens das Prinzip der höheren Vernunft verkörpert.
Insofern ist der Platz, an dem diese Karte beim Legen erscheint, ein Bereich, in dem sich der Frager große Hoffnungen macht, und in dem sein Handeln »Zukunft hat«. Gleichzeitig fordert sie dazu auf, Vertrauen in die eigene Zukunft zu setzen und somit auf die Weisheit der Vorsehung zu vertrauen.
Traditionell wird diese Karte als eine Schutzkarte angesehen, d. h. der Platz, an dem sie liegt, steht unter einem guten Stern. Daß die Vorsehung für uns in mehr als ausreichendem Maße sorgt, wird durch das Ausgießen der Krüge gezeigt. Das Wasser, das auf die Erde fließt, läßt diese fruchtbar werden. Das Wasser, das wieder ins Wasser gegossen wird, zeigt das Übermaß und die Fülle der Energie, die uns aus der Unendlichkeit des Himmels zufließt.

ALLTAGS-ERFAHRUNG

Zeiten großer Hoffnung, Lebensoptimismus, Vertrauen in die Zukunft. Aktivitäten, die begonnen werden, haben große Bedeutung für die Zukunft. Begegnungen, neue Freundschaften und Beziehungen stehen unter einem guten Stern. Auch Erfahrungen demutsvoller Einsicht in die großartige Weisheit der kosmischen Gesetze.

XVIII
Der Mond

The Moon · La Lune

ARCHETYP	Die Nacht, das Dunkle.
BUCHSTABE	Tsade = Z/Ts, Symbol = Dach, Asyl. Zahlenwert = 90.
ZAHL	Alle Mond- und Sonnfinsternisse kehren nach 18 Jahren in der gleichen Reihenfolge wieder. Sie wurden in früheren Zeiten mit Unheil in Verbindung gebracht. Das Druidenalphabet (Beth-Luis-Nion), ein in Britannien und Gallien über 1000 Jahre eifersüchtig gehütetes Geheimnis, und das orphische Alphabet bestanden aus 18 Buchstaben und hatten eine sakrale Bedeutung bei der Verehrung der Mondgöttin. Die 13 »Baumkonsonanten« standen für Bäume, mit denen die 13 Monate des Mondkalenders in Verbindung gebracht wurden.

Die 5 Vokale entsprachen 5 Stationen der Sonne: 2 Tag- und Nachtgleichen, 2 Sonnenwenden und der 1. Tag des neuen Jahres. Somit hatten diese Alphabete gleichzeitig den Charakter eines Kalenders. Erst mit dem Vordringen des rationalen Kultes des Sonnengottes (Apollo) verschwanden sie zu Gunsten unseres aus Phönizien stammenden ABCs.

XVIII

JUNG

Wer immer Angst hat, hat Grund dazu. Es gibt nicht wenige Patienten, denen man Angst einjagen muß, weil sie aus Instinktverkümmerung keine mehr haben. Ein Mensch, der keine Angst mehr hat, steht am Rande des Abgrunds ...
Versteht mein Patient die religiöse Sprache, so sage ich ihm: Versuche ja nicht, dieser Angst, die Gott dir gegeben hat, zu entgehen, sondern versuche sie bis aufs letzte zu ertragen ...

ZITATE

Träume verhalten sich zum Wachbewußtsein wie der Mond zur Sonne: Sie werfen einen besonderen, nächtlichen Lichtschein, in dem die Dinge besonders hervortreten. *Sheldon Kopp*

Alpträume sind einfach Träume, die wir nicht zu Ende träumen, weil sie uns zu sehr erschrecken.
Sheldon Kopp

BILDER

Nacht, Träume, Sehnsucht, Gefühle, (Abgrund der) Seele, Medusa, Hydra, Kali (die dunkle Seite des Mondes). Die bedrohliche Dämonenwelt aus der Zeit der Naturgottheiten.

SYMBOLE MARSEILLE

Die goldenen Türme der ewigen Stadt, des himmlischen Jerusalems, das Wasser, das den Weg versperrt, die Tropfen, die nach oben steigen. Hunde als Wächter der Unterwelt (Hüter von Geheimnissen) dürfen in den Mythen nicht getötet, sondern müssen überlistet werden (Herakles/Cerberos). Domestizierte Hunde als beste Freunde des Menschen (Odysseus/Argo), Symbol instinktiver Weisheit. Der Krebs als Bedrohung (Herakles im Kampf mit der Hydra) oder als »Brückenersatz«.
Der Mond hält seine dunkle Seite unseren Blicken verborgen.

XVIII

Zunehmender Mond	= Artemis	= aufsteigende Kräfte = Mädchen
Vollmond	= Selene	= Vollbesitz der Kräfte = Mutter
Abnehmender Mond	= Hekate	= auszehrende Kräfte = Hexe

oder auch

Die weiße Göttin von Geburt und Wachstum	= weiße Säerin
Die rote Göttin von Liebe und Kampf	= rote Schnitterin
Die schwarze Göttin von Tod und Wahrsagerei	= schwarze Drescherin

SYMBOLE WAITE

Der Pfad zwischen den Türmen ist der Ausgang ins Unbekannte. Hund und Wolf: »die Furcht des einfachen Verstandes angesichts des unbekannten Ausgangs, zu dem nur das widergespiegelte Licht (Mond bzw. menschlicher Verstand) führen kann«.

HINTERGRUND

Im bleichen Licht des Mondes lösen sich die festen Umrisse der Dinge auf und verwandeln sich. Ein Strauch wird zu einem Tier, ein Baum zu einem Monster.
Der Alp (-traum) geht auf das Wort Albina (weiße Göttin) zurück, nach der Britannien seinen frühesten Namen Albion erhielt, und von dem sich unsere Wörter Elfe und Elbe ableiten.

ANALOGIEN

Reflexion, Beschaulichkeit, Passivität, Weiblichkeit, Zyklus, Gezeiten. Trabant = keine Eigendrehung.
Der Mond als Urheber aller Überschwemmungen.

BOTSCHAFT

Mondtau = Tränen der Isis
Die Mondgöttin sammelt alle verstreuten Erinnerungen und die vergessenen Träume der Menschheit und verwahrt sie in einem silbernen Krug bis zum Morgengrauen. Dann, beim ersten Tageslicht, fließen sie als die Tränen des Mondes zurück und legen sich als erfrischender Tau auf die Erde.

XVIII

QUALITÄT Unbeständigkeit, das Irrationale, das Wechselhafte, Sanftheit, Angst, Verunsicherung, Weichheit, Sehnsucht, Träume.

ZIEL Die Reise in die Tiefe der Gefühlswelt.

SCHATTEN Das Chaos, die aufzehrende Kraft, der (Mond) Süchtige (Lunatic). Der Mond erweckt die unheimliche animalische Natur.

TRADITION. DEUTUNG + Belebte Phantasie, aufgewühlte seelische Kräfte, Alleinsein, Illusionen, Romantik, Unsicherheit, Sehnsucht, Zwielicht.

– Enttäuschung, Chimären, Illusion, Angst, schwache Gesundheit, Halluzinationen.

SYNTHESE Die Mondkarte führt uns in die unendlichen Tiefen unserer Gefühlswelt und damit zu der Märchenwelt unserer Phantasie, unserer Sehnsüchte, aller Träumereien, aber auch zu allen diffusen Ängsten, Alpträumen und Phobien. Ihre lichte Seite ist damit ein belebtes Gefühlsleben, schön, wenngleich schmalzig erlebte Sentimentalität, starke Belebung unseres bildhaften Denkens, unserer Träume und aller in uns lebenden Märchenfiguren.

Oft aber drängt sich die bedrohliche Seite in den Vordergrund. In früheren Zeiten wurde sie von Kartenlegern mehr gefürchtet als Tod (XIII), Teufel (XV) oder Turm (XVI). Angesichts der ruhigen und sanften Ausstrahlung der Karte überrascht diese Furcht. Sie wird nur vor dem Hintergrund verständlich, daß der Mond das zentrale Thema und der Inbegriff der alten, »heidnischen« Religionen war und daher mit allen Attributen des Schlechten und Bösen verteufelt wurde.

Läßt man diese übersteigerte Angst einmal beiseite, so bleibt dennoch die dunkle Seite des Mondes, die uns Furcht einflößt. Es sind unsere irrationalen Ängste, die wir nachts im Park spüren, wenn sich in den Gebüschen Ungeheuer verbergen, wenn all das, was am hellen Tag

XVIII

vertraut und klar ist, im diffusen, bleichen Mondlicht bedrohlich wirkt. Es sind die Alpträume, die uns nachts aufschrecken lassen und die unbewältigten, seelischen Spannungen, denen wir uns, wenn sie uns den Schlaf rauben, willenlos ausgeliefert fühlen.

Der Mond, der sich uns in täglich veränderter Form präsentiert, steht schon von alters her für das Wechselhafte und damit auch für das Unzuverlässige, für Launenhaftigkeit und Verführbarkeit. Sein widergespiegeltes Licht gilt als Symbol der Passivität, der Beeindruckbarkeit, aber auch der Willenlosigkeit und damit aller (Sehn-) Süchte.

Der Weg, den die Karte uns zeigt, ist der Ausgang ins Ungewisse, weil jede Reise in die Tiefen unserer Gefühlswelt ein Abenteuer ohne Kompaß ist. Der Krebs wird wohl wegen seiner Scheren mit den Sicheln des Mondes in Verbindung gebracht. Seine unberechenbare Gehrichtung mag als Bild für die Konzeptionslosigkeit dieser Reise stehen; das stille Wasser für die tiefen Abgründe, in die sie führen kann. Wolf und Hund verkörpern unsere animalische Natur und damit auch unsere instinktiven Reaktionen, die sich der Verstandeskontrolle entziehen. Wie uns die Mythen lehren, dürfen diese Instinkte, auch wenn sie uns bedrohen, nicht mit Waffen bekämpft, nicht getötet, sondern müssen überlistet werden. Herkules würgt den Höllenhund Cerberos, Psyche betäubt ihn mit einem narkotischen Kuchen, Orpheus spielt ihn mit der Lyra in den Schlaf.

Der Wanderer, der diesen Weg beschreitet, wird all den guten Feen aber auch den Ungeheuern begegnen, von denen die Fabeln und Legenden berichten. Das Märchenhafte an dieser Reise aber ist vor allem, daß sie immer weiter geht – bis an das Ende der Welt.

ALLTAGS-ERFAHRUNG

Zeiten belebter Phantasie, starker Träume, Sehnsüchte, märchenhafter Erlebnisse. Aber auch Alpträume, Beklemmungen, starke Ängste, Pho-

bien. Von Psychotherapeuten geleitete Reisen ins Unterbewußte.

XVIII

GESCHICHTE (Zur Tiefe des Unbewußten)

Die acht himmlischen Elefanten

Ein indischer Mythos sagt: »Brahma, der Schöpfer, beschwor acht himmlische Elefanten herauf, die er den vier Weltenden und den dazwischenliegenden Punkten zuwies, damit sie zu den Trägern des oberen Firmaments würden.«
William James, ein britischer Psychologe, fragte einen indischen Weisen dazu: »Wenn ich es recht verstehe, glaubt Ihr Volk, daß das Universum von großen weißen Elefanten getragen wird?«
»So ist es in der Tat«, antwortete der Weise.
»Gut, gut«, fuhr James fort. »Aber sagen Sie mir, was ist denn unter den großen weißen Elefanten?«
»Jedenfalls ein weiterer großer weißer Elefant«, sagte der Weise ohne zu zögern.
»Und was ist unter diesem großen weißen Elefant?«
»Nun, wieder ein großer weißer Elefant.«
»Und unter diesem großen...« wollte James hastig fragen, aber da unterbrach ihn der Weise sanft.
»Dr. James, Dr. James, bevor Sie weiterfragen, muß ich Ihnen etwas sagen. Es sind lauter große weiße Elefanten, bis ganz unten!«
Zitiert aus: Sheldon Kopp, Psychotherapie mit dem Tarot

XIX
Die Sonne

The Sun · Le Soleil

ARCHETYP	Der Tag, das Licht.
BUCHSTABE	Koph = K, Symbol = Beil, Nadelöhr. Zahlenwert = 100.
ZAHL	19 = 1 + 9 = 10 = 1, weist auf die Verwandtschaft mit dem Magier (I) hin. 19 ist die Zahl der siegreichen Sonne: Nach 19 Jahren, dem metonischen Zyklus, fallen alle Mondphasen wieder auf dieselben Wochentage des Sonnenjahres. 19 Jahre ist die Umlaufzeit des (astrologischen) Mondknotens.
ZITAT	Das Mysterium des Lebens ist nicht ein Problem, das gelöst werden, sondern eine Wirklichkeit, die erfahren werden muß. *Alan W. Watts*

XIX

Genausowenig wie das Geld weder die Eßbarkeit noch die Verderblichkeit von Lebensmitteln darstellt, genausowenig stellen Worte und Gedanken die Vitalität des Lebens dar. Die Beziehung zwischen Gedanken und Bewegung ist etwa der Unterschied zwischen dem lebendigen Menschen, der läuft, und einem Film, der dieses Laufen mittels einer Folge bewegungsloser Bilder zeigt.

Alan W. Watts

BILDER

Reinheit, Helligkeit, Wärme, positive Energie, Macht.

SYMBOLE MARSEILLE

Die Sonne als Quelle allen Lebens. Der Aufstieg zum Licht. Die größte Kraft, die sich unbegrenzt verausgabt. Sinnbild größter Ausstrahlung und der Unsterblichkeit.
2 Kinder als Symbol des ewigen Selbst und des sterblichen Körpers, aber auch des neuen, unschuldigen Lebens.

SYMBOLE WAITE

Das weiße Pferd und das Kind, Sinnbilder der Einfachheit und der unschuldigen Weisheit. Der ummauerte Garten sinnlichen Lebens. Die Mauer als Begrenzung des menschlichen Lebensraumes, dahinter wird es zu heiß.
Die Karte des Lebens im Gegensatz zum Tod (XIII), beide reiten das weiße Pferd und tragen eine rote Feder.

ANALOGIEN

Die sonnige Kindheit, Auferstehung, Ra, Helios, Osiris, Apollo.

BOTSCHAFT

Je heller das Licht, desto stärker ist der Schatten. Die Stunde vor Sonnenaufgang ist die dunkelste.

QUALITÄT

Vitalität, Lebensfreude, Tatkraft, Licht, Lebensbejahung, kindliche Einfalt, Schönheitssinn, Versöhnung.
Die tägliche Wiederauferstehung nach dem abendlichen Untergang.

ZIEL

Leben, Wärme, Wachstum, Neuwerdung, Erhellen.

SCHATTEN

Blenden, Versengen, Verdörren.
Alle Attribute des ägyptischen Seth, dem Vernichter, entsprachen der verbrennenden, lebensbedrohenden Wüstensonne.

XIX

TRADITION. DEUTUNG +

Fröhlichkeit, (äußerer) Erfolg, Vitalität, Kraft, Lebendigkeit, Freude, Verständnis, Wärme, Liebe, Wachstum, Ruhm.

–

Selbstzentriertheit, Angeberei, Selbstsucht, Gewalttätigkeit, aufgesetzte Fröhlichkeit.

SYNTHESE

Seit der Urfrühe der Menschheit erkennen wir in der Sonne das kraftvolle Prinzip, das nach mitternächtlichem Kampf mit den Mächten der Finsternis jeden Morgen mit ungeminderter Kraft wiederaufersteht und seine siegreiche Bahn über den Himmel zieht. Sie ist die sich ständig grenzenlos und bedingungslos verausgabende Kraft, deren Licht und Wärme unsere Erde lebendig werden läßt.
Sie steht damit für unseren Lebenswillen, unsere Lebendigkeit, Lebensmut und Zuversicht. Auf einer nur vordergründigen Ebene bedeutet sie aufgesetzte Fröhlichkeit und ungehemmte Extravertiertheit (Blenden). Ihre tiefe Qualität aber ist die grenzenlos fließende Lebensenergie, die uns immer wieder verjüngende Kraft.
Waite hat, in Abweichung von den alten Vorlagen, den Tod (XIII), das Gegenthema dieser Karte, deutlich werden lassen. Es ist das Kind, Inbegriff unschuldigen und neuen Lebens, das hier mit dem roten Tuch der Lebenskraft das gleiche Pferd reitet, auf dem zuvor der schwarze Reiter mit dem Todesbanner saß. Das Wechselgeschehen dieser beiden Karten ist das ewige Stirb und Werde. Mit der Einfachheit des Kindes dem Leben zu begegnen, ist sowohl der Anfang unseres Entwicklungsweges wie auch Ausdruck höchster innerer Reife an seinem Ende, oder wie es die Bibel sagt:
Es sei denn, daß ihr euch umkehrt und werdet wie die Kinder, so werdet ihr nicht ins Himmelreich kommen. *Matthäus 18,2*

XIX

ALLTAGS-ERFAHRUNG

Die Sonnenseite des Lebens genießen. Optimistische, tatkräftige, aktive Phase. Sich seines Lebens freuen, das Leben bejahen, sich jung fühlen, sich ausleben. Warmherzigkeit Großzügigkeit erleben.

LITERATUR-AUSZÜGE

Hier begreife ich den höchsten Ruhm der Erde: das Recht zu unermeßlicher Liebe. Es gibt nur diese eine, einzige Liebe in der Welt. Wer einen Frauenleib umarmt, preßt auch ein Stück jener unbegreiflichen Freude an sich, die vom Himmel aufs Meer niederströmt. Wenn ich mich jetzt gleich in die Wermutbüsche werfe und ihr Duft meinen Körper durchdringt, so werde ich bewußt und gegen alle Vorurteile eine Wahrheit bekennen: die Wahrheit der Sonne, die auch die Wahrheit meines Todes sein wird. Spiele ich nicht und verspiele hier mein Leben – ein Leben, das nach heißen Kieseln schmeckt und sich betäubt an dem girrenden Branden des Meeres und dem Geschrill der Grillen, die jetzt zu singen beginnen? Die Brise ist frisch, der Himmel ist blau. Ich liebe dieses Leben von ganzem Herzen und will frei von ihm reden: ich danke ihm den Stolz, ein Mensch zu sein. Und doch hat man mich oft genug gefragt, worauf ich denn so stolz sei. Worauf? Auf diese Sonne und dieses Meer, auf mein vor Jugend überströmendes Herz, auf meinen salzigen Leib und diese unermäßliche Pracht aus Glanz und Glück, aus Gelb und Blau. Ich muß alle meine Kräfte aufbieten, um dieser Fülle standzuhalten. Alles hier läßt mich gelten wie ich bin; ich gebe nichts von mir auf und brauche keine Maske: es genügt mir, daß ich geduldig die schwierige Wissenschaft lerne: zu leben, die soviel wichtiger ist als all die Lebenskunst der andern.

Albert Camus, Hochzeit des Lichts

Nun, dachte er, da alle diese vergänglichen Dinge mir entglitten sind, nun stehe ich wieder unter der Sonne, wie ich einst als kleines Kind gestanden bin, nichts ist mein, nichts kann ich, nichts vermag ich, nichts habe ich gelernt. Wie ist dies wunderlich. Jetzt, wo meine Haare schon halb grau sind, wo die Kräfte nachlassen, jetzt fange ich wieder von vorn und beim Kinde an! Wieder mußte er lächeln ... Es ging abwärts mit ihm, und nun stand er wieder leer und nackt und dumm in der Welt. Aber Kummer konnte er darüber nicht empfinden, nein, er fühlte sogar einen großen Anreiz zum Lachen, zum Lachen über sich, zum Lachen über diese gesamte törichte Welt.

Hermann Hesse, Siddhartha

XX
Das Gericht
Das Jüngste Gericht

Judgement · Le Jugement

ARCHETYP — Die Erlösung, die Hebung des Schatzes.

BUCHSTABE — Resch = R, Symbol = Menschlicher Kopf, Schwingung. Zahlenwert = 200.

ZAHL — 20 = Zwillingszahl der 10 (der Zahl des sichtbaren Universums). Vereinigt das Diesseits mit dem Jenseits.

JUNG — Die völlige Erlöstheit vom Leiden dieser Welt müssen wir wohl der Illusion überlassen. Schließlich endete das symbolisch-vorbildhafte Menschenleben des Christus auch nicht in gesättigter Seligkeit, sondern am Kreuz... Das Ziel ist nur als Idee wichtig, wesentlich aber ist das opus, das

zum Ziele hinführt. Es erfüllt die Dauer des Lebens mit einem Sinn.

XX

BILDER

Auferstehung, Phönix aus der Asche.

SYMBOLE MARSEILLE

Erzengel Gabriel, Engel der Auferstehung und der Offenbarung. 3 Figuren um ein 4eckiges offenes Grab. Hinweis auf 7 – auf die Heiligkeit des Vorgangs = Der Erlösung aus der irdischen Bedingtheit.
20 Strahlen (10 goldene + 10 rote) umgeben den Engel.
Das Kreuz auf der Fahne wird als der Kreuzweg gedeutet, an dem sich zwei wichtige Impulse treffen.

SYMBOLE WAITE

Aus der Posaune kommen 7 Töne (7 Striche).

ANALOGIEN

Die Vollendung des großen Werkes der Transformation (Alchemie).

BOTSCHAFT

Auch der Tod ist nicht endgültig.

QUALITÄT

Erneuerung, Vergangenheitsbewältigung, Erweckung.

ZIEL

Erlösung (vom Los befreien), neues Leben.

SCHATTEN

Der materiellen Wirklichkeit verhaftet bleiben.

TRADITION. DEUTUNG +

Entdecken/Wiederbeleben verborgener Fähigkeiten. Veränderung, Befreiung, Erfüllung, Heilung, Erwachen, Aufleben.

–

Todesangst, Gefangenschaft, Verurteilung.

SYNTHESE

Der Name dieser Karte führt leicht in die Irre. Zwar ist einer der Teilaspekte auch, die Konsequenzen aus früheren Verhaltensweisen zu erfahren, ähnlich wie bei der Gerechtigkeit (VIII); der Deutungsschwerpunkt aber ergibt sich aus der Darstellung: Auferstehung, Wiederbelebung und Erlösung sind die zentralen Themen. In den

XX

Mythen und Märchen ist dies immer der eigentliche Höhepunkt: Das Erreichen des Zieles, für das der Held so lange gekämpft und so viele Prüfungen bestanden hat. Es ist die Hebung des Schatzes, die Erlösung der Gefangenen, der lebensbringende Kuß.

Die viereckigen Gräber zeigen die Gefangenschaft in der irdischen Realität, die sich daraus erhebenden 3 Figuren die Befreiung des Geistes aus diesem Gefängnis. Insofern beinhaltet diese Karte sowohl den Aspekt der Erlösung, wie auch das Beleben oder Wiederbeleben von Totgeglaubtem. Gabriel, der Erzengel der Offenbarung, zeigt die Wichtigkeit oder Heiligkeit dieser Erfahrung. Das Kreuz auf seiner Fahne wird als der Kreuzweg gedeutet, Symbol des Zusammentreffens zweier wichtiger Richtungen/Impulse.

Der Aspekt der Erlösung weist auf ungemein tiefgehende Erfahrungen hin: Sie reichen von der Hoffnung, die plötzlich aus tiefer Verzweiflung erwächst bis zur befreienden Entfaltung des bislang verkannten oder verschütteten Selbst.

ALLTAGS-ERFAHRUNG

Totgeglaubtes oder Vergessenes wiederbeleben: Eine vermeintlich beendete Beziehung, alte Freundschaften, aber auch nicht oder nicht mehr vermutete Fähigkeiten in uns selbst. Am Arbeitsplatz oder in der Freizeit frühere Fertigkeiten wieder einsetzen. Aus trüber Phase, aus Hoffnungslosigkeit, vom Warten erlöst werden. Eine Phase des Auflebens, Aufblühens.

XXI
Die Welt

The World · Le Monde

ARCHETYP	Das wiedergefundene Paradies.
BUCHSTABE	Schin/Zin = Z/S/SCH, Symbol = Pfeil, Zähne. Zahlenwert = 300.
ZAHL	21 = 3 × 7. Quersumme = 3. Mündigkeit mit 21 Jahren. 21 = die Summe der möglichen Wurfkombinationen mit 3 Würfeln. Nach 21 Jahren Irrfahrt kommt Odysseus in seine Heimat zurück. Der tantrische Buddhismus kennt 21 Inkarnationen der Mutter Tara (der großen Mutter).
JUNG	Das Selbst zu erfahren heißt, daß Sie sich immer Ihrer eigenen Identität bewußt sind. Sie wissen dann, daß Sie niemals etwas anderes sein können als Sie selbst, daß Sie niemals sich selbst verlieren

XXI

und niemals von sich selbst entfremdet werden können. Dies ist so, weil Sie erkennen, daß das Selbst unzerstörbar ist, daß es immer ein und dasselbe ist, nicht aufgelöst oder gegen etwas anderes ausgetauscht werden kann. Das Selbst befähigt Sie, unter allen Umständen Ihres Lebens derselbe zu bleiben.

ZITATE

Irgendwie müssen wir zu erhaschen versuchen, was wir nur können, solange wir nur können, und die Erkenntnis betäuben, daß alles nichtig und sinnlos ist. Diese Betäubung nennen wir dann unseren hohen Lebensstandard, eine gewaltsame und vielfältige Anregung unserer Sinne, die sie fortschreitend immer weniger empfindsam macht, so daß sie eines stets noch stärkeren Anreizes bedürfen. (...)
Um diesen »Standard« aufrecht zu erhalten, sind die meisten von uns bereit, ein Leben hinzunehmen, das vorwiegend darin besteht, mit langweiligen Betätigungen genügend Mittel zu erwerben, um in der Zwischenzeit hektischen und teuren Vergnügungen nachzugehen, die vorübergehende Erleichterung der Langeweile mit sich bringen. Diese Unterbrechungen hält man für das richtige Leben, für den eigentlichen Zweck, dem das notwendige Übel der Arbeit dient. Oder wir bilden uns ein, daß eine Arbeit durch die Gründung einer Familie ihre Rechtfertigung findet, die dann ihrerseits auf der gleichen Linie fortfährt, um eine weitere Familie zu errichten ... und dies ad infinitum.

Alan W. Watts

BILDER

Die Vollendung. Die wiederhergestellte Welt.

SYMBOLE MARSEILLE UND WAITE

Androgyne Figur = Vereinigung der Gegensätze männlich – weiblich. Die Ellipse – im Gegensatz zum Kreis – umschließt 2 Brennpunkte. Die die vier Elemente verkörpernden Wesen ohne die Bilder, die sie beim Schicksalsrad (X) hielten = Die dort gelehrte Lektion wurde gelernt.
Die Figur hat die umgekehrte Haltung wie der Gehängte. Anima mundi – Die Weltseele.

ANALOGIEN

Das alchemistische Werk der Befreiung der anima mundi aus der prima materia. Der erwachsene Mensch. Der tanzende Schiwa.

XXI

BOTSCHAFT Was ist das Leben

Leben ist eine Gelegenheit	Nutze sie
Leben ist Schönheit	Bewundere sie
Leben ist Wonne	Koste sie
Leben ist ein Traum	Verwirkliche ihn
Leben ist eine Herausforderung	Stell dich ihr
Leben ist Pflicht	Leiste sie
Leben ist eine Reise	Vollende sie
Leben ist ein Spiel	Spiel es
Leben ist teuer	Schätz es
Leben ist Reichtum	Bewahr ihn
Leben ist Liebe	Genieß sie
Leben ist ein Geheimnis	Lüfte es
Leben ist ein Versprechen	Erfüll es
Leben ist Leid	Überwinde es
Leben ist ein Lied	Sing es
Leben ist Kampf	Nimm ihn an
Leben ist eine Tragödie	Sei gefaßt
Leben ist ein Abenteuer	Wag es
Leben ist Leben	Erhalte es
Leben ist Glück	Mach es

Bitte vergeude es nicht,
es ist wertvoll.

Mit Maschine geschriebener Zettel (Original in Englisch) an der Wand im Büro des Kinderhauses der »Missionaries of Charity« in Calcutta

QUALITÄT Seinen Platz in der Welt gefunden haben. In seiner Mitte sein. Sich seines Lebens freuen.

ZIEL Das Leben (den Alltag) meistern. Das erfüllte Leben, volle Selbstentfaltung.

SCHATTEN Leichtfertigkeit, hektische Betriebsamkeit.

TRADITION. DEUTUNG + Fröhlichkeit. Anerkennung. Reichtum. Entscheidungskraft. Harmonie zwischen Geist und Körper. Praktischer Verstand. Umzug.

– Erdverhaftet sein. Immobilität. Stagnation.

SYNTHESE Mit dieser Karte haben wir das Ende der Reise durch die Großen Arkana erreicht. Da der Narr mit seiner Ziffer 0 keinen bestimmten Platz ein-

XXI

nimmt, sind es insgesamt 21 archetypische Stationen, die an die 21 Jahre währende Irrfahrt des Odysseus erinnern. In Mythen und Märchen ist diese letzte Station das glückliche Ende, das wiedergefundene Paradies. Die Einheit, die vor Anbeginn der Reise verlorenging, und die der Inhalt unserer tiefsten Sehnsucht ist, zeigt sich nun wiederhergestellt, ohne daß dabei die fruchtbare Spannung der Polarität, die uns unentwegt vorwärts trieb, erloschen ist.

Die androgyne (zweigeschlechtliche) Figur leugnet nicht die Gegensätze der Geschlechter, sondern verbindet sie in sich zum Einen, ebenso wie die sie umgebende Ellypse der »unmögliche« Kreis ist, der 2 Brennpunkte umschließt.

Das Leben nicht ob seiner Zerrissenheit, Absurdität oder wie immer man dies nennen mag, als Last zu erfahren, sondern gerade die Widersprüchlichkeiten und alle Gegensätzlichkeiten als fruchtbare Spannung in sich zu vereinen und zu bejahen, ist das Thema dieser Karte.

Die tanzende Figur, die durch ihre Haltung an den Gehängten (XII) erinnert, steht hier nun richtig herum. Nach dem langen Reifeprozeß über die 21 Stationen, hat sie ihren Platz in dieser Welt gefunden und vermag das Leben zu genießen und zu bejahen. Im Unterschied zum glücklichen Ende der Märchen bleibt dieser Zustand allerdings nicht ewig. Der neue Zyklus beginnt bald wieder mit der Eins. Aber auch wenn sich die Erfahrungen der nächsten Reise über die 21 Stationen mit der letzten ähneln, so ist es nicht die gleiche Reise. Es ist nicht der ewige Kreis, in dem wir gefangen sind, sondern eine Spirale, die uns ständig höher steigen läßt.

ALLTAGS-ERFAHRUNG

Aus sich herausgehen, das Leben genießen und bejahen. Auch den Alltag intensiv spüren und erleben, sich freuen, tanzen, sich leicht und sorglos fühlen. In seiner Mitte sein. Allen Anforderungen mit spielerischer Leichtigkeit gerecht werden. Reisen.

POEM *If*

XXI

If you can keep your head when all about you
Are losing theirs and blaming it on you,
If you can trust yourself when all men doubt you,
But make allowance to their doubting, too;
If you can wait and not be tired by waiting,
Or being lied about, don't deal in lies,
Or being hated, don't give way to hating,
And yet don't look too good, nor talk too wise;

If you can dream – and not make dreams your master;
If you can think – and not make thoughts your aim;
If you can meet with Triumph and Disaster
And treat those two impostors just the same;
If you can bear to hear the truth you've spoken
Twisted by knaves to make a trap for fools,
Or watch the things you gave your life to, broken,
And stoop and build'em up with worn-out tools:

If you can make one heap of all your winnings
And risk it on one turn of pitch-and-toss,
And lose, and start again at your beginnings
And never breathe a word about your loss;
If you can force your heart and nerve and sinew
To serve your turn long after they are gone,
And so hold on when there is nothing in you
Except the will which says to them: »Hold on!«

If you can talk with crowds and keep your virtue,
Or walk with kings – nor lose the common touch,
If neither foes nor loving friends can hurt you,
If all men count with you but none too much;
If you can fill the unforgiving minute
With sixty seconds' worth of distance run,
Yours is the Earth and everything that's in it,
And – which is more – you'll be a Man, my son!

Rudyard Kipling

Das hebräische Alphabet und die Ermittlung der Namenszahl

Die 22 Zeichen des hebräischen Alphabetes haben sowohl eine Bedeutung als Buchstabe wie auch als Zahl. Sie werden oft mit den 22 Karten der Großen Arkana in Verbindung gebracht. Deshalb wurde bei jeder Besprechung das Symbol und der Zahlenwert angegeben. Die Kabbala unterteilt die 22 Zeichen in drei Gruppen, von denen aber nur die erste Gruppe eine eindeutige Analogie zum Tatort aufweist:

A,	M,	Sch,	
1	13	21	werden »Die drei Mütter« genannt und entsprechen dem Dreierrhythmus. Die den Zahlen 1, 13, 21 entsprechenden Tarotkarten: Magier, Tod und Welt stehen sowohl für die Schöpfung, die Welt und deren Ende als auch für Geburt, Leben und Tod.

B,	G,	D,	K,	P,	R,	Th	
2	3	4	11	17	20	22	werden »Die 7 doppelten Buchstaben« genannt und stehen als Sinnbild für die 7 Planeten, die als Mittler zwischen dem Sternenfirmament und der Erde gesehen werden. Hintereinander gelesen bedeuten sie: Vorhang vor dem Allerheiligsten.

H,	V,	Z,	Ch,	T,	J,	L,	N,	S,	O,	Sz,	Q	
5	6	7	8	9	10	12	14	15	16	18	19	werden »Die 12 einfachen Buchstaben« genannt, die den 12 Tierkreiszeichen entsprechen.

Nachdem die Zeichen gleichzeitig Zahlen und Buchstaben verkörpern, dienen sie auch zur Ermittlung der Namenszahlen. Sie entstehen, indem man für den Rufnamen – gegebenenfalls auch den Zunamen – den Zahlenwert der Buchstaben addiert und aus der Summe solange die Quersummen bildet, bis eine einstellige Zahl entsteht. Diese kann dann im Sinne der Zahlenmystik oder natürlich mit Hilfe der entsprechenden Tarotkarte gedeutet werden. Die Schwierigkeit dabei ist nur, unsere Buchstaben dem hebräischen Alphabet lautmalerisch richtig zuzuordnen.

A	=	1	H	=	8	O	=	16	TH	=	9
B	=	2	I	=	10	P	=	17	T	=	22
C	=	Z oder K	J	=	10	Q	=	19	U	=	6
CH	=	8									
D	=	4	K	=	11	QU	=	K + W	V	=	6
E	=	5	L	=	12	R	=	20	W	=	6
F	=	17	M	=	13	S	=	15	X	=	15
G	=	3	N	=	14	SCH	=	21	Y	=	10
									Z	=	18

Die Crowley-Methode zur Ermittlung persönlicher Karten

Um aus den 22 Trumpfkarten diejenigen herauszufinden, die für den einzelnen eine besondere Bedeutung haben, hat Aleister Crowley 3 Wege vorgeschlagen, mit denen wir 3 individuelle Karten für uns ermitteln können. Diese nennt er:

1. Die Persönlichkeitskarte (Personality Card)
   Sie steht für die äußere Erscheinung.
2. Die Wesenskarte (Soul Card)
   Sie symbolisiert die innere Thematik.
3. Die Wachstumskarte (Growth Card)
   Sie verdeutlicht das gegenwärtige Hauptthema.

A) Die Persönlichkeitskarte

Bilde die Summe aus deinem Geburtsdatum (Tag, Monat, Jahr), und hieraus die Quersumme(n) bis eine Zahl nicht größer als 21 entsteht. Diese Zahl ergibt die Persönlichkeitskarte.

B) Die Wesenskarte

Die erneute Quersumme aus der Persönlichkeitszahl ist die Zahl der Wesenskarte. Falls die Persönlichkeitszahl einstellig ist, sind Persönlichkeitskarte und Wesenskarte identisch.

z. B.: 25. 4. 1953 = 25 + 4 + 1953 = 1982 = 1 + 9 + 8 + 2 = 20
Persönlichkeitskarte XX = Das Gericht.
Erneute Quersumme aus 20 = 2 + 0 = 2.
Wesenskarte II = Die Hohepriesterin.
oder
15. 5. 1949 = 15 + 5 + 1949 = 1969 = 1 + 9 + 6 + 9 = 25 = 2 + 5 = 7
Persönlichkeits- und Wesenskarte = VII – Der Wagen.

C) Die Wachstumskarte

Die Wachstumskarte ergibt sich als Quersumme aus Tag und Monat der Geburt und des gegenwärtigen Jahres.
z. B.: 15. 5. 1984 = 15 + 5 + 1984 = 2004 = 2 + 0 + 0 + 4 = 6.
Wachstumskarte für das Jahr 1984: VI = Die Liebenden.

2
DIE KLEINEN ARKANA

Die 56 Karten der Kleinen Arkana unterteilen sich in die vier Serien:

Stäbe – Schwerter – Münzen – Kelche

sowie darin in jeweils vier Hofkarten:

König – Königin – Ritter – Bube

und zehn Zahlenkarten von As (=1) bis 10.

Die Serien werden einerseits auf die vier mittelalterlichen Stände zurückgeführt:

Klerus – Kelche, Adel – Schwerter, Kaufleute – Münzen, Bauern – Stäbe.

Sie können aber auch mit den vier heiligen Insignien der Kelten in Verbindung gebracht werden:

Kessel – Kelch, Schwert – Schwert, Schale – Münze, Speer – Stab.

Die möglichen Deutungen dieser Karten sind von einer solchen Fülle und Widersprüchlichkeit, daß es sehr schwierig ist, eine halbwegs gerade Linie in den Aussagen zu finden. Ich habe in jedem Fall die Deutungen angeführt, die die Motive auf den Waite-Karten nahelegen. Wenn traditionelle Deutungen, insbesondere die der Marseiller Karten, markant davon abweichen, sind diese Interpretationen gesondert aufgeführt.

HOFKARTEN

Die Deutung der Hofkarten ist im allgemeinen denkbar unbefriedigend, weil sie nur selten nennenswert über Aussagen wie »der dunkle Mann«, »die blonde Frau« usw. hinausgeht.
Ich schicke diesen Karten zunächst eine Aufstellung der 4 Elemente voraus, aus der man ein besseres Gefühl für die Persönlichkeitsmerkmale der jeweiligen Serie gewinnen kann. Des weiteren halte ich die Anregungen von Edward C. Whitmont hinsichtlich der 4 Grundaspekte der männlichen und der weiblichen Psyche für außerordentlich hilfreich. Ich habe sie deshalb in der Wiedergabe mit weiteren Beispielen veranschaulicht. Dargestellt sind darin je 4 männliche und weibliche Grundcharaktere mit ihren Licht- und Schattenseiten, die den 4 Elementen und damit natürlich auch den 4 Serien des Tarot entsprechen.

Hinsichtlich der Zuordnungen gehe ich davon aus, daß Könige und Damen in der Tat für real existierende Personen stehen, die allerdings nicht notwendigerweise auf einen Mann oder eine Frau schließen lassen, sondern oft nur auf die männliche bzw. weibliche Seite eines Menschen. Ob sie den Frager selbst darstellen oder eine hinzutretende Person kann nur aus dem einzelnen Spiel heraus entschieden werden.
Ritter stehen für die allgemeine Atmosphäre, für die Stimmung, in der etwas passiert. Zum Beispiel:

Stab Ritter: Mitreißende Stimmung, Unternehmungslust, Ungeduld, Dynamik.
Schwert Ritter: Aggressive Stimmung, Streitlust, kalte Atmosphäre.
Münz Ritter: Störrische Stimmung, Verteidigungshaltung, Solidität.
Kelch Ritter: Liebevolle Stimmung, gute Laune, gefühlvolle Atmosphäre.

Buben stellen Chancen und Angebote dar, die von außen kommen. Zum Beispiel:

Stab Bube: Chance, etwas zu tun, Neuigkeiten, mitreißender Vorschlag.
Schwert Bube: Streit, Auseinandersetzung. Auch Chance, etwas zu klären.
Münz Bube: Chance, Geld zu verdienen. Ein konkretes Angebot, eine sinnliche Erfahrung.
Kelch Bube: Chance, sich zu verlieben. Friedensangebot.

Ich rate dem Deuter, sich mit den Elementen und den Grundprinzipien vertraut zu machen und die Karten aus diesem Blickwinkel heraus zu verstehen. Nur der Vollständigkeit halber habe ich unter den jeweiligen Karten auch die traditionellen Deutungen angeführt. Dabei werden Könige und Ritter als männlich, Königinnen und Buben als weiblich angesehen. Der Bube wird häufig auch als Kind oder unerfahrener Mensch gedeutet. ferner können alle diese Karten auch als Ereigniskarten verstanden werden. Wer diese Verwirrungen scheut, dem rate ich, dem obigen, klaren Konzept zu folgen. Die Karten haben die Bedeutungen, die wir ihnen zuordnen, bevor wir sie fragen. Insofern spricht nichts dagegen, wenn jeder Deuter seine eigene Betrachtungsweise hat.

DIE VIER ELEMENTE

	+		–	
	männlich		weiblich	
	yang		yin	
	apollinisch		dionysisch	
	lebhaft		ruhig	
	leicht		schwer	

Element	**Feuer**	**Luft**	**Erde**	**Wasser**
Tarot	Stäbe	Schwerter	Münzen	Kelche
Eigenschaft	erhellen	wehen	formen	fließen
–	erwärmen	kühlen	halten	ebnen
Naturgeister	Salamander	Sylphen	Gnome	Undinen
Mensch	Willens-mensch	Verstandes-mensch	Wirklichkeits-mensch	Gefühls-mensch
Hauptebene	Wille	Geist	Körper	Seele
Wichtigkeiten	Moral/ Ideal	Idee/ Begriff	Tat/ Handlung	Gefühl/ Sehnsucht
Logik	ethisch	formal	empirisch	künstlerisch
–	subjektiv	objektiv	pragmatisch	intuitiv
Denkrichtung	Idealisierung	Abstraktion	Konkre-tisierung	Intuition
Ziel	erstreben	erkennen	erfahren	erfühlen
Arbeitsstil	dynamisch	theoretisch	praktisch	emotional
Welt-anschauung	Moralist	Rationalist	Realist	Mystiker
Geistes-richtung	Theologie	Philosophie	Naturwissen-schaft	Metaphysik
Welt des	Glaubens	Denkens	Handelns	Ahnens
Zeitepoche	Idealismus	Aufklärung	Materialismus	Romantik
Therapeut	Beichtvater	Test-psychologe	Physio-therapeut	Psycho-therapeut
Grund-charaktere	Choleriker	Sanguiniker	Melancholiker	Phlegmatiker
Jung'sche Typen	Fühltypus	Denktypus	Empfindungs-typus	Intuitive
nach Riemann	Hysteriker	Schizoide	Zwanghafte	Depressive
Vorgehens-weise	impulsiv	stürmisch	beharrlich	vorsichtig
Triebfeder	Enthusiasmus	Erkenntnis	Routine	Instinkt
Auftreten	Prediger	Denker	Macher	Träumer
Unter-scheidung	gut/böse	richtig/falsch	praktisch/ unnütz	angenehm/ unangenehm
Problem-bewältigung	verbrennen	verflüchtigen	begraben	fortspülen

Kampfmittel	Weißglut	Frost	Erdgraben	Strudel
Partnerschaft	Lebendigkeit	Abwechslung	Dauer	Tiefgang
–	Engagement	Spielregeln	Anwesenheit	Seelische Schwingung
Liebe	idealisiert	geistig	sinnlich	romantisch
–	engagiert	distanziert	besitzergreifend	hingabevoll
Schatten	Protzer	Spinner	Schacherer	Phantast
–	Pharisäer	Besserwisser	Spießer	Lügner
–	Fanatiker	Eiskalte	Korrupte	Verräter
Beim Auto	Image	Design	Funktion	Atmosphäre
Beim Buch	Sinn/Botschaft	Stil	Inhalt	Stimmung
Als Schloß	Prachtschloß	Luftschloß	Lustschloß	Traumschloß

Im Sinne des Dreierrhythmus hat jedes dieser 4 Elemente 3 unterschiedliche Qualitäten, die den jeweils 3 Tierkreiszeichen einer Elementgruppe innerhalb des Zodiaks entsprechen. Es sind dies:

1. Die entfesselte Kraft, 2. die beruhigte Kraft, 3. die verwandelte Kraft.

entfesselt	Urfeuer	Orkan	Erdbeben	Sintflut
beruhigt	Lagerfeuer	Brise	Fundament	See
verwandelt	Licht	Atem	Stein	Trinkwasser

GRUNDASPEKTE DER MÄNNLICHEN UND WEIBLICHEN PSYCHE MIT LICHT- UND SCHATTENSEITEN

Männliche Grundprinzipien

Münzen = Erde = Vater (z. B. Zeus, Odin, Gottvater, Moses, Abraham)

Lichtseite:	Der gute Vater. Fürsorglich, gütig, vorbildlich, stark, beschützend.	Schatten:	Der Stiefvater. Streng, unerreichbar, tyrannisch, entwicklungshemmend.

Schwerter = Luft = Jüngling (z. B. Attis, Adonis, Narziß)

Lichtseite:		Schatten:	
	Der Intellektuelle. Differenzierter Geist. Taktiker. Beweglich, lebendig, unterhaltsam, scharfsinnig.		Der Besserwisser. Der ewig große Junge. Kalt, grausam, rücksichtslos, zynisch.

Stäbe = Feuer = Held (z. B. Achilles, Siegfried, Herkules, Samson)

Lichtseite:		Schatten:	
	Der Krieger als Beschützer, Geschäftsmann, Politiker. Dynamisch, selbstbewußt, mutig, ausdauernd, zäh, willensstark.		Der Söldner, ewige Jäger. Herrschsüchtig, materialistisch, brutal, gefühllos, destruktiv. Der Schreibtischtäter.

Kelche = Wasser = Mystiker (z. B. Meister Eckhart, Rasputin, Nostradamus)

Lichtseite:		Schatten:	
	Der mediale Weise, Prophet. Der warmherzige Lebenshelfer, Zauberer, Gefühlsmensch.		a) der Waschlappen, Chaot. b) Der Schwarzmagier. Fanatiker, Demagoge.

Weibliche Grundprinzipien

Münzen = Erde = Mutter (z. B. Mutter Erde, Mutter Courage, Demeter)

Lichtseite:		Schatten:	
	Die gute Mutter, nährend, schützend, fürsorglich, fruchtbar, verzeihend, Geborgenheit gebend.		Die Stiefmutter, fressend, vernichtend, festhaltend, böse, falsch, besitzgierig.

Schwerter = Luft = Hierodule/Windsbraut (z. B. Lorelei, die Sirenen, der Filmstar)

Lichtseite:		Schatten:	
	Die Priesterin (Tempelhure), die unabhängige Frau, Muse, Ästhetin, Intellektuelle, cool, charmant, distanziert.		Die Straßenhure, das berechnende Weib, kalt, unbarmherzig, zynisch, hysterisch.

Stäbe = Feuer = Amazone (z. B. Artemis, Jeanne d'Arc, Seeräuber-Jenny)

Lichtseite:	Die Kampfgefährtin, selbständig, risikofreudig, dynamisch, hilfsbereit, unternehmungslustig, mutig.	Schatten:	Das Macho-Weib, dogmatisch, herrschsüchtig, erniedrigend, bevormundend, sadistisch.

Kelche = Wasser = Medium (z. B. Sybille, Hekate, Circe, Kassandra, die gute Fee)

Lichtseite:	Die intuitive Frau, Heilerin, spontan, hingebungsvoll, aufopfernd, selbstlos, inspirativ, phantasievoll.	Schatten:	a) Engelchen, naiv, lieb, dumm, verführbar. b) Hexe, Furie, fanatisch, destruktiv, (macht-) besessen.

Der Jungschen Psychologie zufolge tragen wir diese Bilder in uns und geben ihnen unsere eigene Wertigkeit. Einen oder zwei Archetypen bevorzugen wir, einen lehnen wir mehr oder minder stark ab, und zwar sowohl in der Rolle des eigengeschlechtlichen Selbstverständnisses wie auch als gegengeschlechtliches Suchbild. Jung unterteilt eine solche Vierergruppe in:

1. Die Hauptfunktion – die Art, wie wir uns vorzugsweise geben.
2. Die erste Hilfsfunktion – wie wir uns geben, wenn wir mit 1 nicht weiterkommen.
3. Die zweite Hilfsfunktion – wie wir uns geben, wenn 1 und 2 »versagt«.
4. Die minderwertige Funktion – die Art von der wir nicht wahrhaben wollen, daß sie auch zu uns gehört.

Hauptfunktion und erste Hilfsfunktion liegen oft so nah beieinander, daß wir kaum unterscheiden können, welche der beiden für uns Platz 1 einnimmt. Dagegen haben wir normalerweise keine Schwierigkeit, die minderwertige Funktion festzustellen, die eben die Art ist, die wir am wenigsten bei uns und anderen ausstehen können. Unsere Hauptfunktion ergibt sich als der genaue Gegenpol hierzu:

Erde / Münze
Vater / Mutter
Empfindungstypus

Feuer / Stäbe Held / Amazone Fühltypus	Luft / Schwerter Jüngling / Hetäre Denktypus

Wasser / Kelche
Mystiker / Medium
Intuitiver Typus

Die Astrologie versucht über die Elementenstellung der männlichen Planeten Sonne und Mars sowie der weiblichen Planeten Mond und Venus die individuellen Einstellungen herauszufinden. Zum Beispiel:

Männliches Horoskop:

Sonne – Widder (Feuer), Mars – Stier (Erde)
Selbstverständnis: Held (Feuer), Vater (Erde)

Mond – Waage (Luft), Venus – Fisch (Wasser)
Weibliches Suchbild: Hierodule (Luft), Medium (Wasser)

Weibliches Horoskop:

Mond – Jungfrau (Erde), Venus – Widder (Feuer)
Selbstverständnis: Mutter (Erde), Amazone (Feuer)

Sonne – Stier (Erde), Mars – Wassermann (Luft)
Männliches Suchbild: Vater (Erde), Jüngling (Luft)

Der Antitypus – die minderwertige Funktion – ist häufig durch die Elementestellung des Saturn angezeigt.

DIE DEUTUNG DER ZAHLENKARTEN

Zur Deutung der Zahlenkarten sollte zunächst wiederum die jeweilige Thematik der Farbserie anhand der einzelnen Elemente berücksichtigt werden.

Eine weitere wichtige Hilfe ist die der Zahl zugeordnete Bedeutung:

1 = Der Impuls, die Chance, die im Frager liegt und die genutzt werden sollte.

2 = Die Polarität, die Zweifel auslöst, der drückend erlebt wird (Schwerter), fruchtbar (Stäbe), spielerisch (Münzen) oder die zur Begegnung führt (Kelche).

3 = Die erste harmonische Zahl = stabile Ebene (außer Schwerter).

4 = Die stabile Zahl, die bereits den Ansatz zur Erstarrung beinhaltet.

5 = Der (angstvolle) Zustand nach dem Verlassen der stabilen Ebene 4.

6 = In der Tradition eher eine Krisenzahl. Bei Waite dagegen eine hilfreiche Thematik.

7 = Traditionell die harmonische Zahl. Bei Waite eher ein Streit- und Krisenthema.

8 = Bedrückung und Unsicherheit.

9/10 = Das Höchste was die Farbserie zu bieten hat. Positiv für Münzen und Kelche. Zuviel bei Schwertern und Stäben.

Falls die Deutungen der Waite-Karten von dem traditionellen Konzept abweichen, ist Waites Deutungsrichtung bei der Einzelbesprechung besonders gekennzeichnet.

DER »INNERE ZUSAMMENHANG« DER EINZELNEN SERIEN

Betrachtet man die einzelnen Serien jeweils von 1 (As) bis 10 und umgekehrt, so läßt sich daraus in beiden Richtungen eine Geschichte bzw. ein Entwicklungsweg erkennen. Zum Beispiel:

Stäbe As – 10

Der Weg des Wollens, Wachstums und des Ruhmes.

As – Der Mut und die Unternehmungsfreude
II – verlangen Engagement und einen klaren Standpunkt.
III – Dies zusammen schafft eine stabile Ausgangsbasis,
IV – die zu dem erwünschten Ziel führt.
V – Der Ehrgeiz reizt zu neuem Wettkampf,
VI – der weiteren Ruhm mit sich bringt,
VII – doch damit auch Neid und Angriffe anderer.
VIII – Die Entwicklung erhält eine starke Eigendynamik,
IX – und das Erreichte muß entschlossen verteidigt werden,
X – womit der Erfolg / Ruhm zur Belastung wird.

Stäbe 10 – As

Der Weg vom Joch der Pflicht zur freien Selbstentfaltung.

X – Die bedrückende Pflicht
IX – und starre Abwehrhaltung
VIII – wird durch bewegte Ereignisse
VII – und andere Menschen angegriffen.
VI – Aber der Sieg ist gewiß.
V – Nach weiteren Kraftproben
IV – ist das Ziel erreicht.
III – Auf gesichertem Boden entstehen neue Pläne,
II – die Klarheit verlangen
As – und die freie Selbstentfaltung ermöglichen.

AS der STÄBE

II

III

IV

V

VI

VII
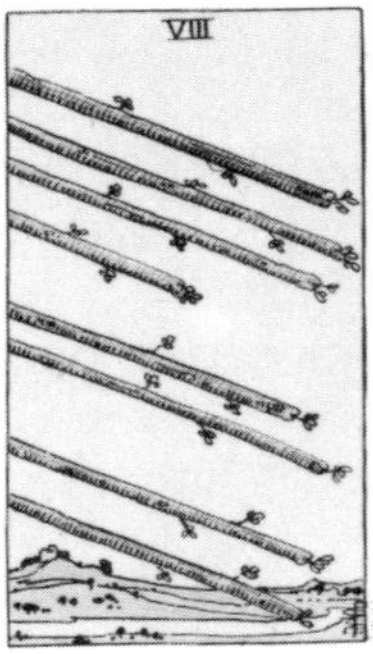
VIII

IX

X

Schwerter As – 10

Der kalte Weg des Verstandes.

As – Die Schärfe des Intellekts
II – verhindert den Zugang zum Gefühlsleben (Meer),
III – worauf eine Entscheidung gegen das Herz getroffen wird.
IV – In kühler (erzwungener) Ruhe wird die Kraft gesammelt
V – für die anschließende vehemente Schlacht.
VI – Der folgende Aufbruch führt zwar zu neuen Ufern, doch
VII – auch dort wird der Verstand nur gebraucht, um andere zu überlisten.
VIII – Die weibliche (gefühlvolle) Seite bleibt zwischen Schwertern gefesselt und darf nicht lebendig sein,
IX – gewinnt aber nachts durch Alpträume die Oberhand.
X – Worauf der überlegene Verstand mit geballter Kraft den Rest an Lebendigkeit endgültig tötet.

Schwerter 10 – As

Der Weg vom kalten Intellekt zur höheren Vernunft.

X – Der von mörderischer Kälte des Verstandes Beherrschte
IX – erkennt mit Schrecken,
VIII – daß er wesentliche Seiten in sich nicht leben läßt.
VII – Doch mit listigem Verstand zieht er sich aus der Affaire
VI – und verläßt den Ort der erschreckenden Erfahrung.
V – Nach heftigen Kämpfen angeschlagen,
IV – kommt er zwangsweise zur Ruhe
III – und spürt erneut den Schmerz des vom Verstand kontrollierten Herzens.
II – Das hinter den Schranken des Intellekts liegende Meer der tiefen Erfahrung birgt
As – das Geheimnis der Höheren Vernunft.

AS der SCHWERTER

II

III

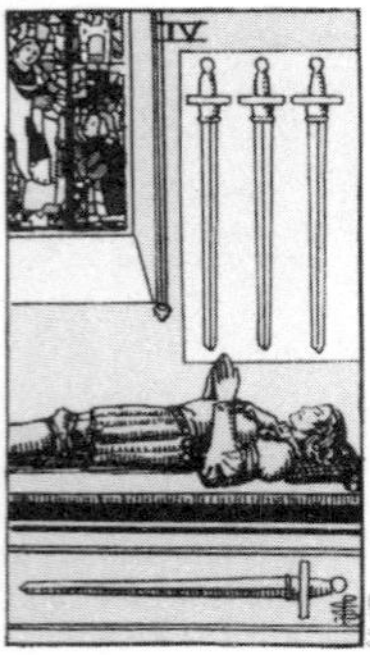
IV

V

VI

VII

VIII

IX

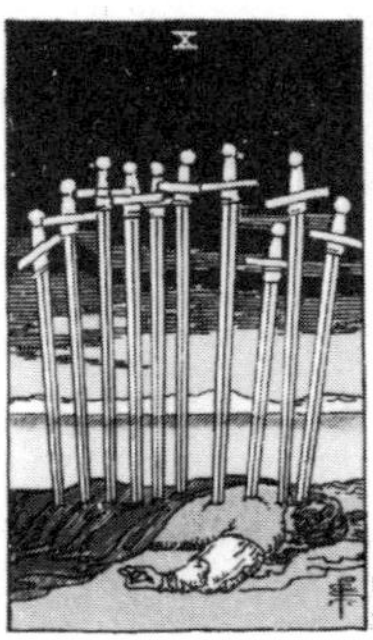
X

Münzen As – 10

Der Weg des Geldes und der Arbeit.

As – Der Reiz des Wohlstands wird
II – erst unentschlossen und spielerisch aufgenommen,
III – führt dann jedoch zu konsequenter Arbeit.
IV – Stolz wird das Erreichte vorgezeigt und festgehalten,
V – muß aber hergegeben werden.
VI – Äußere Hilfe ermöglicht einen Neuanfang,
VII – der mit Geduld
VIII – und neuem Lernen
IX – zu Annehmlichkeit, Wohlstand
X – und familiärer Sicherheit führt.

Münzen 10 – As

Der Weg von äußerem zu innerem Reichtum.

X – Aus gesicherten Verhältnissen stammend
IX – und den Reiz des Wohlstands kennend,
VIII – beginnt der Mensch sein eigenes Glück zu schmieden,
VII – das Früchte trägt,
VI – und ihm ein großzügiges Leben ermöglicht.
V – Aber die Wende kommt über Nacht.
IV – Verängstigt hält er fest, was ihm noch blieb.
III – Doch nach weiteren Prüfungen versteht er,
II – daß leichter, spielerischer Umgang
As – zur tieferen Bedeutung materieller Werte führt.

AS der MÜNZEN

II

III

IV

VI

VII

VIII

IX

X

Kelche As – 10

Der Weg der Liebe und der Gefühle.

As – Die Kraft der Liebe
II – führt zur Begegnung,
III – die zunächst freudig gefeiert
IV – schon bald mit Überdruß erlebt wird.
V – Leichtfertig wird das Erreichte zerstört
VI – und in der Erinnerung erwächst die Sehnsucht nach der schönen Zeit.
VII – Die Phantasie läßt Traumbilder entstehen, die locken.
VIII – Schweren Herzens erfolgt der Aufbruch ins Ungewisse,
IX – wo ein gedeckter Tisch den Helden erwartet,
X – der nun sein Glück gefunden hat.

Kelche 10 – As

Der Weg vom Glück im Elternhaus zum eigenen Glück.

X – Aus froher Kindheit,
IX – vom gedeckten Tisch,
VIII – erfolgt mit schwerem Herzen der Aufbruch ins Ungewisse.
VII – Voller Träume
VI – und sehnsüchtigem Rückblick
V – kommt der Kummer über das Verlorene
IV – und Unzufriedenheit mit dem Vorgefundenen.
III – Doch unerwartete Freude führt
II – zur entscheidenden Begegnung
As – und tiefem, innerem Glück.

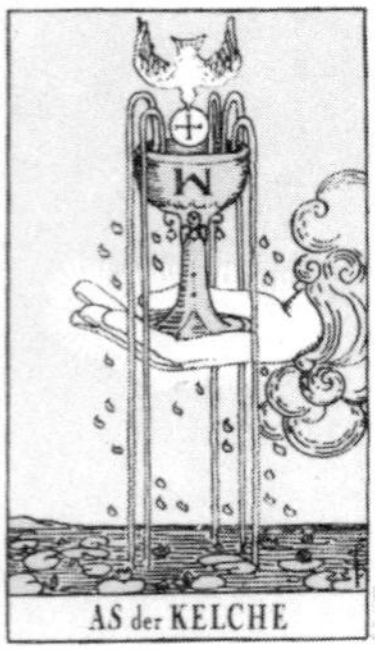
AS der KELCHE

II

III

IV

V

VI

VII

VIII

IX

X

EINZELDARSTELLUNG DER KLEINEN ARKANA

STÄBE

Stäbe – der Unternehmungslust, des Erfolges und des Ruhmes

Der feuerbetonte Mensch
Sternzeichen: Widder, Löwe, Schütze

Element: Feuer
Englisch: Wand, Rod
Spielkarten: Kreuz, Eichel
Andere Namen: Keulen

Menschliche Reife, geistiges Wachstum, Ideale, Dynamik, Expansion, Macht, Politik, Handel, Konflikte, Erfolg und Versagen. Gewinn oder Verlust. Das Spiel des Lebens.

Der Stab als Stütze, Waffe, Knüppel = Stärke, Wachstum. Der Stab, aus dem Blätter sprießen = kreative Kraft, neues Leben.

Das Element Feuer
Feuer wurde von alters her als eine göttliche Kraft angesehen. Die Mythen erzählen, wie Prometheus (Luzifer) als wahrer Freund des Menschen es den Göttern stahl, um es auf die finstere und kalte Welt zu bringen. Es ist das Symbol unserer Lebenskraft, unseres Willens, es ist der göttliche Funken in uns. Erhellen und Erwärmen sind die lichten Seiten, Verbrennen und Verglühen sein Schatten.

Auf der Ebene des Menschen stellt es den Willen dar – im Gegensatz zum passiven Wünschen –, den Willen zur Entfaltung, das Streben nach Höherem. Es verkörpert die moralische Kraft des Menschen, sein Streben nach Idealen. Der feuerbetonte Mensch erlebt die Welt der Realität als einen Bereich, der verbessert, veredelt werden muß, dem er seinen Willen aufzwingen kann und muß. Er ist der Dompteur in der Arena des Lebens. Dabei helfen ihm seine Kraft, sein Mut, sein Optimismus und seine Begeisterungsfähigkeit, die etwas Zündendes, Mitreißendes hat. Er ist der Pionier, der Anführer, der weiß, was er will, und aus dieser inneren Überzeugungskraft heraus andere für seine Ziele entflammen kann. Da der Wille immer in die Zukunft weist, ist das Denken und Handeln des Feuermenschen überwiegend zukunftsbezogen. Er

sieht das Leben als das, was noch getan werden muß, was noch vor ihm liegt. Insofern ist das Altern und das Spüren nachlassender Kräfte für ihn eine der schwersten Erfahrungen.

Damit haben wir den Willensmenschen vor uns, dem ein ausgeprägter Führungsanspruch innewohnt. Seine Denkweise ist betont subjektiv, da sein Wille jeder objektiven Erkenntnis zuvorkommt, und somit das Denken zu dem vom Willen bestimmten Ziele führt. »Was nicht sein darf, kann nicht sein«, ist die Haltung, die sich dahinter verbirgt. Demzufolge richtet sich sein Urteil auch weniger nach dem Kriterium richtig/falsch sondern vielmehr nach gut und böse bzw. gut und schlecht. Luft, die Ebene des Verstandes und der Erkenntnis, ist lebenswichtig für das Feuer, das sonst erlischt. »Ich weiß nicht, was ich will« wäre der sich daraus ergebende Zustand. Zuviel Luft aber läßt das Feuer auflodern zur unkontrollierbaren Kraft. Diesem Bild entspricht die Kritikempfindlichkeit des Willensmenschen. Der kritische, kühle, berechnende Verstand (Luft) kann den Feuermenschen zur Weißglut treiben, da dieser seiner subjektiven Neigung zufolge weder Selbstkritik schätzt, noch dazu bereit ist, seine Überzeugungen sachlich zu begründen. »Es wird doch wohl ausreichen, wenn ich es glaube« ist seine Einstellung.
Aus dem Gesagten ist es leicht, die Schattenseite dieses Elements zu erkennen: Der Dogmatiker, Fanatiker, aber auch der Selbstüberhebliche, der Angeber, der rücksichtslose Revierverletzer und der Pharisäer. Der Feuermensch lebt wie kein anderer seine Einmaligkeit und seine Größe. Genau hier liegen die Fallstricke: Wer sich selbst ohne Ansatz zur Selbstkritik zum Maß aller Dinge macht, wird leicht ein Opfer der eigenen Selbstherrlichkeit und verschließt sich nachhaltig vor wesentlichen Erfahrungen und Erkenntnissen. Der Klerus, der sich weigerte, durch Galileis Fernrohr zu blicken, gibt diese Haltung deutlich wieder. Toleranz und Demut sind die Fremdworte, die der Feuermensch so ungern lernt.
In der Liebe ist für den Feuermenschen das Engagement und das gemeinsame Eintreten für höhere Ziele wichtig, sowie die Begeisterung füreinander. Zum einen ist hier die Streitbeziehung zu Hause, in der die ständigen Konflikte für die Reibungswärme sorgen, die dem Feuermenschen die Lebendigkeit der Beziehung bestätigen. Zum anderen liegt hier aber auch die großzügige, warmherzige Beziehung, die nach hohen, moralischen Werten ausgerichtet ist, und die von einem Höchstmaß gegenseitigen Umsorgens und gegenseitiger Achtung gekennzeichnet ist.
Wenn der Feuermensch sein Leben rückschauend betrachtet, stellt sich für ihn die Frage: »Für welche Überzeugungen habe ich gelebt, wie habe ich meinen Willen zum Ausdruck gebracht?«

König der Stäbe

Die Rottöne dieser Karte stehen für das Feuerelement, das der Stabkönig verkörpert; ebenso die »Flammen« seiner Krone und die Löwen auf der Rückenlehne seines Thrones. Neben ihm der Salamander ist der dem Element Feuer zugeordnete Naturgeist. Die Vielzahl der sich in den Schwanz beißenden Salamander auf seinem Umhang und auf der Rückenlehne symbolisieren Reife und Vollendung. Die Schirmmütze unter seiner Krone steht, wie auch bei den anderen Königen, für seine Verantwortung als Schirmherr.

Andere Namen und Bilder, die die Deutung erleichtern:

Der König des Wollens, der König der Ideale und der Moral, der energische, temperamentvolle König. Der Held, der Kämpfer, der Ratgeber. König Artus, Barbarossa, Salomon.

QUALITÄT	Willensstark, mutig, unternehmungslustig, selbstbewußt, risikofreudig, mitreißend, vorbildlich, ehrgeizig, enthusiastisch, weise, idealistisch.
SCHATTEN	Der Draufgänger, intolerant, rücksichtslos, brutal, egoistisch, sadistisch, herrschsüchtig.
TYPISCHE BERUFE	Unternehmer, Organisator, Politiker, Chef, Repräsentant, Richter, Polizist, Soldat.
TRADITIONELLE DEUTUNG	Als Person: Reifer Mann, freundlich, wohlgesonnen, hilfsbereit, edel, einflußreich, feurig und milde, stark, stolz, klug, ehrenhaft. Vorgesetzter, Idealist, Freiheitsprediger. Als Ereignis: Gute Nachricht, guter Rat, Chance, unerwartete Erbschaft, Hochzeit.
BEI UMGEKEHRTER KARTE	Als Person: wie oben, aber eher ernst, kritisch, streng, doch nachsichtig. Als Ereignis: Ein guter Rat, der befolgt werden sollte.

Königin der Stäbe

Die rotbraunen Töne des Thrones mit den Löwen auf der Rückenlehne sowie den Löwenköpfen an beiden Seiten stehen wiederum für das Feuerelement. Das Gold ihres Kleides und die Sonnenblumen symbolisieren die Sonne, das Zeichen der Lebenskraft und Wärme, die schwarze Katze vor ihr zeigt ihre Klugheit und Geschmeidigkeit und steht als Schutz vor unliebsamen Ereignissen.

Andere Namen und Bilder, die die Deutung erleichtern:

Die Königin des Wollens, des Mutes, der Ideale. Die temperamentvolle, energische Königin. Die Amazone, Kämpferin, Gefährtin. Jeanne d'Arc, Antigone, Zigeunerin.

QUALITÄT	Optimistisch, lebenslustig, selbständig, selbstbewußt, aufrichtig, edel, unternehmungslustig, risikofreudig, großzügig, willensstark, weise.
SCHATTEN	Das herrische Weib, der »Blaustrumpf«, intolerant, rücksichtslos, brutal, egoistisch, eifersüchtig, dramatisch, hitzig.
TYPISCHE BERUFE	siehe König der Stäbe.
TRADITIONELLE DEUTUNG	Als Person: Reife Frau, stark vital, attraktiv, begehrt, freundlich, unabhängig, naturverbunden, geheimnisvoll, ehrenhaft, starke Anziehungskraft. Als Ereignis: Eine gute »Ernte«, Geschäftserfolg.
BEI UMGEKEHRTER KARTE	Als Person: wie oben, aber eher spröde, mißtrauisch, eifersüchtig. Als Ereignis: Gute Chance, die wohl verpaßt wird.

Ritter der Stäbe

Wiederum stehen die roten Farbtöne für das Feuerelement. Der Helmschmuck erinnert an feurige Flammen, die auch aus seinem Rücken zu schlagen scheinen. Er reitet durch die Weite der Wüste, die wir ebenfalls mit sengender Hitze in Verbindung bringen. Sein Pferd bäumt sich ungeduldig auf. Er riskiert abgeworfen zu werden. Im Gegensatz zu den sich in den Schwanz beißenden Salamandern auf dem Gewand des Königs ist bei den Salamandern auf seinem Umhang der Kreis noch nicht geschlossen, wodurch ein niedrigerer Reifegrad ausgedrückt wird.

DEUTUNGSVORSCHLAG

Der Stabritter steht für eine temperamentvolle Stimmung, mitreißend, dynamisch, ungeduldig, unternehmungslustig, risikofreudig, abenteuerlustig.

SCHATTEN

Gefährliche, brenzlige Atmosphäre, zu ungeduldig und riskant, egoistisch.

TRADITIONELLE DEUTUNG

Als Person: Junger Mann, vital, lebensbejahend, impulsiv, etwas hastig, stürmisch aber freundlich, geheimnisvoll. Der Freund, auf den man sich bedingungslos verlassen kann. Helfer, Vermittler.

Als Ereignis: Angenehmes Ereignis, auch Aufbruch, Abschied, Ortswechsel.

BEI UMGEKEHRTER KARTE

Als Person: wie oben, aber übertrieben. Erliegt allen Versuchungen.

Als Ereignis: Trennung, vereitelte Beziehung, Zwietracht, Entfremdung.

Bube der Stäbe

Ähnlich wie beim Stabritter stehen die Farben, die Wüste, die Salamander und die an eine Flamme erinnernde Hutfeder für das Feuerelement. Ähnlich wie auf dem Gewand des Königs sind auch bei ihm viele Salamander kreisförmig geschlossen. In diesem Fall bedeuten sie jedoch Schlichtheit.

DEUTUNGSVORSCHLAG

Der Stabbube bringt eine Chance, eine Aufforderung etwas zu tun. Ein Vorschlag, der den Frager anspricht, begeistert. Eine Neuigkeit, die positiv aufgenommen wird. Eine Einladung zu einem gemeinsamen Unternehmen.

SCHATTEN

Riskanter, leichtfertiger, unüberlegter Vorschlag. Fragwürdige Chance.

TRADITIONELLE DEUTUNG

Als Person: Junge Frau/Kind, aufgeschlossen, freiheitsliebend, lebensbejahend, aus guter Familie, vertrauenswürdig. Gesandter, Handwerker.

Als Ereignis: Gute, ungewöhnliche Nachrichten, neuer Beruf, Aussicht auf Arbeit.

BEI UMGEKEHRTER KARTE

Als Person: wie oben, aber unbeständig.

Als Ereignis: Schlechte Nachrichten, Unentschlossenheit. Krankheit.

Zehn der Stäbe

Ein Mann trägt ungeschickt 10 Stäbe zu einem Haus. Die vielen Stäbe nehmen ihm die Sicht und drücken ihn nieder. Die Karte steht damit für eine Zeit oder eine Aufgabe, bei der man sich selbst zuviel zumutet und darüber die Perspektive verliert. Sie kann leicht die Vorstufe zum Gehängten (XII) sein.

TRADITIONELLE DEUTUNG

Bedrückung und Neuanfang, keine Perspektive, die Dinge wachsen über den Kopf, sich (beruflich) übernehmen.

BEI UMGEKEHRTER KARTE

Widersprüche, Schwierigkeiten. Aber auch: Sich von der Belastung befreien.

Neun der Stäbe

Ein erwartungsvoller, verteidigungsbereiter Mann steht vor einer Palisade aus Stäben. Ein Angreifer ist nicht zu sehen, aber der Verband an seinem Kopf läßt auf eine Verletzung aus zurückliegenden Kämpfen schließen. Die Verhärtung, die diese Karte beinhaltet, kann dem Turm (XVI) entsprechen. Sie steht häufig für Bedrohungen, die wir empfinden, ohne daß es dazu einen berechtigten Anlaß gibt.

TRADITIONELLE DEUTUNG

Abwehr, Verhärtung, Ungewißheit, Nachdenken, Vorsicht, Verzögerung, Vergangenheitsbewältigung, Widerstand.

BEI UMGEKEHRTER KARTE

Hindernisse, widrige Umstände, Unglück.

Acht der Stäbe

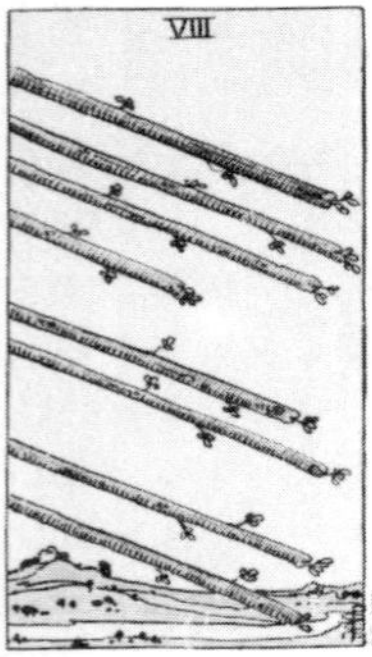

8 Stäbe (Pfeile) fliegen durch offenes Land und werden in Kürze aufsetzen. Waite nennt sie auch die Pfeile der Liebe. Die Karte steht für bewegte Ereignisse und dafür, daß bald etwas eintritt, passiert. Die Lebendigkeit kann der Karte der Welt (XXI) entsprechen.

TRADITIONELLE DEUTUNG

Sturz / Fall, (Selbst-)Zweifel, Aufgeben, Unsicherheit.

DEUTUNG WAITE

Etwas ist im Fluß. Pfeile der Liebe, eine bewegte Zeit, Beweglichkeit, schnell auf ein Ziel zueilen, Urlaub, Hinweis darauf, daß etwas bald eintritt.

BEI UMGEKEHRTER KARTE

Eifersucht, Gewissensbisse, Zweifel, Schiefer Haussegen. Diskussionen und Arbeiten, die kein Ende finden.

Sieben der Stäbe

Ein junger Kämpfer steht auf einer Anhöhe und verteidigt sich gegen Angreifer, die 6 Stäbe auf ihn gerichtet haben. Die Karte zeigt Angriffe oder Neid anderer. Sie kann im Umfeld des Wagens (VII) gesehen werden.

TRADITIONELLE DEUTUNG

Geistiger Erfolg, Veröffentlichungen, gute Ideen, überraschende Initiative, geistige und seelische Harmonie, Tapferkeit.

DEUTUNG WAITE

Herausforderung, Wettbewerb, Neid und Angriffe erleben. Kampf aus vorteilhafter Position mit möglichem Erfolg. Mit Widersprüchlichkeiten kämpfen.

BEI UMGEKEHRTER KARTE

Schwierigkeiten, Ängstlichkeit, Unentschlossenheit, Verlegenheit, sich zuviel zutrauen.

Sechs der Stäbe

Ein lorbeerbekränzter Reiter mit Stab und Lorbeerkranz sowie Fußsoldaten. Er reitet auf einem weißen, grünbedeckten Pferd. Waite nennt ihn auch den Kurier des Königs. Diese Karte hat eine gewisse Verwandtschaft mit dem Wagen (VII), der für den siegessicheren Aufbruch steht. Hier wird nun die ruhmreiche Heimkehr nach dem Sieg dargestellt.

TRADITIONELLE DEUTUNG

Krise, Unsicherheit, Zeitverlust, Minderwertigkeitsgefühle, Entscheidungsunlust, Zweifel.

DEUTUNG WAITE

Neuigkeiten, Ruhm, Sieg, Optimismus.

BEI UMGEKEHRTER KARTE

Furcht, Verrat, Treulosigkeit, Aufschub.

Fünf der Stäbe

Fünf Jugendliche bei einem Kampfspiel, das eher sportlichen, keinesfalls ernsthaften Charakter hat. Dabei geht es um das Kräftemessen oder darum, Kräfte abzulassen. Die Karte kann auch den erfolglosen Ausbruchsversuch aus der Lage des Gehängten (XII) darstellen, ansonsten ist sie eher die Kraftprobe vor dem Aufbruch des Wagens (VII).

TRADITIONELLE DEUTUNG

Auf dem richtigen Weg sein. Weiter so!

DEUTUNG WAITE

Wettkampf, Lebenskampf, Gewinn, Überfluß, Scheinkampf, Rangeleien, sich reiben, Fingerhakeln; auch: Gschaftlhuberei.

BEI UMGEKEHRTER KARTE

(Rechts-)Streit, Betrug, Widerspruch, Vertragsbruch.

Vier der Stäbe

Zwei Frauen mit Sträußen in der Hand haben eine Burg verlassen, um im freien Land unter den mit Girlanden geschmückten Stäben zu feiern. Die Freude dieser Karte erinnert an die Welt (XXI), der Grund zum Feiern möglicherweise an die Liebenden (VI), der Optimismus an die Sonne (XIX). Andererseits mag diese Karte das deutliche Gegenthema zum Turm (XVI) sein. Die zwei Menschen, die wir dort stürzen sehen, haben die gleiche Kleidung wie die beiden, die hier fröhlich und unbeschwert die »schützenden« Mauern verlassen.

TRADITIONELLE DEUTUNG — Freude, Harmonie, Zuwachs, verdienter Erfolg, Optimismus, (materielle) Hilfe, neue Kontakte, neue Beziehung.

BEI UMGEKEHRTER KARTE — Unsicherheit, Erreichtes muß sorgsam gepflegt werden.

DEUTUNG WAITE — Die Bedeutung der Karte bleibt unverändert.

Drei der Stäbe

Ein breitschultriger Mann steht auf einer Anhöhe zwischen drei Stäben und erwartet (laut Waite) die Ankunft der Schiffe. Der solide Grund, auf dem er steht, und die Weite des Horizonts, zeigen seine solide Basis und seine große Perspektive. Durch ihr kreatives Thema ist diese Karte mit der Kaiserin (III) verwandt.

TRADITIONELLE DEUTUNG — Ideen, Erfolg, belebende Pläne, guter Geschäftsanfang, Stärke, Unternehmungsgeist, finanzieller Erfolg, Kreativität.

BEI UMGEKEHRTER KARTE — Das Ende von Stillstand, Mühen und widrigen Umständen.

Zwei der Stäbe

Ein Mann mit einer Weltkugel in der Hand steht zwischen zwei Stäben auf den Zinnen einer Burg und schaut auf einen See. Neben ihm aus dem Andreaskreuz wachsen 2 Rosen (Verschwiegenheit und Schönheit) und 2 Lilien (seelische Reinheit). Laut Waite erinnert die Figur an die Einsamkeit Alexanders des Großen. Von ihm sagt die Legende, daß er, nachdem er die gesamte damals bekannte Welt erobert hatte, weinte, weil er nicht wußte, was er nun noch in seinem Leben tun sollte. Kurz darauf starb er. Auch die Person auf der Karte hat Schwierigkeiten, sich für etwas zu engagieren. Wenn die beiden Stäbe für die zwei Seiten der Spannung stehen, so hat er sich zwar bereits für eine Seite entschieden, indem er nach ihr greift, er steht aber nach wie vor genau auf der neutralen Stelle, der Nullspannung. Die Notwendigkeit, sich für eine Seite zu entscheiden und sich zu engagieren, macht die Karte mit der Entscheidung (VI) verwandt.

TRADITIONELLE DEUTUNG	Streit, Debatten, Auseinandersetzungen.
DEUTUNG WAITE	Notwendige Klärung der Standpunkte. Sich engagieren müssen, Krankheit, Traurigkeit.
BEI UMGEKEHRTER KARTE	Die Lust an etwas verlieren.
DEUTUNG WAITE	Überraschende Aussichten, neue Erfahrungen machen, Erstaunen.

As der Stäbe

Die strahlenumgebene Hand des Schöpfers umfaßt den Stab, aus dem 10 Blätter wachsen. Das As beinhaltet das gesamte Potential der jeweiligen Serie, so daß die 10 Blätter für die 10 Stabkarten stehen. Die Form der herabfallenden 8 Blätter wird mit dem hebräischen Symbol für Jod, dem ersten Buchstaben des göttlichen Namens, in Verbindung gebracht. Die Anzahl 8 mag auf die bewegenden Ereignisse in der 8. Stabkarte hinweisen. Stärke, Mut und Entschlossenheit dieser Karte stellen eine Verbindung zum Magier (I) und zur Kraft (XI) her.

TRADITIONELLE DEUTUNG

Kraft, Mut, neue Impulse, Energie, Beherrschung einer Thematik, Macht, Glück, Fruchtbarkeit, Kreativität, Entschlossenheit. Das As ist immer als eine Chance zu verstehen, die in uns liegt und genutzt werden sollte.

BEI UMGEKEHRTER KARTE

Pech, Absturz, Untergang, geistige Leere, Stillstand.

SCHWERTER

Schwerter – des scharfen Intellekts, des Haders und des Unglücks

Der luftbetonte Mensch
Sternzeichen: Waage, Wassermann, Zwillinge

Element: Luft
Englisch: Sword
Spielkarten: Pik, Grün, Blatt

Unterscheidung, Entscheidung, klare Erkenntnis, kritischer Verstand, Urteilsfähigkeit, Lösen, Trennen, Auseinandersetzung, Kampf, Krankheiten, Unglück, Leid, Gefahren, Tod.

Das Schwert als Waffe zum Schlagen und Töten.
Das Schwert als Werkzeug zum Schneiden, Trennen und Zerteilen.

Das Element Luft
Luft erleben wir als bewegt, klar, kühl, erfrischend und belebend. Es ist unser Verstand, der sich hier zu Hause fühlt. Die klare, objektive Erkenntnis, die reine Idee, die von keinem Vorurteil (Feuer), Nützlichkeitsdenken (Erde) und keiner Laune (Wasser) getrübt wird, ist das Erstrebenswerte für Luftmenschen.

Es ist die Welt der Abstraktion, der Mathematik, der formalen Logik, des Schachspiels, in der der Intellekt erblüht. Wie die Luft selbst umgibt der Luftbetonte eine Problemstellung von allen Seiten, und mit dem ihm eigenen Scharfsinn findet er zuverlässig die Stelle, an der er in das Problem eindringen kann.

Diese Wendigkeit, die häufig etwas Ungreifbares hat, die Fähigkeit »rein theoretisch« eine Vielzahl von Standpunkten einnehmen zu können, und als Advocatus Diaboli auch die der Überzeugung zuwiderlaufenden Ansichten stichhaltig vortragen zu können, bringen den Luftmenschen leicht in den Verruf, ein Verräter an der eigenen Sache, ein Sophist, ein Heißluftredner, ein unzuverlässiger Standpunktwechsler zu sein. Seine Welt ist die der Worte und der Begriffe, damit zu spielen sein Vergnügen. Seine Vielseitigkeit, seine Neugier, die lockere Konversation, der Smalltalk und das feinsinnige Spiel mit den Worten machen ihn zu einem charmanten Unterhalter. Die Vorliebe für den Denksport, die Blitzartigkeit seines kritischen Verstandes und sein schneidender Scharfsinn lassen ihn andererseits zu einem gewandten, gefährlichen Gegner in verbalen Auseinandersetzungen werden, der sein etwas langsame-

res Gegenüber schnell und mit unverhohlener Überheblichkeit als »unterbelichtet« abstempelt.

Die Schattenseite liegt hier in dem Unvermögen, bei einer Sache zu bleiben, sei es eine Überzeugung oder eine Aufgabe, sowie in der Beschränkung auf die Erkenntnis, der keine Tat folgen muß. Der Vertreter der Zeitungswahrheit, die nur einen Tag Gültigkeit hat und der Lehnstuhlphilosoph, der seine weltverbessernden Konzepte im Kopf trägt, ohne je einen Ansatz zu machen, etwas davon in die Wirklichkeit umzusetzen, sind hier zu finden. Aber auch der mit scharfem Verstand eiskalt kalkulierende Taktiker, der von moralischen Überlegungen unbelastet das Leben als Schachspiel betrachtet, in dem er skrupellos auf seinen Vorteil setzen darf, und der zynische Spötter, der, angesichts der eigenen Unfähigkeit, an höhere Werte zu glauben, andere in ihrem Glauben durch doppelzüngiges Wortspiel zu irritieren sucht, sind die Schattenseiten dieses Elements.

Die gestochen scharfe Denkweise macht den Luftmenschen zum Freund und Vertreter der formalen Logik, die sauber nach dem Kriterium richtig oder falsch unterscheidet. Er ist der Schüler der klassischen Schule, in der Zusammenhänge errechnet, in der Folgerungen nach strengem Maßstab induktiv und deduktiv gezogen werden. Er ist der Meister des feinen Differenzierens, des Unterscheidens in immer kleineren Abstufungen. Gerade darin sieht er die größte Leistung des Menschen, die Grundlage aller Erkenntnisse. Dabei interessiert es ihn oft nicht, ob seine Überlegungen noch irgendeinen Bezug zur Realität haben. Solange sie in sich stimmen, ist es für ihn ein Vergnügen, sie weiter zu verfolgen und sie anderen wie eine gelungene Komposition vorzuführen.

In der Liebe geht es dem Luftmenschen zunächst um die Spielregeln, das Beziehungsmodell, wobei die Teilnehmer als auswechselbar erlebt werden. Vielseitigkeit ist auch hier das Stichwort, das ihn häufig als treulos erscheinen läßt. Das Gefühl »diese oder keine« kann er nicht nachempfinden. Für ihn bleibt der Partner immer nur das Surrogat des Traumbildes. Es ist die gleichwertige Beziehung zweier unabhängiger Individuen, die hier nach den Gesetzen der Fairneß gelebt werden will.

Wenn der Luftmensch sein Leben rückschauend betrachtet, stellt sich für ihn die Frage: »Welche Ideen, welche Erkenntnisse habe ich gehabt?«

Da der kalte, berechnende Verstand häufig genug unser Gefühlsleben als diffuses Chaos und minderwertige Launenhaftigkeit

betrachtet, scheint er es sich als Lieblingsopfer seiner Attacken ausgesucht zu haben. Vor allem in unserer westlichen Welt ist die Kopfbetonung so ausgeprägt, daß ein verkümmertes Seelenleben zur Selbstverständlichkeit geworden ist. Da aber nur aus diesem Bereich die Kräfte der Zuneigung und der Liebe fließen, ist die Dominanz des Intellekts eine Bedrohung für unser Streben nach Harmonie. Die Tarotkarten sprechen daher in der Schwerterserie vorwiegend von Kummer, Abschied nehmen, Trennungen und Streit. Die einzelnen Kampftechniken veranschaulicht der nachstehende Buchauszug (aus Sheldon B. Kopps, Triffst Du Buddha unterwegs...) über »Ultima« – eine Variante des Schachs mit ziemlich unkonventionellen Spielregeln, als Metaphern für Spiele, die Leute in Auseinandersetzungen spielen:

1. Der *Rückzieher* kann die Figur neben ihm schlagen, indem er sich von ihr entfernt.
2. Der *Koordinator* schlägt einen Feind, den er zwischen sich und einen Verbündeten bringt.
3. Der tödliche *Blockierer* kann nicht selbst schlagen, aber er paralysiert jede feindliche Figur, neben der er steht, und erst wenn er abgezogen ist, bekommt sie ihre Kraft zurück. Nur durch den Selbstmordzug kann die blockierte Figur entkommen. Sie kann sich selbst vernichten, um so den Weg für die Attacke auf den Blockierer freizumachen.
4. Das *Chamäleon* kann auf jede Weise schlagen, muß es aber genau in der Art tun, wie sein Opfer schlägt. Die Art des Angriffs hängt davon ab, welche Figur das Chamäleon schlagen will. Natürlich kann kein Chamäleon ein anderes schlagen.

König der Schwerter

Die kühlen Farben dieser Karte entsprechen der reinen, klaren und emotionslosen Ebene der Luft. Der Bereich des scharfen Intellekts (Schwert), der klaren Ideen, die weder von Sehnsüchten (Wasser), Vorurteilen (Feuer) noch von materiellen Belangen (Erde) getrübt werden. Der Lufttypus wird gerne mit dem Schmetterling verglichen, dessen Leichtigkeit, »Neugier« und Unbeständigkeit der Beweglichkeit des Geistes entsprechen. Drei Schmetterlinge sind als Embleme auf der Rückenlehne

des Thrones zu erkennen. Am Himmel fliegen zwei Vögel, die seit alters her mit Weisheit und Erkenntnis in Verbindung gebracht werden (s. der Stern-XVII). Die Zahl Zwei verweist dabei auf den unermüdlichen Geist, der eine gerade gewonnene Erkenntnis sofort durch eine andere Betrachtungsweise in Frage stellen kann. Dieses ständige Relativieren im Sinne des Dreierrhythmus These – Antithese – Synthese, führt zu immer höheren geistigen Erkenntnissen. Andererseits erscheint der ausgeprägt so veranlagte Mensch dem Außenstehenden häufig als der unzuverlässige Standpunktwechsler, dessen scharfer Geist keine Wahrheit anerkennen kann, sondern sie mit gekonntem, teils brillantem, maliziösem Wortspiel süffisant so lange dreht (oder verdreht), bis von der ursprünglichen Erkenntnis allenfalls Fragmente übriggeblieben sind. Sein Geist hat dabei eine quecksilberhafte Geschmeidigkeit und Ungreifbarkeit.

Wenn es dem Stabkönig um den Geist einer Abmachung geht, so haben wir hier den Meister der Worte vor uns, der es versteht, im Nachhinein so lange mit den Worten zu spielen, bis der ursprüngliche Sinn vollends verloren oder gar in das Gegenteil verkehrt worden ist. Andererseits hat niemand mehr als der Schwertkönig die Fähigkeit, sich zu den einsamsten Gipfeln geistiger Erkenntnis hochzuarbeiten und in der Kühle und Verlassenheit dieser Gipfelwelt zu leben. Die Lichtseite dieses Elements ist die höhere, göttliche Vernunft, der Bereich, aus dem uns die höchsten Erkenntnisse zufließen.

Andere Namen und Bilder, die die Deutung erleichtern:

Der König des Verstandes, der Worte, des klaren, logischen, witzigen oder des kalten, berechnenden Intellekts. Der scharfsinnige König, der Taktiker, Intellektueller, Dialektiker, Sophist, Zyniker, Schachspieler, Mathematiker. Der listige Odysseus.

QUALITÄT	Scharfsinn, Urteilsvermögen, Erkenntniskraft, Wortgewandtheit, Abstraktionsvermögen, sachlich objektiv, analytisch distanziert, kritisch.
SCHATTEN	Der Spötter, Luftikus, Standpunktlose, berechnend, ungreifbar, zynisch, listig, verzettelt, unbeständig, treulos.
TYPISCHE BERUFE	Akademiker, Reporter, Jurist, Philosoph, Rhetoriker, Mathematiker, Literat, Kritiker, Kabarettist, Diplomat, fliegender Händler, Makler.

TRADITIONELLE DEUTUNG

Als Person: Reifer Mann, Rechtsanwalt, entscheidungsstark, wortgewandt, intelligent, scharfsinnig, brillant, analytisch, sachlich, gerecht.

Als Ereignis: Streitlust, Auseinandersetzung, Rechtsstreit.

BEI UMGEKEHRTER KARTE

Als Person: Schwieriger, komplizierter Mann, berechnend, egozentrisch, boshaft, zynisch, übel. Sadist.

Als Ereignis: Grausamkeit, Unmenschlichkeit, ruinöser Rechtsstreit.

Königin der Schwerter

Die Symbolik dieser Karte entspricht weitgehend dem, was unter dem Schwertkönig gesagt wurde. Die goldenen Schmetterlinge ihrer Krone jedoch, das ruhige, senkrecht gehaltene Schwert und nur ein Vogel am Himmel weisen daraufhin, daß hier die geistige Kraft gezielt auf »die eine Erkenntnis« ausgerichtet ist, statt sich stets in neuem Relativieren zu verzetteln. Sie hat den linken (unbewußten) Arm gehoben. Von ihrem Handgelenk hängt ein Rest, der auf frühere Fesseln schließen lassen könnte, aus denen sie sich mit Hilfe des Schwertes (ihres Verstandes) befreit hat.

Nachdem die Verstandeskräfte dem weiblichen Geschlecht offenbar nur unwillig zugestanden werden, sind die traditionellen Deutungen dieser Karte überwiegend negativ.

Andere Namen und Bilder, die die Deutung erleichtern:
Die wortgewandte Königin des Verstandes, der kühlen, klaren Betrachtungsweise und des spitzigen, scharfen Intellekts. Die unabhängige Königin, die Taktikerin, die nüchtern Berechnende.

QUALITÄT

Die Ästhetin, Intellektuelle, begabt, kultiviert, unabhängig, voller Esprit, geistreich, cool-charmant.

SCHATTEN

Das eiskalte Weib, die Heuchlerin, berechnend, zynisch, trügerisch, unbeständig, unnahbar.

TYPISCHE BERUFE

Siehe König der Schwerter.

TRADITIONELLE DEUTUNG

Als Person: Reife Frau, bestimmend, kühl, abweisend, kontrolliert, eigenwillig, klug, vorsichtig.
Durch schwere Erfahrungen hart geworden (Witwe).

Als Ereignis: Weibliche Trauer, Entbehrung, Unfruchtbarkeit, Trennung.

BEI UMGEKEHRTER KARTE

Als Person: Herrisches Weib, übelgesonnen, kalt, berechnend, scheinheilig. Böses Klatschweib.

Als Ereignis: Vergiftete Umgebung, Elend, Schlechtigkeit.

Ritter der Schwerter

Hier zeigt sich das Luftelement von seiner stürmischsten Seite. Das scharfe Schwert des Intellekts, das wie ein Orkan über die Erde braust und mit ungeheurer Kraft und schneidender Kälte jedes Hindernis niedermacht. Durch das Motiv dieser Karte drängt sich die Schattenseite in den Vordergrund.

DEUTUNGSVORSCHLAG

Der Schwertritter bringt eine Atmosphäre des klaren, wohlberechnenden Verstandes und des taktischen Abwägens, die Welt der reinen Erkenntnis, eine Stimmung, in der das Leben als Schachspiel erlebt wird.

SCHATTEN

Kalte, frostige Atmosphäre, agressive Stimmung, Streitlust, eiskaltes Taktieren, vehemente Diskussionen, Temperatursturz.

TRADITIONELLE DEUTUNG

Als Person: Junger Mann, intelligent, kühl, geradlinig, erobernd, rücksichtslos. Soldat, Polizist.

Als Ereignis: Unerwartete, auch unpersönliche Hilfe bei Auseinandersetzungen, Vorbote einer heldenhaften Tat, Geschick, Mut.

BEI UMGEKEHRTER KARTE

Als Person: Widerwärtiger, kalter Mensch, verkopft, rechthaberisch. Angeber, Feigling.

Als Ereignis: Kampf mit Rivalen, Streit mit dummer Person, Unvorsicht, Uneinsichtigkeit, Übertreibung, Feindseligkeit.

Bube der Schwerter

Der Bube, der unter den Hofkarten die Jüngste ist, übt sich noch im Umgang mit dem Schwert. Die zehn Vögel am Himmel zeigen die Vielzahl seiner Ideen, die ihn bislang mehr verwirren, als daß sie ihm Klarheit bringen.

DEUTUNGSVORSCHLAG

Wenn wir Buben als Chancen verstehen, die von außen auf uns zukommen, so ist es hier die Chance, etwas zu klären. Das ist z. B. ein Gespräch, in dem uns die Objektivität und der analytische Verstand des anderen hilft, Klarheit in unsere eigenen Verstrickungen zu bringen.

SCHATTEN

Die »Chance« die auf uns zukommt, ist ein heftiger Konflikt, ein mit Schärfe geführter Streit, eine Marathondiskussion.

TRADITIONELLE DEUTUNG

Als Person: Junge Frau/Kind, geschmeidig, lebhaft, neugierig, indiskret, wachsam, boshaft.

Als Ereignis: Indiskretionen, Skandal.

BEI UMGEKEHRTER KARTE

Als Person: Undankbarer, überkritischer Mensch, kompliziert, eigenwillig, launisch, verkopft, schwieriger Charakter, Lügner.

Als Ereignis: Mißerfolg, Frust, überraschende Neuigkeiten, Krankheit.

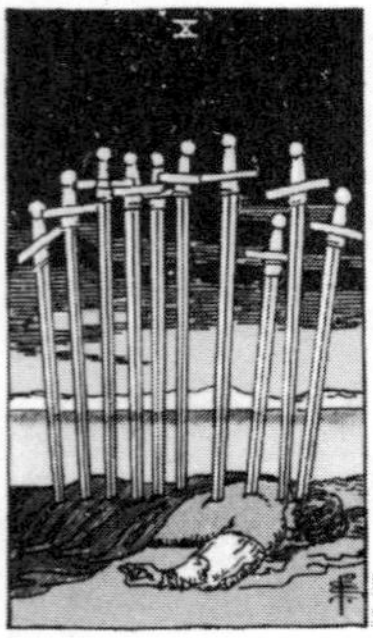

Zehn der Schwerter

Ein Mann von 10 Schwertern durchbohrt, liegt hingestreckt am Boden. Das Meer (der seelischen Erfahrung), das er nicht erreichte, wirkt eiskalt. Der Himmel ist schwarz, und selbst der goldene (hoffnungsvolle) Horizont wirkt kühl. Die Karte hat Ähnlichkeiten mit dem Tod (XIII), allerdings ohne deren Idee der Transformation. Dagegen ist die mutwillige Zerstörung, das bewußt herbeigeführte Ende und auch die tödliche Kraft des Verstandes hervorgehoben. Sie steht häufig für das bewußt herbeigeführte Ende eines unerträglichen Zustandes.

TRADITIONELLE DEUTUNG: Widriges Ende, das Äußerste, was man ertragen kann. Trauer, Schwermut, Ruin, Katastrophe, Grausamkeit, Niedergeschlagenheit, Tod, etwas mit Gewalt beenden.

BEI UMGEKEHRTER KARTE: Vorteil, Glück, Gewinn – jedoch nicht dauerhaft.

Neun der Schwerter

Eine Frau, die in tiefer Nacht vom Bettlager aufschreckt. 9 Schwerter, die über ihr hängen, zeigen die Bedrohung, die sie empfindet. Auf ihrer Bettdecke sind 24 Rosen sowie Planeten- und Sternbildzeichen zu sehen. Einerseits können sie verstanden werden als der Grund ihrer Sorge: die Liebe oder das Schicksal ganz allgemein. Andererseits können sie auch den Trost der Karte beinhalten: göttliche Liebe und die Weisheit der Vorsehung. Die Alptraumthematik dieser Karte hat viel Ähnlichkeit mit dem Mond (XVIII), wobei die Ängste hier wohl eher durch den verhärteten Verstand bedingt sind.

TRADITIONELLE DEUTUNG: Verzweiflung, Trostlosigkeit, Alptraum, alleingelassen sein, Fehlgeburt, Mißerfolg, Selbstbeschuldigung.

BEI UMGE- KEHRTER KARTE	Argwohn, begründete Angst, Gefängnis.

Acht der Schwerter

Eine gefesselte Frau mit verbundenen Augen steht mit einem Fuß im Wasser, dem anderen auf trockenem Boden zwischen 8 Schwertern. 3 Schwerter stehen links und 5 Schwerter rechts von ihr. Sie steht damit an Platz 4 und entspricht in gewisser Weise dem Gefangenschaftsthema der vier der Schwerter. Zwischen Schwertern gefangen und gefesselt kann sie sich – wenn auch schwerlich – bewegen, mit den verbundenen Augen jedoch keine Richtung erkennen. Die Karte zeigt häufig einen Bereich, den wir in uns nicht lebendig sein lassen wollen, den wir ein- oder sogar ausgesperrt haben, d. h. nicht als zu uns gehörig betrachten. Ähnlich wie die Gefangene außerhalb der kalten Festung im Hintergrund steht. Die Erfahrung des Turms (XVI) hätte hier wohl eine befreiende Wirkung. Angenehmer wäre allerdings das befreiende Erlebnis der Auferstehung im Gericht (XX).

TRADI- TIONELLE DEUTUNG	(Innere) Fesseln, sein eigener Sklave sein, Demütigung, körperlich oder seelisch am Ende sein, Kraftlosigkeit, Krankheit, Stillstand, Unsicherheit.
BEI UMGE- KEHRTER KARTE	Schicksalsschlag, Unfall, Widerstand, Verrat.

Sieben der Schwerter

Ein Mann in Nomadentracht stiehlt sich mit 5 Schwertern aus einem Zeltlager davon. Damit wird das Thema deutlich: sich davonstehlen, jemanden überlisten, betrügen. Insofern entspricht diese Karte der Schattenseite des Magiers (I) und damit natürlich auch dem großen Schwarzmagier, dem Teufel (XV). Bei der Deutung ist nicht ganz klar, ob dieses Thema aktiv oder passiv erlebt wird, d. h., ob man selbst

betrügt oder betrogen wird. Üblicherweise wird aber wohl die aktive Seite angezeigt. Betrügen ist hier übrigens auch im übertragenen Sinne als Fremdgehen zu verstehen.

TRADITIONELLE DEUTUNG	Mut, Selbstvertrauen, Recht bekommen, Schläue, Eulenspiegelstreich, geistreiche Überrumpelung.
DEUTUNG WAITE	Sich davonstehlen, List und Tücke, Betrug.
BEI UMGEKEHRTER KARTE	Guter Rat ist nötig, üble Nachrede.

Sechs der Schwerter

Ein Fährmann bringt zwei Reisende in einem Boot zum anderen Ufer. Im Waite Deck ist dies eine der wenigen freundlicheren Karten der Schwertserie (neben dem As und ggf. der vier der Schwerter). Waite verweist auf den qualifizierten Fährmann und die Tatsache, daß das Wasser ruhig ist. Das Motiv erinnert in eigenartiger Weise an das mythologische Bild des Charon, dem Fährmann, der die Seelen der Toten über den Fluß Styx zum Hades bringt.
Das Thema ist wohl mit der Deutung »zu neuen Ufern mit alten Ängsten« am besten getroffen. Damit besteht eine bedingte Ähnlichkeit zum Wagen (VII), der allerdings vom Mond (XVIII) überschattet ist.

TRADITIONELLE DEUTUNG	Ärger, Hindernisse, sich im Weg stehen, Grübeleien.
DEUTUNG WAITE	Neue Ufer, Hilfe, (See-)Reise.
BEI UMGEKEHRTER KARTE	Sich aus widriger Umgebung nicht lösen können. Aufschub eines Vorsatzes oder eines Umzugs. Veröffentlichung.

Fünf der Schwerter

Hier weichen Deutungen und Motiv deutlich voneinander ab. Das Bild legt die Identifikation mit der Person im Vordergrund, dem Sieger, nahe. Die Deutungen aber gehen in Richtung Erniedrigung, Niederlage usw. In jedem Fall handelt es sich um einen heftigen und außerordentlich widerwärtigen Kampf. Der Sieg in dieser Schlacht wird denn auch häufig genug als Pyrrhussieg bezeichnet. Die Stimmung der Karte mag in der Folge des Schwertritters gesehen werden. Die Entsprechungen zu den Großen Arkana sind vage. In gewisser Weise sind hier die Schattenseiten des Wagens (VII) und der Kraft (XI) zu erkennen.

TRADITIONELLE DEUTUNG	Erniedrigung, Niederlage, Verlust, Schmach, Eifersucht, Angst, Verrat, Gemeinheit, Pyrrhussieg, Hinterlist.
BEI UMGEKEHRTER KARTE	Unerwartete Wendung zum Schlechten.

Vier der Schwerter

Ein Ritter mit betenden Händen liegt in einer Gruft. Über ihm eine Glasmalerei, die eine Figur mit einem Heiligenschein zeigt, die eine andere, vor ihr kniende segnet. Die Karte führt uns in eine kühle Grabesstille. Ähnlich wie beim Gehängten (XII) haben wir es hier mit »erzwungener« Ruhe zu tun, die wohl nur in den seltensten Fällen freiwillig aufgesucht wird. Es ist die Zwangspause (z. B. durch Krankheit) und die unfreiwillige Isolation. Das Motiv erinnert an die Legende von König Artus, der – mit seinem Schwert Excalibur – auf der Nebelinsel Avalon ruht, bis er wieder in diese Welt zurückkehrt, zurückkehren darf.

TRADITIONELLE DEUTUNG	Zurückgezogenheit, Isolation, Traurigkeit, Rückzug, Wachsamkeit, Verzicht, Askese, Opfer, verletzte Gefühle.

BEI UMGEKEHRTER KARTE — Weise Führung, Umsicht, Sparsamkeit, Entscheidungen aufschieben. In unangenehmer Umgebung ausharren.

Drei der Schwerter

Daß das von den Schwertern durchbohrte Herz für Liebeskummer stehen kann, bedarf keiner Erklärung. Das Thema aber auf diesen Bereich zu reduzieren, wäre falsch. Es geht ganz allgemein um Entscheidungen des Verstandes (Schwerter), die gegen das Herz getroffen werden, gegebenenfalls getroffen werden müssen. Es ist auch das vom nüchternen Intellekt durchtränkte Seelenleben. Insofern haben wir hier das Gegenthema zur Karte Mäßigkeit (XIV), bei der wir die geistige und seelische Ebene in harmonischem Einklang finden, und natürlich auch einen Teilbereich aus dem Themenkreis der Liebenden, der Entscheidung (VI).

TRADITIONELLE DEUTUNG — Wiederholte Fehler, Liebeskummer, Verzweiflung, Vertreibung, Bruch, Trennung, Tränen, Schmerz, alte Narben.

BEI UMGEKEHRTER KARTE — Geistige Entfremdung, Fehler, Verlust, Verwirrung.

Zwei der Schwerter

Die Frau mit den verbundenen Augen kann oder will nicht sehen. Mit ihren zwei Schwertern – der Zahl des Zweifels – verwehrt sie den Zugang zum Meer und zum Mond, den Ebenen der tiefen seelischen Erfahrung. Wir haben es hier mit dem nagenden Zweifel zu tun, der entsteht, wenn wir unserer Fähigkeit zu intuitiver Erkenntnis nicht nur mißtrauen, sondern sie sogar vollends aussperren. Dies ist das krasse Gegenthema zur Hohenpriesterin (II), die für uns die Meisterin des lunaren Wissens ist und den Zugang zum tiefen Meer der Erkenntnis verkörpert.

TRADITIONELLE DEUTUNG

Nagender Zweifel, Widersprüche, Feindseligkeit, Rechtsstreit, unangenehme Mitmenschen, Entscheidungsunfähigkeit, Krankheit. Unabsehbare oder nicht verstandene Konsequenzen abwägen.

BEI UMGEKEHRTER KARTE

Betrug, Falschheit, Zweideutigkeit, Treulosigkeit, falsche Entscheidung.

As der Schwerter

Die strahlenumgebene Hand des Schöpfers umfaßt das Schwert, das eine goldene, geschmückte Krone trägt. Die herabfallenden, goldenen Tropfen werden mit dem hebräischen Symbol für Jod, dem ersten Buchstaben des göttlichen Namens gedeutet. Sie mögen auf die Sechs der Schwerter hinweisen, die einzige helfende Karte der Schwertserie. Die goldene Krone (Kether) macht aus dem Schwert des Intellekts das Symbol der höheren Vernunft. Sie weist auf edle (goldene) Ziele hin. Das Gebirgspanorama darunter verdeutlicht die Einsamkeit, Kühle und die Höhe, in der diese Erkenntnis gewonnen wird. Aus diesem Umfeld besteht eine Verwandtschaft mit dem Eremiten (IX). Die Urteilskraft dagegen entspricht eher der Thematik der Gerechtigkeit (VIII).
Im Waite-Deck steht diese Karte auch für die Idee der Entscheidung, die A. E. Waite aus der alten Interpretation der Liebenden (VI) gestrichen hat.

TRADITIONELLE DEUTUNG

Kraft, Mut, Entscheidungskraft, Auseinandersetzungsbereitschaft, Selbstvertrauen, Eroberung, Klugheit, klare Gedanken, Kampf für eine gute Sache, ein entscheidendes Erlebnis.
Das As steht für eine Chance, die in uns liegt, und die wir nutzen sollten.

BEI UMGEKEHRTER KARTE

Verhärtung, Streitlust, Willensschwäche, Phyrrussieg.

MÜNZEN

Münzen – der körperlichen Welt, des greifbaren Wertes

Der erdbetonte Mensch
Sternzeichen: Steinbock, Stier, Jungfrau

Element: Erde
Englisch: Pentacle, Coin, Denier
Spielkarten: Karo, Schellen
Andere Namen: Pentakel, (Glücks-)Stern, Scheibe

Die materielle Welt, Erfolg, Körper, Sinneslust, Geben und Nehmen, Erbschaften. Die Münze, der konzentrierte, verkörperte Wert.

Das Element Erde
Mit dem Element Erde verbinden wir sowohl den fruchtbaren Boden als auch das feste Fundament. Auf der Ebene des Menschen ist es der Körper. Erde ist das greifbarste und beständigste Element. Aus diesem bildhaften Umfeld leiten sich die Hauptmerkmale des Erdelements ab: die Liebe zur Natur, zum fruchtbaren Boden und die praktischen Fertigkeiten, damit umzugehen als Bauer, Gärtner usw. oder in Verbindung mit dem festen Fundament als Bauherr. Ferner die innere Stabilität des Erdmenschen, die zur Härte werden kann, sein ausgeprägter Sinn für gewachsene Werte, für Dauer und Kontinuität, der ihn mal zuverlässig mal unverbesserlich stur erscheinen läßt. Seine Vorliebe für das, was er »wirkliche Werte« nennt, eben das Greifbare, macht ihn besonders aufgeschlossen für den konzentrierten, verkörperten Wert schlechthin: das Geld. Da er sich in erster Linie als körperliches Wesen erfährt, ist seine Fähigkeit zu sinnlicher Erfahrung am höchsten kultiviert.

Es liegt nahe, daß die Versuchung, die letztgenannten Bereiche zu übertreiben seine Schattenseiten sind: der Materialist, der Lüstling. Widmet er sich im Übermaß dem Sammeln materieller Werte, riskiert er sein eigener Sklave zu werden, der freudlose Fronarbeiter, der herzlose Schacherer, der verbissene Emporkömmling. Erliegt er dagegen der Versuchung, seine höchstentwickelte Genußfähigkeit für Sinnesfreuden und Lustbarkeiten über alles zu erheben, entgleist er leicht zum lüsternen, herabgekommenen Lebemann in der Art des Charles Bukowski oder auch zum dickfelligen Genießer und Faulpelz à la Oblomow. Nicht zuletzt kann seine nachfolgend geschilderte Denkweise aus ihm einen Zweckmäßigkeitsfanatiker, einen Perfektionisten und Misanthrop werden lassen.

Der ausgeprägte Wirklichkeitssinn läßt dem Erdmenschen »die Tat und ihre Folgen« als den einzigen Wertmaßstab, als einziges Kriterium zur Beurteilung eines Menschen erscheinen. Nicht die (gute) Absicht, nicht die Idee oder das Empfinden zählt, lediglich das, was tatsächlich getan wurde, ist für den Erdmenschen relevant. Damit wird die Hand zum bevorzugten Ausdrucksmittel des Erdmenschen und das Handeln und die Handlung zum entscheidenden Kriterium. Seine Denkweise ist demzufolge betont wirklichkeitsnah. Ihn interessieren weniger die Konzepte der formalen Logik als die Erfahrungswissenschaft und die Empirie. Er ist der Pragmatiker, der sich an der Welt der Realität orientiert und sich auf das Machbare konzentriert. »Abgehobene« Theorien, das sind für ihn solche ohne genügend Realitätsbezug, interessieren ihn nicht. Seine Art der Unterscheidung ist demnach nicht »richtig oder falsch« sondern vielmehr »brauchbar oder unbrauchbar«, »nützlich oder nutzlos«, »praktisch oder unpraktisch«.

In der Liebe und Partnerschaft ist dieser Mensch treu und zuverlässig, aber auch hier körperlich orientiert. Der beste Beweis für eine intakte Beziehung ist die physische Anwesenheit, die Greifbarkeit des Partners. Eine Beziehung für längere Zeit über eine große Entfernung aufrecht zu erhalten, scheint ihm ein Ding der Unmöglichkeit.

Wenn der Erdmensch sein Leben rückschauend betrachtet, stellt sich für ihn die Frage: »Was habe ich getan, was habe ich verwirklicht?«

KÖNIG der MÜNZEN

König der Münzen

Der Münzkönig sitzt – im Gegensatz zu den anderen Königen – gelassen, fast lässig auf seinem Thron, der von vier Stierköpfen, dem Symbol des Erdelements geschmückt ist. Sein Umhang ist voller Weintrauben, die für das angenehme (süße) Leben stehen und seine Fähigkeit ausdrücken, das Leben als sinnliche Erfahrung in vollen Zügen zu genießen. Sie erinnern an den griechischen Weingott Dionysos, dessen Lebensart und Feste ihm sicherlich behagen. Er trägt das gleiche Zepter wie die Herrscherin (III) und sowohl seine Naturverbundenheit wie auch die Üppigkeit der Karte zeigen seine Verwandtschaft mit ihr. Die starken Farben der Karte drücken den Realitätsbezug aus, und die Art, wie er die Münze vorzeigt, verdeutlicht seine Liebe für materielle, greifbare Werte.

Andere Namen und Bilder, die die Deutung erleichtern:

Der König der Wirklichkeit, der König der Tat, der König der Lustbarkeiten, der sinnliche König, der Genießer, der Vater, der Patriarch, Krösus, Dionysos, der Bauernkönig, der Sämann.

QUALITÄT	Wirklichkeitssinn, praktische Fertigkeiten, Naturverbundenheit, pragmatischer Verstand, erdverbunden, sinnlich, genießerisch, zuverlässig, treu.
SCHATTEN	Der Schacherer, Materialist, Faulpelz, Tagedieb, Lustmolch, phantasielos, gefräßig, fett und unbeweglich, aufgedunsen, hartnäckig, stur, unbelehrbar, korrupt.
TYPISCHE BERUFE	Landwirt, Gärtner, Förster, Bankier, Makler, Immobilienhändler, Kneipier, Umweltschützer, Historiker.
TRADITIONELLE DEUTUNG	Als Person: Reifer Mann: Verständnisvoll, gütig, freundlich, realistisch, geschäftstüchtig, erfolgreich, vermögend, gutmütig. Händler, Meister, Professor, Chef, Berater. Als Ereignis: Geschicklichkeit, Erfolg.
BEI UMGEKEHRTER KARTE	Als Person: Übervater, Tyrann, der böse Greis. Als Ereignis: Laster, Korruption, Verderbtheit.

Königin der Münzen

Diese Königin ist die Erdmutter, die bodenständige, realistische, warmblütige, sinnliche Frau. Die Girlande roter Rosen über ihr ist das Symbol göttlicher Liebe. Ähnlich wie beim König der Münzen zeigt das Bild Üppigkeit, Fruchtbarkeit und Sinnlichkeit. Der Hase im Vordergrund ist seit alters der Inbegriff größter Fruchtbarkeit; der Ziegenkopf an der Lehne ihres Thrones deutet auf den griechischen Ziegengott Pan, den Gott der Hirten, hin, sowie auf den ihm ähnlichen, teilweise identischen Weingott Dionysos, der in seiner Jugend von Zeus in ein Zicklein

verwandelt worden ist. Beiden gemeinsam ist die Naturverbundenheit und die Sinnesfreude. Während sich Pan mehr durch unsägliche Faulheit hervortut, verbinden wir mit Dionysos überwiegend rauschhafte, orgiastische Feste. Diese Vorlieben gehören eindeutig zu dem Element Erde.

Andere Namen und Bilder, die die Deutung erleichtern:

Die Königin der Tat, die Königin der Realität, die wirklichkeitsnahe, die sinnliche Königin. Die Königin der Fruchtbarkeit, der Saat und der Ernte.

QUALITÄT	Die Realistin, die Mutter. Geschickt, fleißig, zuverlässig, warmherzig, kreativ.
SCHATTEN	Trägheit, Geldgier. Phantasielos, korrupt, stur, zwanghaft, derb und starr.
TYPISCHE BERUFE	Siehe König der Münzen.
TRADITIONELLE DEUTUNG	Als Person: Reife Frau: Lebenserfahren, großherzig, bodenständig, ernst, tiefsinnig, sinnlich, geheimnisvoll, unverstanden, gutmütig, vermögend. Als Ereignis: Überfluß, Sicherheit, Geschenke, Hochzeit.
BEI UMGEKEHRTER KARTE	Als Person: Zweifelhaftes Weib, böse und engstirnig. Als Ereignis: Verrat, Mißtrauen, Hemmung, Krankheit.

Ritter der Münzen

Das schwarze Pferd, das festverwurzelt auf dem Boden steht, hat schon fast etwas Unbewegliches an sich. Der Ritter sitzt fest im Sattel. Vor ihm liegt fruchtbares Ackerland.

DEUTUNGSVORSCHLAG

Die Stimmung, die diese Karte anzeigt, ist grundsolide. Es ist die Atmosphäre der Verlässlichkeit, der Stabilität, der Hartnäckigkeit aber auch der Sinnlichkeit. Es ist die Stimmung, in der tatsächlich etwas getan wird, in der gehandelt wird.

SCHATTEN

Sture Abwehrhaltung, Starrköpfigkeit, entwicklungshemmende Einstellung, phlegmatische, träge Stimmung, erstarrte, kalte Atmosphäre.

TRADITIONELLE DEUTUNG

Als Person: Junger Mann: realistisch, materialistisch, langsam aber ausdauernd, nützlich, gelassen, fleißig, methodisch.

Als Ereignis: Glück in Geldsachen, Glück im Spiel, Verantwortlichkeit, Aufrichtigkeit, Nützlichkeit.

BEI UMGEKEHRTER KARTE

Als Person: Ein tugendhafter Mann ohne Beschäftigung.

Als Ereignis: Trägheit, Eitelkeit, Faulheit, Mutlosigkeit, Unvorsicht.

Bube der Münzen

Auch der Münzbube steht in einer fruchtbaren Landschaft. Er hält die Münze wie ein Geschenk, das er präsentieren möchte.

DEUTUNGSVORSCHLAG

Wenn wir Buben als Chancen betrachten, die uns von außen geboten werden, so bringt uns der Münzbube allem voran die Chance, Geld zu verdienen. Darüberhinaus ist es die Chance, etwas zu tun, zu handeln und den Wirklichkeitssinn zu erproben oder auch eine Chance, die man genießen sollte.

SCHATTEN — Eine Chance, die wohl eher ein Versuch ist, uns zu bestechen, uns mit Geld zu verlocken, guten Vorsätzen untreu zu werden. Eine Verlockung, uns im Übermaß dem Lebensgenuß zu überlassen.

TRADITIONELLE DEUTUNG — Als Person: Junge Frau / Kind: Liebenswürdig, hilfsbereit, unachtsam, lernbegierig.

Als Ereignis: Fleiß, Studium, Neuigkeiten.

BEI UMGEKEHRTER KARTE — Als Person: Unordentlicher, überforderter Mensch, konfus, unlogisch, unrealistisch.

Als Ereignis: Falscher Umgang mit Geld, unbezahlte Schulden, Vergeudung, schlechte Nachrichten, Degradierung.

Zehn der Münzen

Ein Mann, eine Frau und ein Kind stehen unter einem Torbogen, der zu einem Gutshof führt. Nur die zwei Hunde scheinen den geheimnisvollen alten Mann im Vordergrund wahrzunehmen. Die Szene erinnert an die Heimkehr des Odysseus, der zunächst nur von seinem treuen Hund Argo erkannt wird, und der sein Gewand von der Göttin Athene erhalten hat. Die zehn Münzen sind in der Form des kabbalistischen Baumes des Lebens angeordnet. Die Karte, die vordergründig für soziale und familiäre Sicherheit steht, hat mit der Fülle ihrer geheimnisvollen Symbole eine tiefere Ebene, die sowohl auf inneren Reichtum verweist, wie auch auf die vielen Geheimnisse in unserem Alltag, die von uns oft nicht wahrgenommen werden. Die Stabilität im wirtschaftlichen Sinne, die auch in dieser Karte ausgedrückt wird, schafft eine gewisse Verwandtschaft zum Herrscher (IV).

TRADITIONELLE DEUTUNG — Erfolg, Sicherheit, auf gutem Fundament gebaut haben. Vermögenszuwachs, gute Geschäfte, finanzielle und familiäre Sicherheit.

BEI UMGEKEHRTER KARTE — Verlust, Raub, Schicksalsschlag, Hasardeur.

Neun der Münzen

Die Frau steht inmitten eines Gartens und ist von Weintrauben umgeben, dem Symbol des angenehmen, süßen Lebens. Ihre rechte Hand hält eine Weintraube und stützt sich auf eine Münze: Sie weiß die angenehmen Seiten des Wohlstandes zu schätzen. Auf dem Handschuh ihrer rechten Hand sitzt ein Jagdfalke mit seiner Falkenhaube. Diese Haube ermöglicht ihm nur, die Beute zu packen, nicht aber zu fressen. Der Falke ist das Symbol der Jagd nach dem Glück wie auch ein Zeichen des Wohlstandes. Beides sind Themen dieser Karte. Demgegenüber steht die Schnecke im Vordergrund für den zurückgezogenen Mystiker, für die Verinnerlichung und die Absage an die äußere Welt. Der innere Reichtum ist damit die tiefere Bedeutung dieser Karte.

Der Reichtum des Lebens erinnert an die Herrscherin (III), die Besinnung auf die inneren Werte an den Eremiten (IX), das Auffinden des inneren Reichtums kann das Erlebnis der Auferstehung im Gericht (XX) sein.

TRADITIONELLE DEUTUNG — Luxus, Vollendung, finanzielle Glückskarte, Geld arbeitet, Erfolg, ein Wunschtraum geht in Erfüllung, Klugheit, Schläue.

BEI UMGEKEHRTER KARTE — Schurkerei, Täuschung, leere Pläne, Bedrohung.

Acht der Münzen

Das Bild zeigt uns einen jungen Mann, der frohen Mutes Münzen meißelt und sie stolz an seiner Wand aufhängt. Laut Waite handelt es sich um einen Lehrling, der später als Geselle (die Drei der Münzen) eine bedeutsamere Aufgabe zu erfüllen hat. Hier geht es um das Erlernen von Fähigkeiten. Die Karte erinnert an den Sinnspruch »Jeder ist seines Glückes Schmied«, der ihr Thema bestens wiedergibt.

Die Unbekümmertheit und die Aktivität schaffen einen gewissen Bezug zur Sonne (XIX), das Beginnen kann eine Ähnlichkeit mit der Aufbruchsstimmung des Wagens (VII) haben.

TRADITIONELLE DEUTUNG	Betrug, finanzielle Risiken.
DEUTUNG WAITE	Arbeit, Lernen, Geschicklichkeit, Anfangsstadium, »Jeder ist seines Glückes Schmied«.
BEI UMGEKEHRTER KARTE	Inhaltsloser Ehrgeiz, Intrigantentum, Erpressung, schlechte Arbeit durch mangelnde Konzentration.

Sieben der Münzen

Die Karte zeigt uns einen jungen Mann, der auf einen Stab gestützt beobachtet, wie die Münzen an einem Strauch wachsen. Die Geduld, das Abwarten können und müssen, bis die Dinge reif sind, ist das Hauptthema dieser Karte. Außerdem zeigt sie, daß eine Entwicklung an einem Punkt angelangt ist, von dem an sie sich verselbständigt. Das Wachstum, das hier gezeigt wird, erinnert wiederum an die Herrscherin (III), die Geduld, die aufgebracht werden muß, ist am leichtesten mit der Gelassenheit der Mäßigkeit (XIV) zu erreichen.

TRADITIONELLE DEUTUNG	Zeit des Reifens, Geduld, Vermögenszuwachs, Geschäftserfolg, Lohn der Arbeit.
BEI UMGEKEHRTER KARTE	Vorsicht bei Geldgeschäften! Energievergeudung.

Sechs der Münzen

Ein Kaufmann gibt Geld an zwei Bedürftige. In seiner rechten Hand hält er eine Waage. Vordergründig steht dieses Bild für Großzügigkeit – auch in ihrem übertragenen Sinne als Toleranz. Daneben aber ist es die Beziehung dreier Menschen, von denen einer den beiden anderen deutlich überlegen ist. Die Waage des Kaufmanns zeigt, daß sein Geben ausgewogen ist. D. h. er gibt nicht aus einer Laune heraus, auch nicht

unbedingt das oder soviel wie die Bettler sich wünschen, sondern wohlüberlegt, was er gerne zu geben bereit ist, und was die beiden auch problemlos annehmen können. Insofern steht diese Karte auch für den geistigen Führer, der seine Jünger weder über- noch unterfordert und greift damit das ähnliche Dreierthema des Hohenpriesters (V) auf. Auf einer weiteren Ebene steht sie für das Leben, das uns versorgt und dabei immer gerade so viel gibt, wie wir verkraften können. Dieser Aspekt erinnert an die Weisheit des Sterns (XVII).

TRADITIONELLE DEUTUNG — Vorsicht im Umgang mit Geld. Keine Spekulationen!

TRADITIONELLE DEUTUNG WAITE — Großzügigkeit, Toleranz, Hilfsbereitschaft, Belohnung, versorgt werden.

BEI UMGEKEHRTER KARTE — Deutung: Habgier, Mißgunst, Eifersucht, schlechter Umgang mit Geld. Unbezahlte Schulden.

Fünf der Münzen

Wie in der Sechs der Münzen sehen wir zwei Bettler, denen es aber offenbar schlechter geht. Sie laufen im Schneesturm an einem erleuchteten Kirchenfenster vorbei. Die materielle Armut, die diese Karte zeigt, ist nur ein Teilaspekt. In diesem Zusammenhang weist sie häufig »nur« auf materielle Sorgen hin, die sich zu einem späteren Zeitpunkt als ungerechtfertigt erweisen. Darüberhinaus aber zeigt sie, daß Menschen angesichts äußerer Härte innig zueinander stehen. Die Anordnung der fünf Münzen entspricht dem Symbol der 7 Chakras, den geistigen Energiezentren unseres Körpers, und weist damit auf die starken Energien hin, die zwei Menschen in Notsituationen miteinander verbindet bzw. die von ihnen gemeinsam aufgebracht werden können.

Der Angst- und Sorgenaspekt hat seine Entsprechung im Mond (XVIII), die dahinterliegende Liebesthematik ist eine Form der Liebenden (VI). Die widersprüchlichen Deutungsmöglichkeiten

dieser Karte können nicht in Einklang gebracht werden. Die richtige Aussage muß im Einzelfall intuitiv erfaßt werden.

TRADITIONELLE DEUTUNG

Angst, Verlassenheit, Pech (in Liebe und Finanzen), Elend, Not, Betrug, Pleite, finanzielle Abhängigkeit, Hilfe brauchen/suchen. Aber auch: Liebe und Zuneigung.

BEI UMGEKEHRTER KARTE

Verwirrung, Chaos, Zerrüttung.

Vier der Münzen

Die Art, wie uns dieser Mann seine Münzen zeigt, hat einen doppelten Aspekt. Zum einen ist er stolz auf das, was er hat und zeigt es dementsprechend gerne vor. Zum anderen aber klammert er sich an seinen Besitz in einer Weise, die ihn unbeweglich macht. Um wieder lebendig sein zu können, müßte er das Loslassen lernen. Dieses Thema der Erstarrung hat Ähnlichkeit mit der Schattenseite des Kaisers (IV). Wenn er nicht von sich aus umzudenken lernt, darf man vermuten, daß sein Weg ihn früher oder später zum Tod (XIII) oder zum Turm (XVI) führt.

TRADITIONELLE DEUTUNG

Habgier, sich an Besitz klammern, materielle Sicherheit, sich innerlich weitergetrieben fühlen, über finanzielle Belange Wesentliches vergessen.

BEI UMGEKEHRTER KARTE

Verzögerungen, Widerstände, Geldverlust.

Drei der Münzen

Die dunklen Farben dieser Karte sind leicht irreführend, da ihr Thema ganz und gar nicht bedrückend ist. Sie zeigt uns einen Bildhauer, dessen Arbeit in einem Kloster von einem Mönch und einer verhüllten Frau begutachtet wird. Von den beiden Dreiecken oberhalb der Säule ist das mit der Spitze nach oben gerichtete deutlich größer als das untere. Das Streben nach Höherem dominiert, ohne daß der Bezug zur Erde (unten) verloren geht. Hier geht es um das Erreichen neuer Qualifikationen, um Prüfungen und einen Ausbau des Erfolges. Das Prüfungsthema erinnert zwar an die Prüfung, den Gehängten (XII), ist aber von ganz anderer Qualität. Die Karte ist eher auf dem Weg zur Meisterschaft des Magiers (I) zu sehen.

TRADITIONELLE DEUTUNG: Selbstverwirklichung, Entfaltung der Talente, Vertrauen, Geld und Ansehen, Lebenswerk, Beförderung, innere Zufriedenheit, das Ende von Schwierigkeiten, Arbeit, Erfolg, Anerkennung, Geschicklichkeit.

BEI UMGEKEHRTER KARTE: Mittelmäßigkeit, Kleinlichkeit, Richtungslosigkeit.

Zwei der Münzen

Ein Jongleur läßt zwei Münzen in einer Unendlichkeitsschleife tanzen. Wie auch bei den Schiffen im Hintergrund wird darin das ewige Auf und Ab ausgedrückt, mit dem dieser Jongleur spielerisch umzugehen versteht. Die Karte hat auch mit Abwägen und Entscheiden zu tun. Dies geschieht in spielerischer Art, manchmal sicherlich durch das Werfen einer Münze. In gewisser Weise wird hier die Weisheit des Narren (0) dargestellt, die unbewußt gelebte Meisterschaft des Magiers (I) und die Kraft (XI). Die Lemniskate, die wir bei diesen beiden über dem Kopf finden, ist hier auf der unbewußten (mittleren) Ebene zu sehen. Das Auf und Ab erinnert an den ewigen Kreislauf des Schicksalsrades (X).

TRADITIONELLE DEUTUNG: Unehrlichkeit, gebrochene Zusagen, Bagatelle, Veränderung.

DEUTUNG WAITE: Spielerischer Umgang mit Problemen, Heiterkeit, Neuigkeiten, Notwendige Anstrengungen, um ins Gleichgewicht zu kommen.

BEI UMGEKEHRTER KARTE: Vorgetäuschte Freude, Briefwechsel, Unbeständigkeit, Wankelmut.

As der Münzen

Die strahlenumgebene Hand des Schöpfers hält eine Münze. Darunter wachsen auf einer Wiese Lilien, Symbole seelischer Reinheit. Über die Wiese führt ein goldener Weg zu einem Tor in der Rosenhecke, in dessen Hintergrund Berge zu sehen sind. Dies ist der goldene Weg zu höherer Erkenntnis.
Wie in jeder Serie steht das As für eine Chance, die in uns liegt und die genutzt werden sollte. Hier ist es sowohl die Chance, »sein Glück zu machen«, im Sinne eines finanziellen Vorteils, aber auch die tieferliegende Bedeutung des inneren Reichtums zu erkennen. Die erste Chance ist wohl ein Teilaspekt des Glücksrads (X), die letztere führt uns dagegen zur Bedeutungsfindung des Hohenpriesters (V).

TRADITIONELLE DEUTUNG: Das große Glück (in Liebe und Finanzen), Belohnung, tiefe Zufriedenheit, Harmonie, Gesundheit, Fruchtbarkeit.

BEI UMGEKEHRTER KARTE: Die üble Seite des Reichtums, geistige Armut.

KELCHE

Kelche – der Liebe und des Glücks

Der wasserbetonte Mensch
Sternzeichen: Krebs, Skorpion, Fische

Element: Wasser
Englisch: Cup
Spielkarten: Herz
Andere Namen: Pokale

Gefühle, Intuition, Wärme, Hilfsbereitschaft, Phantasie, Liebe, Sex, Heirat, Kinder, Beziehungen.

Das Element Wasser
Wasser ist das Element, das alles mit jedem verbindet, wo jede Bewegung sich bis ins Unendliche fortsetzt, wo alle Richtungen möglich sind, da keine festen Bezugspunkte eine klare Orientierung ermöglichen. Wasser kann von angsterregender oder faszinierender Tiefe sein, mal sanft und freundlich, mal alle Dämme mitreißend seine furchtbare, zerstörerische Seite zeigend. Wasser ist das Element, das am sensibelsten auf den Mond reagiert.

Auf die Ebene des Menschen übertragen entspricht es unserer Welt der Gefühle, der Sehnsüchte, Wünsche, Hoffnungen, Träume und Phantasien, eben all jenen Bereichen, die sich der Verstandeskontrolle (Luft) entziehen, die sich nicht eingrenzen lassen (Erde), aber auch nicht durch unseren Willen (Feuer) gesteuert werden können.

Ein wasserbetonter Mensch mag uns daher als ein Träumer, ein Phantast erscheinen, als ein weicher, stets nachgiebiger Mensch, der wie im Traum eine Vielzahl von »Ichgefühlen« annehmen kann, ohne sich jemals auf eine Form festzulegen.

Damit haben wir die Romantiker des Lebens vor uns, den phantasiebegabten Künstler, der aus der Fülle seiner Traumbilder stets neue Kunstwerke hervorzaubern kann, aber auch den einfühlsamen Zuhörer, den Therapeuten, der sich wie niemand sonst in die Situation anderer versetzen kann.

Es liegt nahe, daß sich die Schattenseite der starken Wasserbetonung ebenfalls aus diesem Umfeld ergibt:
Der Träumer und Illusionist, der sich nachhaltig weigert, der Realität ins Gesicht zu sehen, der es dafür mit seinem phantasievol-

len Verstand immer wieder versteht, die Wirklichkeit so umzudichten, wie er sie haben möchte, wie er sie am besten ertragen kann. Das Chamäleon, das kein eindeutiges Ichgefühl entwickelt, sondern statt dessen jede gewünschte Rolle spielen kann und diese für das wahre Ich hält. Ein Ichgefühl als Summe aller Fremderwartungen ist dabei häufig die Folge.

Die Denkweise des Wassermenschen ist überwiegend gefühlsbetont und häufig vom Wunschdenken geleitet. Aus der Sicht des nüchtern denkenden Luftmenschen haben wir es hier mit der krassesten Form der Unlogik zu tun, da die Gedankengänge des Wassermenschen für den Außenstehenden nicht nachvollziehbar sind. Er selbst mag es die intuitive Logik nennen, eine Welt, in der es keine zwingenden Schlußfolgerungen gibt, in der – wie im Traum – alle Aussagen möglich sind. Er ist es gewohnt, Zusammenhänge zu erraten oder zu erahnen, statt sie zu errechnen. Seine Art der Unterscheidung ist nicht das Kriterium »richtig/falsch« sondern »wahrscheinlich oder unwahrscheinlich« bzw. »angenehm und unangenehm«. Es liegt nahe, daß dieses unkonventionelle Denken häufig zu überraschenden, für die Allgemeinheit wertvollen Erkenntnissen führt, da es sich nicht an ehernen Gesetzmäßigkeiten aufhält, sondern Wege beschreitet, die andere Denker von vornherein als untauglich und aussichtslos verwerfen.

In der Liebe ist der Wassermensch romantisch und gefühlsbetont. Sehnsüchte, Leidenschaften, größte Hingabefähigkeit und das seelische miteinander Verschmelzen sind die Hauptmerkmale der Wasserbeziehungen. Dabei kann er wie kein anderer Beziehungen zu einem Partner über Tausende von Kilometern aufrechterhalten, solange er spürt, daß die Liebe zwischen beiden lebendig bleibt.

Wenn der Wassermensch sein Leben rückschauend betrachtet, stellt sich für ihn die Kernfrage: »Was habe ich gefühlt, was habe ich erlitten?«

Es wäre zu voreilig, aus dem Gesagten zu schließen, das Wasserelement sei schwach. Ein chinesischer Gelehrter des 11. Jahrhunderts sagt dazu:

»Von allen Elementen sollte der Weise sich das Wasser zum Lehrer wählen. Wasser gibt nach, aber erobert alles. Wasser löscht Feuer aus oder, wenn es geschlagen zu werden droht, flieht es als Dampf und formt sich neu. Wasser spült weiche Erde fort oder, wenn es auf Felsen trifft, sucht es einen Weg, sie zu umgehen. Es befeuchtet die Atmosphäre, so daß der Wind zur Ruhe kommt. Wasser gibt Hindernissen nach, doch seine Demut täuscht, denn keine Macht

kann verhindern, daß es seinem vorbestimmten Lauf zum Meere folgt. Wasser erobert durch Nachgeben; es greift nie an, aber gewinnt immer die letzte Schlacht.« *John Blofeld, Das Rad des Lebens*

König der Kelche

Sein Thron steht auf wogendem Wasser, dem Element, das er beherrscht. Das Zepter in seiner Linken, Zeichen seiner Herrschaft, ist ähnlich wie der Kelch nach oben geöffnet. Es zeigt seine Bereitschaft, sich für Erfahrungen, für Eindrücke, für Empfindungen zu öffnen, aber auch seine abwartende, eher passive Haltung. Um seinen Hals trägt er als Amulett einen Fisch, das Symbol seines Elements. Sein blaues Gewand steht für intuitive Kräfte, der goldene Umhang für seine edlen Ziele.

Der Thron, der ihn über das Wasser erhebt, zeigt, daß er nicht mehr den Wirren emotionaler Regungen, Wünschen und Sehnsüchten erliegt, sondern daß er den Bereich der unbewußten Kräfte sicher unter sich spürt. Der springende Fisch im Hintergrund versinnbildlicht die Lebendigkeit dieser Kräfte, die ihm nach wie vor zur Verfügung stehen.

Er ist der gefühlsbetonte König, der Romantiker, der sich von seiner vortrefflichen Intuition leiten läßt.

Andere Namen und Bilder, die die Deutung erleichtern:

Der König der Gefühle, der Intuition, der liebevolle, romantische König, der einfühlsame, hilfsbereite König, der Mystiker, der Samariter, Ludwig II.

QUALITÄT	Einfühlungsvermögen, Mitleid, Hilfsbereitschaft, Fürsorglichkeit, Weisheit, phantasievoll, medial, liebevoll, gütig.
SCHATTEN	Verführbarkeit, Falschheit, Haltlosigkeit, mangelndes Abgrenzungsvermögen, beeinflußbar, unaufrichtig.
TYPISCHE BERUFE	Arzt, Therapeut, Seelsorger, Künstler, Musiker, Filmemacher, Literat, Parapsychologe.

TRADITIONELLE DEUTUNG

Als Person: Reifer Mann: Wohlgesonnen, gefühlvoll, herzlich, warm, gutmütig, gefällig, künstlerisch, zärtlich, reif, großzügig, beeinflussend. Liebespartner, Helfer.

Als Ereignis: Gefälligkeit. Guter Rat.

BEI UMGEKEHRTER KARTE

Als Person: Beeinflußbarer Mann, unehrlich, doppelzüngig, boshaft, ungerecht, versponnen. Scharlatan.

Als Ereignis: Skandal, beträchtlicher Verlust.

Königin der Kelche

Ihr Thron steht auf der Erde, sie hat jedoch die Füße am bzw. im Wasser. Damit stellt sie die wichtige Verbindung zwischen Erde und Wasser her: Erde gibt dem Wasser Halt, Wasser macht die Erde fruchtbar. Der Thron ist mit Meerjungfrauen geschmückt, die ebenfalls die gleiche Verbindung darstellen. Ihr blaues Gewand zeigt ihre intuitiven Kräfte, mit Hilfe derer sie im Kelch Visionen erschaut. Die sakrale Form des Kelches mag ein Hinweis auf den heiligen Gral sein, der in den Themenkreis der Kelche gehört.

Andere Namen und Bilder, die die Deutung erleichtern:

Die Königin der Gefühle, die mediale Königin, die liebevolle, gütige Königin, die Künstlerin, das Medium, die Heilerin.

QUALITÄT

Hilfsbereitschaft, vortreffliche Intuition, Einfühlungsvermögen, Medialität, Weisheit, verträumt, romantisch.

SCHATTEN

Die Circe. Boshaftigkeit, Falschheit, Verführbarkeit, Unaufrichtigkeit, haltlos, chaotisch.

TYPISCHE BERUFE

siehe König der Kelche.

TRADITIONELLE DEUTUNG

Als Person: Gefühlvoll, empfindsam, liebevoll, gütig, hingebungsvoll, träumerisch, hilfsbereit, romantisch, großzügig, musisch. Reife Frau, Mutter, Hausfrau, vollkommene Gattin.

Als Ereignis: Erfolg, Glück, Freude, Weisheit.

BEI UMGEKEHRTER KARTE

Als Person: Nicht vertrauenswürdige, boshafte, falsche, launische Frau. Charmante Unruhestifterin. Luftschloßbauer.

Als Ereignis: Laster, Treulosigkeit.

Ritter der Kelche

Er reitet würdevoll ein weißes Pferd, so als wolle er zu einem feierlichen Anlaß den Kelch als Geschenk überreichen. Auf seiner Rüstung sind Fische, die Zeichen seines Elements, eingearbeitet. Die Flügel seines Helmes und die seiner Schuhe erinnern an Hermes, den geflügelten Götterboten. Sie dürfen aber auch so verstanden werden, daß ihn seine Aufgabe, sein Vorhaben beflügelt. Diese Karte wird häufig als »der Liebende« gedeutet.

DEUTUNGSVORSCHLAG

Wenn wir die Ritter als die Stimmung oder Atmosphäre verstehen, in der etwas geschieht, so steht der Kelchritter für die gefühlsbetonte, verliebte, Atmosphäre und für die angenehme, harmonische Stimmung und gute Laune.

SCHATTEN

Eine Laune, in der man sich hinreißen, verführen oder überreden läßt, gegen seine Vorsätze zu verstoßen, in der man Illusionen aufsitzt oder sich in eine Traumwelt flüchtet. Eine Atmosphäre der Falschheit.

TRADITIONELLE DEUTUNG

Als Person: Junger Mann: Einfühlsam, herzlich, treu, zärtlich. Der Herzensritter, treue Freund oder (heimliche) Geliebte. Minnesänger.

Als Ereignis: Anregung, Vorschlag, Einladung, Fortschritt, neue Liebe.

BEI UMGEKEHRTER KARTE

Als Person: Versucher, Verführer, Gauner, der das Blaue vom Himmel lügt.

Als Ereignis: Schwindelei, Zweideutigkeit, Betrug, List, Unregelmäßigkeit.

Bube der Kelche

Der Kelchbube hat leicht feminine Züge, die der seelischen Weichheit des Wasserelementes entsprechen. Aus seinem Kelch schaut ihn ein Fisch an, Symbol der geheimnisvollen Tiefe unserer Gefühls- und Traumwelt.

DEUTUNGS-VORSCHLAG	Der Kelchbube bringt eine Chance, die unser Gefühl anspricht, ein liebevolles Angebot, die Chance sich zu verlieben, ein Friedensangebot.
SCHATTEN	Das vermeintlich liebevolle Angebot ist eine Täuschung, eine Seifenblase.
TRADITIONELLE DEUTUNG	Als Person: Künstlerin, junge Frau, Kind. Gefühlsbetont, empfindsam, schüchtern, still, leidenschaftlich, spontan, heiter, hilfsbereit. Als Ereignis: Neuigkeiten, Meditation, eher unglückliche Liebe, seine Begabungen entfalten.
BEI UMGEKEHRTER KARTE	Als Person: wie oben, aber eher zu sensibel, träge. Als Ereignis: Verführung, Täuschung, List, Fehler (im Liebesbereich), Hindernisse.

Zehn der Kelche

Die 10 Kelche erscheinen in einem Regenbogen, dem Zeichen der Versöhnung Gottes. Während die tanzenden Kinder dieses Bild nicht wahrnehmen, aber gleichfalls aus ihrer Unschuld heraus glücklich sind, nimmt das Paar dieses Ereignis voll Freude auf. Das Thema der Liebe und der Harmonie, das diese Karte ausdrückt, stellt eine Verbindung dar zu den Liebenden (VI) und der Mäßigkeit (XIV).

TRADITIONELLE DEUTUNG
Wichtige Freundschaft, Liebe, zu Hause sein, Zufriedenheit, tiefe Freude, Harmonie, Errettung.

BEI UMGEKEHRTER KARTE
Verdruß, Gewalt, Streitigkeiten, Heuchelei.

Neun der Kelche

Die Darstellung ist etwas verwirrend, da man zunächst wohl vermutet, der Mann säße vor einem Vorhang, über dem die Kelche stehen und hinter dem sich etwas Geheimnisvolles verbirgt. Laut Waite handelt es sich jedoch um einen Tisch, und die Kelche sind voll köstlicher Weine. Der gute Mann hat nach Herzenslust gefeiert. Damit steht die Karte für eine Zeit des Genießens und der Freude und hat damit einen Bezug zur Welt (XXI).

TRADITIONELLE DEUTUNG
Fröhlichkeit, eine gute Zeit, häusliches Glück, Genugtuung, Zuversicht, Schwangerschaft, Lohn der Mühe, Gesundheit.

BEI UMGEKEHRTER KARTE
Treue, Freiheit, Unvollkommenheit, Selbstgefälligkeit, Gewichtszunahme.

Acht der Kelche

Die rote Kleidung des Mannes läßt darauf schließen, daß es sich hier um einen bewußten Aufbruch handelt, daß er aus eigenem Entschluß heraus geht und dabei etwas ihm Wertvolles und Vertrautes zurückläßt. Der Mond zeigt, daß es ein Aufbruch ins Ungewisse ist. Die abnehmende Sichel deutet die Angst an, die den Wanderer begleitet. Wenn diese Karte das Ende einer Beziehung anzeigt, so ist deutlich darauf hingewiesen, daß der Fragende selbst geht, nicht etwa verlassen wird. Es ist allerdings ein Aufbruch schweren Herzens. Die Seite der Angst und Verunsicherung hat einen Bezug zum Mond (XVIII), der Aufbruch, wenn auch in höchst unterschiedlicher Stimmung, findet sich im Wagen (VII).

TRADITIONELLE DEUTUNG
Verlust, schmerzhafte Enttäuschung, Quälerei, Trennung, unerwiderte Liebe, Melancholie, Schwermut, Verzicht. Eine unbedeutende, vermeintlich wichtige Sache scheitert.

BEI UMGEKEHRTER KARTE
Große Freude, Glück bzw. die Suche danach.

Sieben der Kelche

Ein schwarzer Mann zaubert Kelche oder hat die Vision von Kelchen mit eigenartigem Inhalt: ein Frauenkopf (Astrales Licht und geistiges Leben), eine strahlenumgebene Gestalt unter einem Tuch verborgen (das verborgene Selbst), eine Schlange (Energie und Kraft), eine Burg (Schutz und Rettung), Gold und Edelsteine (die Seele), ein Lorbeerkranz auf einem Kelch mit einem Totenschädel (Sieg) und ein Ungeheuer (Aggressivität und Kampf). Vision oder Illusion sind die beiden möglichen Deutungen, womit die Karte entweder der Hohenpriesterin (II) oder dem Mond (XVIII) entspricht. Häufig zeigt sie tatsächlich nur eine Fata Morgana.

TRADI-
TIONELLE
DEUTUNG

Unbewußt helfende Kräfte, erwiderte Liebe, Glück.

DEUTUNG
WAITE

Vision, wahrscheinlich aber Illusion, Phantasie, Feingefühl, unerwartete Hilfe, jedoch nichts von Dauer. Konzentriere Dich auf ein Ziel, um Erfolg zu haben.

BEI UMGE-
KEHRTER
KARTE

Sehnsucht, Wirklichkeitsflucht, Rausch, Wille.

Sechs der Kelche

Waite beschreibt dieses Motiv als »Kinder in einem alten Garten«. Es ist eine märchenhafte Atmosphäre, die Bilder und Träume unserer Vergangenheit wachwerden läßt. Sie verweist auf die Tage unserer Kindheit oder auf andere Zeiten, in denen »alles ganz einfach« war. Insofern hat sie auch einen etwas nostalgischen Charakter. Die Blumen, die aus den Kelchen wachsen, zeigen die Schönheit, die aus dem fruchtbaren Boden der Liebe erwächst. Das Thema der unbekümmerten, kindlichen Lebensfreude und Sorglosigkeit hat seine Entsprechung in der Sonne (XIX).

TRADI-
TIONELLE
DEUTUNG

Trauriges Zurückblicken oder Zurückbleiben, sich in der Vergangenheit verlieren, endgültige Trennung.

DEUTUNG
WAITE

Nostalgie, Freude der Erinnerung, unschuldige Liebe, sich einer schönen Zeit erinnern.

BEI UMGE-
KEHRTER
KARTE

Traditionell: Erbschaft, in alte Verhaltensweisen zurückfallen.

Waite: Erneuerung.

Fünf der Kelche

Die schwarzgekleidete Gestalt schaut kummervoll auf die drei umgeworfenen Kelche, ohne die beiden Kelche wahrzunehmen, die hinter ihr stehen. Es ist der Kummer über etwas Zerbrochenes, das Niederdrückende der Verlassenheit, wobei die Nähe helfender Freunde (die 2 stehenden Kelche) oft nicht richtig wahrgenommen wird. Der Fluß zeigt den fließenden Strom der Ereignisse, der einerseits notwendigerweise solche Erfahrungen mit sich bringt, andererseits aber auch dafür sorgt, daß diese Phasen des Leids vorübergehen. Die Brücke und die schützende Burg im Hintergrund deuten auf einen Ausweg aus dieser Lage hin. Die schwarze Trennungslinie aber scheint seelischer Natur zu sein, da sie nicht zum Landschaftsbild gehört. Es ist die Agonie, mit der wir im Kummer verhaftet bleiben, statt den befreienden Schritt hinaus zu wagen. Das Thema der Verlassenheit entspricht der bedrückenden Seite des Eremiten (IX). Der ständige Fluß der Ereignisse, der diese Erfahrungen mit sich bringt, hat seine Entsprechung im Schicksalsrad (X). Das Gefühl, sich aus der Situation nicht befreien zu können, ist ein Aspekt des Gehängten (XII).

TRADITIONELLE DEUTUNG — Trennung und Tränen, Schmerz und Reue, Eifersucht, Erbschaft, übles Gerede, Verlust, Verzweiflung, Enttäuschung, Bitterkeit.

BEI UMGEKEHRTER KARTE — Neuigkeiten, neue Verbindungen, trügerische Pläne.

Vier der Kelche

Wünsche und Leidenschaften sterben an ihrer Erfüllung. Bei keinem anderen Element tritt so schnell Verdruß oder Überdruß ein, wie auf der Ebene des Wassers, des Gefühls. Die Vier, an sich die Zahl der stabilen Ebene, ist für das Seelenleben etwas Unangenehmes. So schaut der Mann mißmutig auf die vor ihm stehenden Kelche und ist von seinem Verdruß derart erfüllt, daß er den Kelch, die Chance nicht sieht, die ihm von uner-

warteter Seite geboten wird. Die Langeweile ist ein Gegenthema zur Kraft (XI), der Mißmut der Gegenpol zur Harmonie der Mäßigkeit (XIV).

TRADITIONELLE DEUTUNG

Abstieg, stabile Verhältnisse, Zufriedenheit, Ernüchterung, Erstarrung, Selbstgefälligkeit, Chancen vergeben.

DEUTUNG WAITE

Überdruß, Widerwille, Abneigung, gemischte Freude, auf seinen Lorbeeren ausruhen, eine greifbar nahe Lösung nicht sehen oder nicht annehmen, eingebildete Sorgen.

BEI UMGEKEHRTER KARTE

Neuigkeiten, neue Beziehungen, Gelegenheit verpassen.

Drei der Kelche

Die drei tanzenden Frauen werden gelegentlich mit den drei Nornen, den Schicksalsgöttinnen der Germanen, in Verbindung gebracht oder den drei Grazien, die der Ausdruck der dreifältigen Liebesgöttin Aphrodite sind. Die Blumen und Früchte, mit denen sie geschmückt sind und die um sie herum liegen, zeigen den Tanz zum Erntedank. So steht diese Karte auch für den freudvollen, erfolgreichen Abschluß einer Angelegenheit und hat damit eine mit der Welt (XXI) vergleichbare Stimmung und Thematik.

TRADITIONELLE DEUTUNG

Glück (in der Liebe), Freude, Harmonie. Hülle und Fülle, Wonne, Genesung, Großzügigkeit, Happy End.

BEI UMGEKEHRTER KARTE

Übermaß an Genuß, Ende, Begierde.

Zwei der Kelche

Diese Karte die für »Liebe« und »sich verlieben« steht, zeigt die Kraft, die in dieser Begegnung liegt. Der Caduceus, der Heroldstab des Hermes, um den sich zwei Schlangen winden, ist das Symbol der erwachten Schlangenkraft, der kosmischen Energie Kundalini. Der Löwenkopf darüber zeigt die Leidenschaft, die sexuelle Energie, die beide beflügelt. Die Liebesthematik entspricht den Liebenden (VI), die erwachte Leidenschaft ist ein Thema der Kraft (XI).

TRADITIONELLE DEUTUNG: Feindseligkeit, üble Nachrede, Trennung oder Begegnung.

DEUTUNG WAITE: Liebe, sich verlieben, Freundschaft, Vereinigung, Leidenschaft.

BEI UMGEKEHRTER KARTE: Leidenschaftlichkeiten, Desillusionierung, Trennung, Interessenkonflikt.

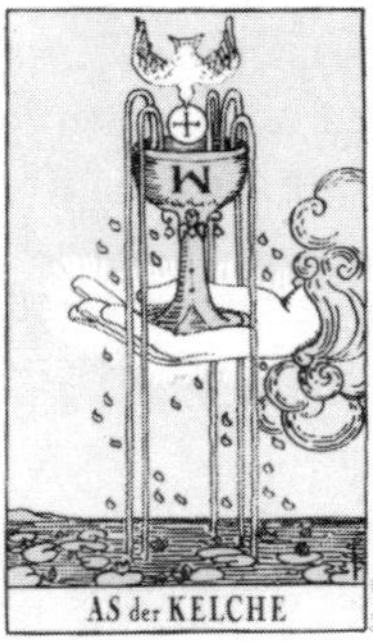

As der Kelche

Die strahlenumgebene Hand des Schöpfers reicht den Kelch (die Annahme des Blutes Christi), darauf die Taube (der Heilige Geist), die eine Hostie mit einem Kreuz (dem Leib Christi) in den Kelch legt. Obwohl insgesamt 5 Ströme aus dem Kelch fließen, spricht Waite nur von 4, die dann den 4 Paradiesströmen entsprechen. Vom Kelch fällt Tau (Göttliche Gnade) in das Wasser herab. Die 26 Tautropfen können für den Zahlenwert des göttlichen Namens JHVH stehen (Jod = 10, He = 5, Vau = 6, He = 5). Im Wasser wachsen Wasserlilien, Symbol seelischer Reinheit. Das W auf dem Kelch steht wohl für Waite. Die Darstellung zeigt uns den Heiligen Gral, das Insignium der Kelten, das Geheimnis der Kraft, mit der König Artus sein Reich zusammenhielt. Als Artus seinen Schwur, den er auf den alten Glauben geleistet hatte, brach, verschwand der Gral und sein Reich fiel auseinander. Die christliche Tradition hat dieses Thema aufgegriffen. Der Kelch ist das Symbol göttlicher Gnade, Barmherzigkeit

und Vergebung. Die Suche nach dem Gral ist der Inbegriff der Suche nach göttlicher Erleuchtung, nach Erlösung aus unserer Zerrissenheit und damit nach dem Zustand begnadeter, tiefer innerer Ruhe, Harmonie und Geborgenheit. Diese höchste Glückskarte der Kleinen Arkana hat Entsprechungen zu fast allen Trümpfen der Großen Arkana, so daß sich eine Auflistung erübrigt.

TRADITIONELLE DEUTUNG	Große Liebe, tiefes Glück, Harmonie, Überfluß, Freude, Schönheit, Zufriedenheit, Fruchtbarkeit.
BEI UMGEKEHRTER KARTE	Verletztheit, Falschheit, Unbeständigkeit.

3
LEGESYSTEME

Das Mischen und Legen der Karten

Bei den folgenden Legesystemen habe ich auch die verschiedensten Mischregeln vorgestellt. Es kann sowohl vom Deuter wie vom Frager gemischt und abgehoben werden. Die Karten können dann entweder »von oben« oder »von unten« einzeln vom Kartenstoß genommen und ausgelegt werden oder aber von Frager oder Deuter mit der linken Hand einzeln aus den verdeckten, fächerartig ausgebreiteten Karten gezogen werden. Ich bevorzuge diese letztere Methode.

Das Legen der Karten für sich selbst

Selbstverständlich kann man sich die Karten auch selber legen. Die größten Schwierigkeiten hierbei sind allerdings die eigene Befangenheit, die eigenen Wunschvorstellungen, die mit der Frage einhergehen oder die innere Erregtheit, aus der heraus die Frage gestellt wird. Um diese Störfaktoren weitgehend auszuschalten, gibt es einige Hilfsmittel, die natürlich auch hilfreich sind, wenn man Karten für andere legt.

Wenn du in einer angespannten, nervösen oder verzweifelten Verfassung bist und natürlich gerade jetzt wissen möchtest, wie die Angelegenheit, die dich in diesen Zustand gebracht hat, weitergeht, ist es wirklich das Beste, wenn du dir die Karten von einem Freund legen läßt. Sollte das nicht möglich sein, dann mach zunächst dir gemäße Entspannungsübungen wie Yoga oder Meditation, die dich in einen Zustand innerer Gelöstheit bringen. Wenn du deine Frage in aller Gelassenheit und ohne festverknüpfte Erwartungen stellen kannst, zieh aus den fächerartig ausgebreiteten Karten die für das Legesystem notwendige Anzahl und lege diese zunächst verdeckt (!) an ihre Plätze. Erst wenn alle Karten ausgelegt sind, wende eine nach der anderen um und schau dir Karte für Karte an und ermittle dann die Quintessenz. Halte dich dabei strikt an die Bedeutungsvorgaben der Karten und der Plätze innerhalb des von dir gewählten Legesystems. Versuch keine eindeutige Aussage zu erzwingen. Gerade in chaotischen Situationen »verweigern« die Karten oft eine klare Aussage über den Trendverlauf. In solchen Fällen ist es besser, es nach einer längeren Pause noch einmal zu versuchen.

Die Quintessenz

Bei jedem Spiel läßt sich ergänzend noch eine interessante Betrachtung durch die Ermittlung der Quintessenz machen. Bilde dazu aus allen Zahlen der ausgelegten Karten die Quersumme bis eine einstellige Zahl entsteht. Dabei zählt der Zahlenwert, der auf der Karte steht. As zählt als 1, die Hofkarten (König, Königin, Ritter, Bube) zählen nicht. Die Korrektur von Arthur E. Waite mache ich dabei rückgängig und zähle »Die Kraft« mit 11 und »Die Gerechtigkeit« mit 8.

Diese Quersumme ist nun die Quintessenz, was heißen soll: Die entsprechende Karte der Haupttrümpfe 1–9 (Magier bis Eremit) zeigt die Art, wie du unmittelbar mit diesem Thema umgehen kannst.

I – Der Weg des Einflusses und der Kraft
Du hast die Kraft, das Thema aktiv zu meistern und große Möglichkeiten, den Verlauf wesentlich zu beeinflussen. Nutze sie, aber vermeide üble Tricks.

II – Der Weg der Liebe, Geduld, Erwartung, Bereitschaft und der intuitiven Erkenntnis
Warte ab, bis die Dinge reif sind. Sei geduldig und halte dich bereit; deine Intuition wird dir den richtigen Zeitpunkt des Handelns anzeigen. Aber verlier dich nicht in Träumereien und laß dich nicht von Zweifeln zermürben.

III – Der Weg der Geburt des Neuen und des Wachstums
Bring das Neue ans Licht und laß es gedeihen, d. h., schaff eine neue Situation, verhilf einer neuen Erkenntnis oder Betrachtungsweise zum Leben. Sei kreativ. Sei auch bereit, die Schmerzen der Geburt zu ertragen. Aber verzettele dich nicht und meide das Chaos.

IV – Der Weg der Ordnung, Klarheit und Realität
Betrachte deine Situation realistisch. Räum auf. Schaff klare Verhältnisse. Verwirkliche deine Ideen. Verwirkliche dich selbst. Aber werde dabei kein Perfektionist und vermeide Erstarrung.

V – Der Weg der geistigen Erkenntnis
Suche nach der tieferen Bedeutung deiner Situation. Suche nach den tieferen Gemeinsamkeiten der Dinge, die nur oberflächlich unver-

einbar erscheinen. Sei offen für gutgemeinte Ratschläge. Hab Vertrauen: Der Hohepriester ist eine Schutzkarte, die den Verlauf der Dinge positiv beeinflußt. Vermeide Heuchelei und Scheinheiligkeit.

VI – Der Weg der Liebe und der Entscheidung
Bekenne dich kompromißlos zu deinem Partner, deiner Aufgabe, deinem Weg. Laß alle Vorbehalte fallen und nimm den anderen bzw. die Situation an, wie er/sie ist und steh zu ihm/ihr. Laß dich nicht zu Haß oder Eifersucht verleiten, aber vermeide auch Selbstaufgabe.

VII – Der Weg des zuversichtlichen Aufbruchs
Geh siegesbewußt an die Lösung deiner Aufgabe. Fang sofort an. Du hast die Kraft und das Geschick, die Situation zu meistern und die Fähigkeit, Widersprüchlichkeiten und Konflikte zu überwinden. Aber vermeide Größenwahn.

VIII – Der Weg der Fairneß und der Objektivität
Verschaffe dir ein möglichst unvoreingenommenes Bild der Situation. Dann wäge nüchtern und bedacht ab, was zu tun ist. Bleibe fair. Achte darauf, daß alle Beteiligten (auch du selbst) zu ihrem Recht kommen. Vermeide Vorurteile, Einseitigkeiten und Selbstgerechtigkeit.

IX – Der Weg der Besinnung und der Askese
Zieh dich zurück. Geh in dich. Nimm dir die Zeit, die du brauchst, um herauszukristallisieren, was für dich wichtig ist. Laß dich nicht von Äußerlichkeiten beeindrucken oder ablenken. Konzentriere dich auf ein Ziel. Vermeide Gram, Bitterkeit und die Angst vor dem Neuen.

Die drei Wege

Eine andere Art abschließender Betrachtung ist die Ermittlung eines Weges anhand der gezogenen Großen Arkana. Betrachte dazu nur die Trumpfkarten, die ausgelegt sind, und schau, in welchen Dreierrhythmus sie gehören:

I = 1 – 4 – 7 – 10 – 13 – 16 – 19
II = 2 – 5 – 8 – 11 – 14 – 17 – 20
III = 3 – 6 – 9 – 12 – 15 – 18 – 21

Der Weg, der zu gehen ist, wird durch die Mehrheit der Trümpfe in einer dieser Reihen angezeigt. Es ist

I = Der Weg der Tat, der Kraft, des Impulses.
II = Der Weg der Liebe, des Erwartens, der Geduld.
III = Der Weg der Erkenntnis, des Auswertens, des Neuen, dem häufig jedoch zunächst die Erfahrung des Leidens vorangeht.

Crowley nennt sie:

I = Der Osiris-Weg.
II = Der Isis-Weg.
III = Der Horus-Weg.

Die Drei Wege

I = Der Weg der Tat, der Kraft und des Impulses

II = Der Weg der Liebe, der Erwartung und Geduld

III = Der Weg der Erkenntnis, des Auswertens und des Neuen

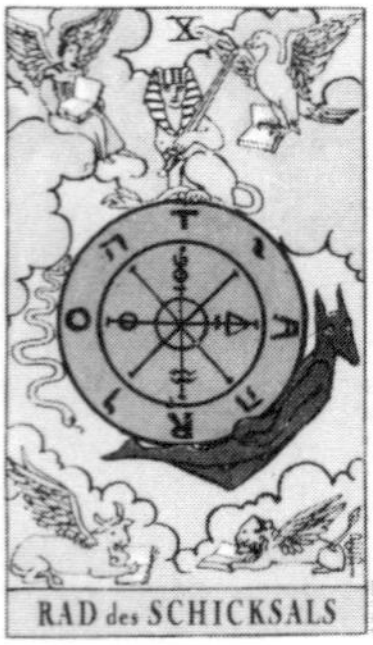
X
RAD des SCHICKSALS

XIII
TOD

XVI
Der TURM

XIX
Die SONNE

XI
GERECHTIGKEIT

XIV
MÄSSIGKEIT

XVII
Der STERN

XX
GERICHT

XII
Der GEHÄNGTE

XV
Der TEUFEL

XVIII
Der MOND

XXI
Die WELT

LEGESYSTEME

1. Das Keltische Kreuz

Universell verwendbar, insbesondere aber zur Fragestellung nach einem Trendverlauf (Beziehung, Beruf, Plan, Tagesablauf etc.). Mischen: Der Deuter mischt die Karten dreimal und hebt dreimal ab. Die Karten werden dann von oben nacheinander aufgedeckt: Dabei wird die Karte 2 quer auf die Karte 1 gelegt.

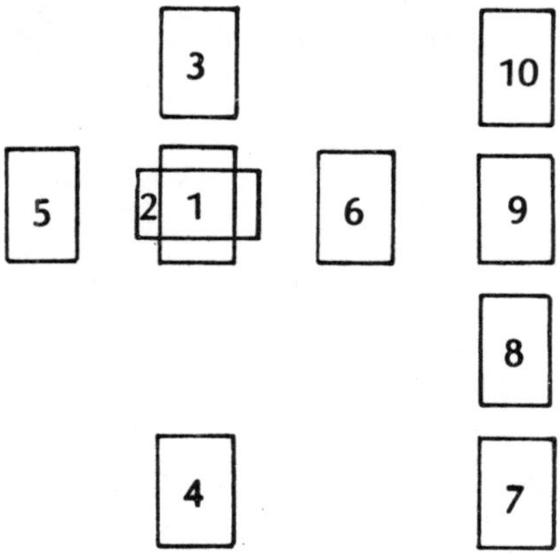

Deutung (»es« ist dabei das gefragte Thema):

1 = Das umhüllt / umgibt es.
2 = Das kreuzt es.
3 = Das krönt es.
4 = Das liegt darunter.
5 = Das liegt dahinter.
6 = Das liegt davor.
7 = Das ist der Frager.
8 = Dort findet es statt.
9 = Das sind die Hoffnungen und Ängste.
10 = Das wird kommen.

Oder

1 = Ausgangssituation.
2 = Hinzukommende Situation – störend oder harmonisch ergänzend.
3 = Bewußte Thematik – rationale Seite – Ziel.
4 = Unbewußte Thematik – emotionale Seite – Fundament.

5 = Hintergrund – das ist bereits geschehen, das hat zum Thema geführt.
6 = Vordergrund – das kommt in Kürze.
7 = Der Frager/die Person um die es geht (Einstellung zum Thema).
8 = Ort der Handlung, Einflüsse aus nächster Umgebung.
9 = Hoffnungen und Ängste, die das Thema begleiten.
10 = Letztendliches Ergebnis, Höhepunkt.

2. *Das Kreuz*

Hier wird keine bestimmte Frage gestellt.
Es wird nur mit den 22 Trümpfen gespielt!
Mischen: Der Deuter mischt die Karten so lange, bis der Frager »Stop« sagt. Er überläßt es dem Frager, ob und wie oft abgehoben werden soll, und ob er die Karten »von oben« oder »von unten« ziehen soll. Sie werden dann einzeln offen ausgelegt:

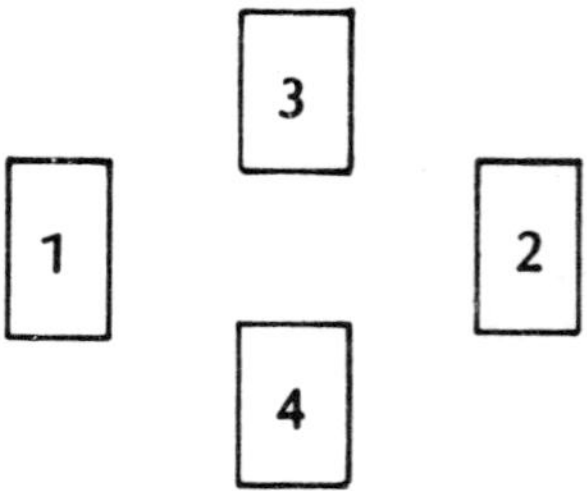

Deutung:

1 = Das ist Dein Thema.
2 = Das sollst Du nicht tun.
3 = Das ist der Weg.
4 = Dahin führt er.

oder

1 = Das bist Du.
2 = Das fordert Dich heraus.
3 = So reagierst Du.
4 = So kommt es.

3. Zauberspruch der Zigeuner

Bei unklarer Fragestellung.

Mischen wie bei 1. Auslegen der Karten offen aber einzeln wobei der folgende Zauberspruch gemurmelt wird:

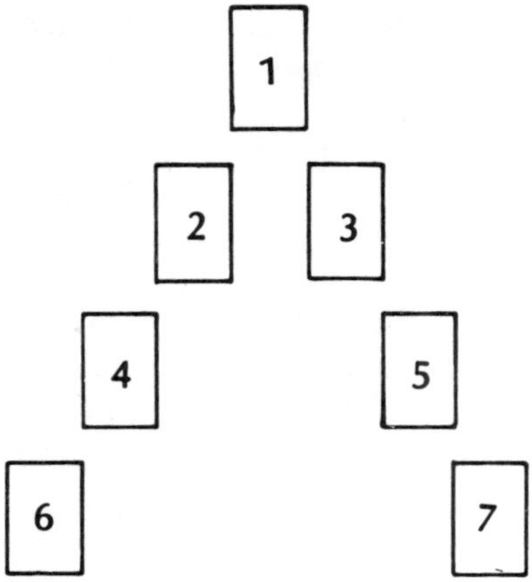

1 = Dein Ich.
2 = Was Dich deckt.
3 = Was Dich schreckt.
4 = Was Dich treibt.
5 = Was Dir bleibt.
6 = Was Dir die Zukunft bringt.
7 = Was Dich zu Boden zwingt.

Mir scheint, daß diese Worte eher dem Reim zuliebe gewählt wurden, als daß bei 3 tatsächlich der Schrecken und bei 7 die Niederlage kommen muß. Ich betrachte 1 als das Ich, 2, 4, 6 als das nach außen gezeigte Wesen und 3, 5, 7 als die Ebene, die dahinterliegt.

4. Der Kreis (Astrologisches Häuser-/Feldersystem)

Bei umfassender Befragung der verschiedensten Lebensbereiche des Fragenden. Derzeitige Situation, Monats-, Jahresvoraussage.

Mischen: Der Frager (!) mischt die Karten und legt sie selbst aus. Es bleibt ihm überlassen, sie von oben, von unten oder auch einzeln aus dem Stoß zu ziehen. Zunächst werden 12 Karten ausgelegt und gedeutet. Danach kann der Frager entweder eine 2. Serie von 12

Karten auslegen (*) oder aber einzeln Karten an die Karten anlegen, deren Thema ihn bei der ersten Deutung am meisten interessierte. Nach dieser ergänzenden Deutung kann noch ein 3. Durchgang ganz oder teilweise erfolgen. Dabei sollte man es aber dann belassen, da ansonsten leicht die Neigung entsteht, so lange Karten anzulegen, bis einem die Aussage behagt:

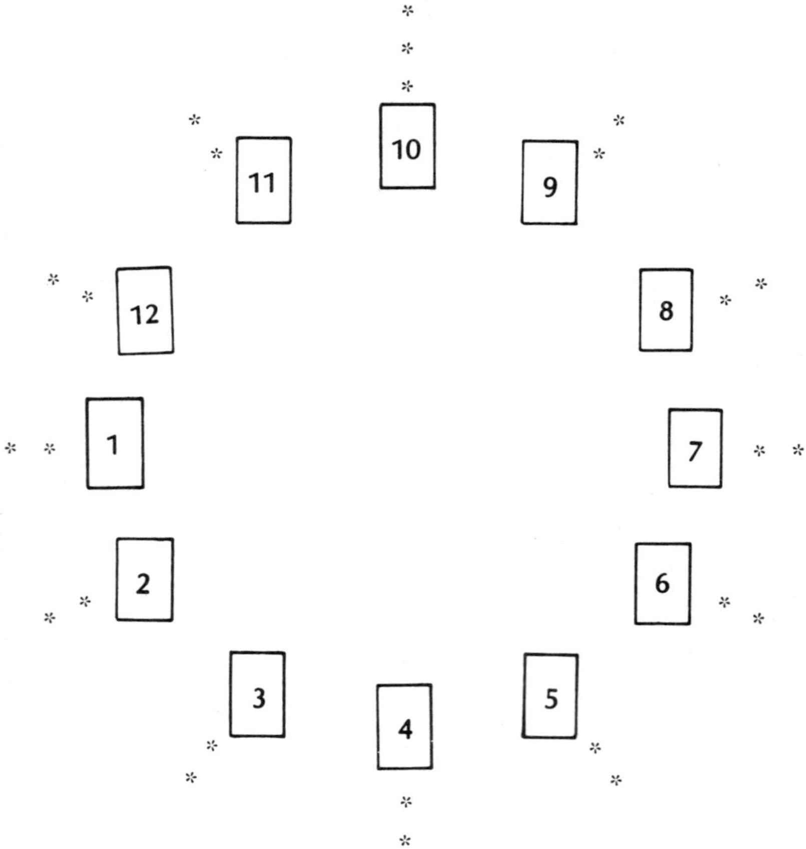

Deutung:

Um die Aussagefähigkeit der Karten zu erhalten, erscheint es sinnvoll und zulässig, das hochdifferenzierte astrologische Deutungssystem auf markante Erfahrungsbereiche zu reduzieren. Andernfalls wird man leicht in der Tiefgründigkeit vor allem der okkulten Felder VIII und XII verlorengehen. Das 8. Feld deute ich ohnehin kaum aus, sondern mache stattdessen 2–3 Deutungsvorschläge, aus denen der Frager dann üblicherweise die für ihn zutreffende Aussage erkennt.

Über die nachstehenden Stichworte kommt man normalerweise recht gut zu den Bedeutungen der Karten:

Schlüsselwörter:

1	=	Ich bin	Grundstimmung/Auftreten
2	=	Ich besitze	Vermögen/Talente
3	=	Ich denke	Alltag/Lernen
4	=	Ich bin geborgen	Zuhause/Herkunft
5	=	Ich mag, ich spiele	Amouren/Spiele
6	=	Ich arbeite	Arbeitsplatz/Soziales Verhalten
7	=	Ich liebe	Beziehung/Ehe
8	=	Ich ergründe	Sexualität/Tabus
9	=	Ich glaube	Sinnsuche/Überzeugung/Reisen
10	=	Ich erstrebe	Karriere/Anerkennung
11	=	Meine Freunde	Freunde/Gruppen
12	=	Ich ersehne	Sehnsucht/Erlösung/Geheimnisse

Wer es liebt, mehr in Bildern zu denken, kann sich den Kreis als eine Schloßanlage vorstellen, wobei die einzelnen Felder für die verschiedenen Bereiche, Gemächer, Einrichtungen stehen:

1	=	Außenansicht/Eingangstor
2	=	Schatzkammer/Kosmetiksalon
3	=	Schule/Straße/Marktplatz
4	=	(Eltern)haus/Ahnengalerie
5	=	Spielwiese/Kasino/Lustwiese
6	=	Arbeitsräume/Pflegestation
7	=	Ehegemächer
8	=	Keller/Friedhof
9	=	Kathedrale/Universität/Kanzel/Reisebüro
10	=	Der weit sichtbare Turm/Ruhmeshalle
11	=	Gastzimmer/Gesellschaftsräume
12	=	Einsiedelei/Gefängnis

Wer tiefer gehen möchte, sollte sich mit dieser ausführlicheren Aufgliederung auseinandersetzen:

Feld I

Das Ichgefühl, die Grundstimmung, das Auftreten, die Art und Weise, auf andere zuzugehen bzw. Aufgaben zu beginnen. Der erste Eindruck, den andere gewinnen. Selbstbehauptung, Selbstdarstellung und Durchsetzungskraft. Die Ausgangslage.

Das Ichgefühl im Gegensatz zur Du-Erfahrung in Feld VII.

Feld I zu Feld VII = die Ich-Du-Achse oder die Begegnungsachse.

Feld II
Das Vermögen im doppelten Sinne von Haben und Können. Somit die wirtschaftlichen Verhältnisse, Existenzsicherung, Erwerbsquellen, Umgang mit Geld, Steuern und Schulden, aber auch die Talente, der geistige Besitz, Zufriedenheit und Eitelkeit.
Die diesseitigen Werte im Gegensatz zum transzendenten Feld VIII.
Feld II zu Feld VIII = die Wert-Achse.

Feld III
Der gesunde Menschenverstand, der praktische Alltag, Kommunikation im Sinne von lernen, reden, vortragen, Gedankenaustausch, Briefwechsel, Nachrichtenübermittlung, Journalismus, aber auch Handel, insbesondere Maklertätigkeit, sowie Geschäftsreisen und kurze Reisen im Gegensatz zu Urlaub und langen Reisen in Feld IX.
Das alltägliche Denken und die Zeitungswahrheit (die nur einen Tag gültig ist) im Gegensatz zum höheren Denken und der Überzeugung in Feld IX.
Feld III zu Feld IX = die Denk-Achse.

Feld IV
Das Zuhause. (Wo immer man sich zu Hause fühlt: im eigenen Heim oder noch im Elternhaus.) Die Geborgenheit, die Heimat, die familiären Wurzeln, der Lebensabend.
Das Woher im Gegensatz zum Wohin in Feld X.
Feld IV zu Feld X = die Entwicklungsachse.

Feld V
Die Kreativität. Alles, was Spaß macht, was wir lieben. Alles spielerische, Umgang mit Kindern, Liebhabereien, Glücksspiel, Vergnügungen. Das Spiel der Liebe, Flirts, kleinere Amouren. Die bildende Kunst.
Die Selbstdarstellung im Gegensatz zur Eingliederung in eine Gruppe in Feld XI.
Feld V zu Feld XI = die Ich-Wir-Achse.

Feld VI
Die soziale Integration. Der Arbeitsplatz, die Arbeitsmethodik, Umgang mit Kollegen und Vorgesetzten. Verhalten zur eigenen und zu anderen sozialen Schichten, Kastendenken, Standesbewußtsein. Eigene Krankheiten und Invalidität. Krankenpflege.
Die Selbsteingliederung im Gegensatz zum Selbstopfer in Feld XII.
Feld VI zu Feld XII = die soziale Achse.

Feld VII
Die Partnerschaft, Ehe, wichtige längere Verbindungen und Beziehungen. Scheidungen, Trennungen. Auch berufliche Partnerschaften. Offene Feindschaften.
Das »Anpassungsopfer« im Gegensatz zur uneingeschränkten Ichentfaltung in Feld I.

Feld VIII
Das Lebenshintergründige. Die archaischen Urkräfte, übernatürliche Kräfte und deren Nutzung, Heilkräfte und Schamanismus. Okkulte Fähigkeiten und Erfahrungen. Alle Tabus und deren Überschreitung. Die tiefsten Erfahrungen der Sexualität. Das Stirb und Werde, Tod und Geburt. Das Bild des Todes (Todessehnsucht, Todesangst etc.). Weiße und schwarze Magie. Sexualmagie. Erbschaften.
Das okkulte Vermögen im Gegensatz zum konkreten Vermögen in Feld II.

Feld IX
Das höhere Denken. Die Erweiterung der Horizonte durch innere oder äußere Reisen. Der Urlaub oder die innere Pilgerfahrt. Das Weltbild, der Glaube und die sich daraus ergebenden moralischen Werte und Glaubensgrundsätze, das Gottesbild die guten Vorsätze, Sinnsuche, ethische Wertvorstellungen, das Gerechtigkeitsempfinden. dogmatische, liberale, konservative, fortschrittliche usw. Denkweisen.
Die Überzeugungen, das Engagement im Gegensatz zur nüchternen und sachlichen Information und Betrachtung in Feld III.

Feld X
Der Lebenserfolg. Öffentliche Anerkennung und öffentliches Auftreten, die Karriere, berufliche und gesellschaftliche Ziele und deren Verwirklichung. Popularität. Lebensziele und deren Verwirklichung. Der Lebenshöhepunkt.
Die Krone des Baumes im Gegensatz zu seinen Wurzeln in Feld IV, somit die Verwirklichung und die Gestaltung der ererbten Fähigkeiten und Möglichkeiten.

Feld XI
Die Freundschaften und Freundschaftsideale. Alle Wahlverwandtschaften und Gruppenerlebnisse. Die Gastfreundschaft. Eintreten für Menschlichkeit und Ideale der Humanität. Das Weltbürgertum.
Der Gemeinschaftsgeist im Gegensatz zur Ich-Dominanz in Feld V.

Feld XII
Die geheimen Sehnsüchte und Ängste. Übersinnliche und mystische Erfahrungen, aber auch Realitätsflucht und Drogenmißbrauch, aus dem Verlangen, dem »Körpergefängnis« zu entfliehen. Freiwillige und erzwungene Isolation: Klöster, Krankenhäuser, Gefängnisse. Heimliche Feinde.
Das Verborgene und Unerklärliche im Gegensatz zum Überschaubaren und Methodischen in Feld VI.

5. *Die Tür**

Mischen: Die Karten werden 3mal gemischt und 3mal abgehoben und dann wie folgt ausgelegt:

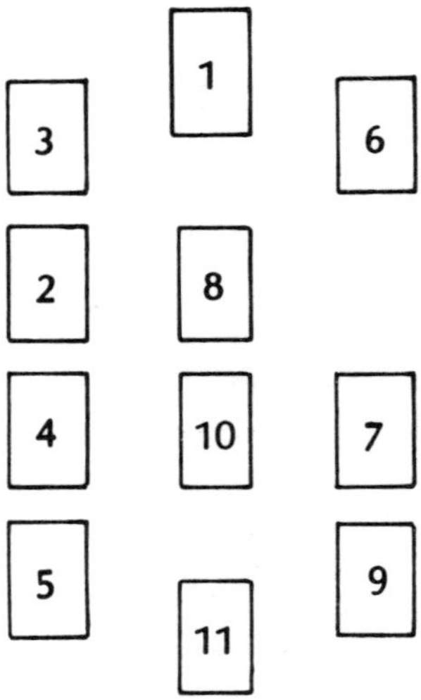

Deutung:

1 = Der Name der Tür.
2 = Das Schlüsselloch, das einen ersten Blick erlaubt.
3 = Das Schloß.
4 = Der Türknopf; wenn Du ihn ergreifst, kann er Dich einlassen.
5 = Das führt Dich zur Tür.
6 = Was Du hinter der Tür zu finden hoffst oder befürchtest.
7 = Deine Einstellung zur Tür.
8 = Was hinter der Tür liegt.
9 = Wo Du die Tür finden kannst.
10 = Was passiert, wenn Du die Tür öffnest.
11 = Der Schlüssel zur Tür.

* Quelle: Tarot Network News

6. Das Beziehungsspiel

Keine Mischregel. Es werden zunächst 7 Karten ausgelegt und ausgedeutet. In einem 2. und 3. Durchgang können jeweils weitere Karten angelegt werden (*), die dann Hintergrundinformationen geben:

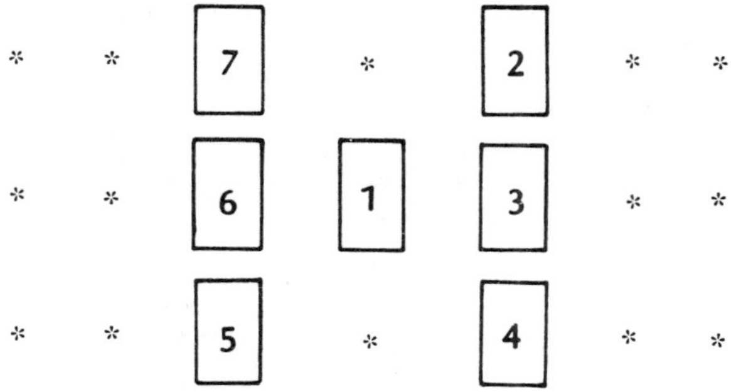

Deutung:
1 = Beziehungsthematik.
Die beiden Säulen zeigen, wie sich die Partner auf der jeweiligen Ebene begegnen:
linke Seite (7, 6, 5) – Fragesteller(in)
rechte Seite (2, 3, 4) – Partner(in)
Die 3 Ebenen von oben nach unten:
Verstand – Gefühl – Körper
(7 + 2) (6 + 3) (5 + 4)

*7. Das Partnerspiel**

Ein Spiel, das von beiden Partnern gemeinsam gespielt wird: Die Karten werden gemischt und dann fächerartig ausgebreitet. Jeder Partner zieht abwechselnd eine – insgesamt drei – Karten und legt sie wie folgt aus:

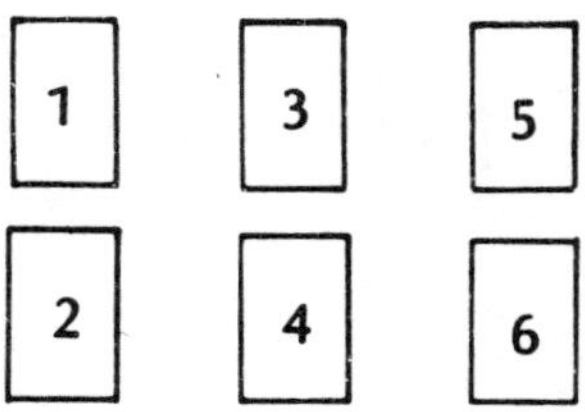

– von A gezogene Karten
– von B gezogene Karten

* Quelle: Ziegler, Tarot, Spiegel der Seele

Deutung:

1 = Wie A den Partner sieht
3 = Wie A sich selbst sieht
5 = Wie A die Beziehung sieht
2 = Wie B den Partner sieht
4 = Wie B sich selbst sieht
6 = Wie B die Beziehung sieht

*8. Zigeunerspiel mit 21 Karten**

Mischen: nach Belieben. Der Frager zieht aus dem Stoß 21 Karten, die entweder offen ausgelegt werden oder zunächst verdeckt und dann bei der Deutung einzeln aufgedeckt werden:

G	F	E	D	C	B	A
7	6	5	4	3	2	1
14	13	12	11	10	9	8
21	20	19	18	17	16	15

Deutung:

Die Dreiersäule stellt jeweils ein zusammenhängendes Bild dar. Die Säulen haben die folgende Bedeutung:

A = Die seelische Verfassung des Fragers.
B = Sein häusliches Leben.
C = Seine derzeitigen Wünsche, Hoffnungen. Seine Frage.
D = Seine Erwartung in dieser Angelegenheit.
E = Was er nicht erwartet. Was ihn überrascht.
F = Seine unmittelbare Zukunft.
G = Das Ergebnis und längerfristige Aussichten.

* Quelle: Butler, Dictionary of the Tarot

*9. Der Stern**

Zur Situationsanalyse und Standortbestimmung.
Mischregel: Der Deuter mischt die Karten und breitet sie fächerartig vor dem Frager aus. Dieser zieht insgesamt 6 Karten, die wie folgt ausgelegt werden:

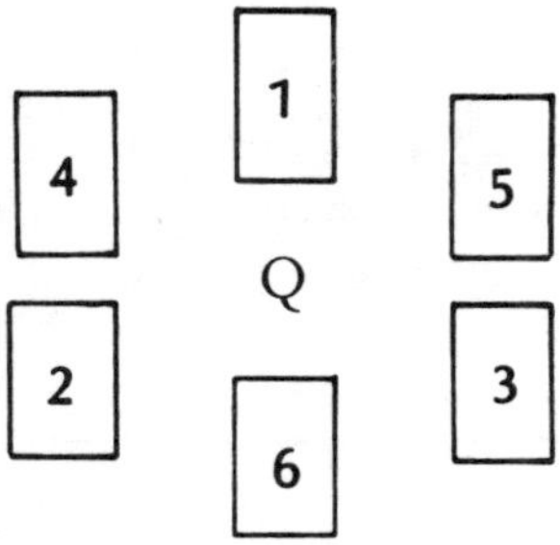

Das obere Dreieck (1, 4, 5) steht für die Angelegenheit.
Das untere Dreieck (2, 3, 6) steht für den Frager.

Linke senkrechte Säule (4, 2) = materielle, äußere Ebene.
Mittlere senkrechte Säule (1, 6) = geistige Ebene.
Rechte senkrechte Säule (5, 3) = seelische Ebene/Verfassung.

Zum Schluß wird die Summe aller aufgelegten Karten gebildet (dabei zählt As = 1 und die Hofkarten zählen nichts) und daraus die Quersumme ermittelt, bis eine Zahl zwischen 1 und 10 entsteht. Der entsprechende Trumpf wird aus den Großen Arkana gezogen und in die Mitte gelegt (Q = Quintessenz).

Er zeigt den Impuls, den der Frager im Umgang mit dem Thema ergreifen soll.

*10. Das Crowley-System***

Mischen: Der Frager nimmt zunächst alle Karten in die Hand und denkt in Ruhe über seine Frage nach, ohne sie auszusprechen. Die Karten werden dann vom Deuter gemischt und abschließend vom Frager 3mal mit der linken Hand abgehoben.
Der Deuter hebt dann mit der linken Hand nach links ab und wiederholt das nochmals, so daß vier Päckchen entstehen:

* Quelle: Winkelmann, Tarot der Eingeweihten
** Quelle: Butler, Dictionary of the Tarot

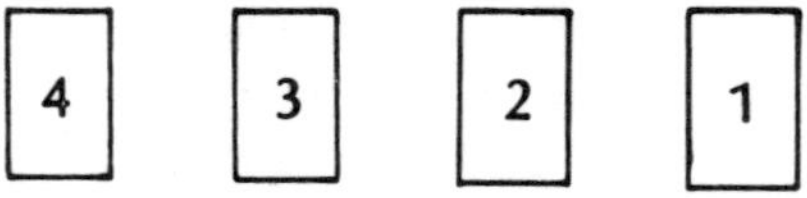

Diese stehen für:

Yod – Heh – Vau – Heh.

Aus diesen Stapeln wird nun der Narr herausgesucht. Je nachdem wo er liegt, geht die Frage in die vom Stapel angezeigte Richtung. Hierbei gilt:

Stapel Yod = 4 Arbeit, Beruf, Geschäfte.
Stapel Heh = 2 Liebe, Vergnügen, Heirat, Beziehung Sex.
Stapel Vau = 3 Ärger, Streit, Prozesse, Verlust, Skandal.
Stapel Heh = 1 Geld, materielle Belange.

Der Deuter fragt den Fragesteller, ob das stimmt. Wenn ja, macht er weiter, wenn nein, hört er auf.
Daraufhin werden die Karten des betreffenden Stapels im Kreis ausgelegt, wobei zunächst der Narr auf die 12-Uhr-Position kommt, und die erste und die letzte Karte somit auf je einer Seite von ihm liegt. In dieser Reihenfolge ergibt sich eine Geschichte.
In einem zweiten Durchgang werden die Karten dann paarweise gedeutet, d. h. ausgehend vom Narren: die erste links und die erste rechts von ihm, dann die 2. links mit der 2. rechts usw. Dieser 2. Durchgang gibt ergänzende Informationen zum ersten.
Falls der Frager etwas damit anfangen kann: weitermachen, falls nicht: aufhören.
Weiter geht es, indem alle Karten neu gemischt und dann in 12 Stöße aufgeteilt werden. Diese entsprechen den astrologischen Häusern wie folgt:

1 = Leben und Gesundheit
2 = Geld
3 = Verwandte und Reisen
4 = Erbschaften
5 = Kinder
6 = Krankheiten
7 = Ehe
8 = Tod
9 = Lange Reisen
10 = Ehren
11 = Freunde
12 = Feinde

Der Deuter überlegt sich, welches dieser Themen den Frager beschäftigt und sucht in dem entsprechenden Stoß den Narren. Findet er ihn dort, macht er weiter, andernfalls nicht.

Weiter geht es wie zuvor: Die Karten des entsprechenden Stapels werden im Kreis ausgelegt, und als eine Geschichte gelesen. Dann werden sie paarweise gedeutet.
Falls das Spiel weitergeht, werden wieder 12 Stapel gebildet, die diesmal den Sternzeichen wie folgt zugeordnet sind:

Widder	Wut
Stier	Schönheit
Zwilling	Lernen
Krebs	Erholung
Löwe	Ruhm
Jungfrau	Arbeit
Waage	Liebe
Skorpion	Sexualität, Geburt, Tod, Seele, Leidenschaft
Schütze	Reisen
Steinbock	Alter, Verantwortung
Wassermann	Exzentrik, Okkultes
Fische	Schlaf, Mystisches, Mediales.

Wie gehabt: Suche nach dem Narren usw.
Alle Karten werden neu gemischt wie zu Beginn. Der Deuter sucht aus dem Stoß den Narren und legt ihn und die folgenden 36 Karten im Kreis aus. Deutung wie gehabt.

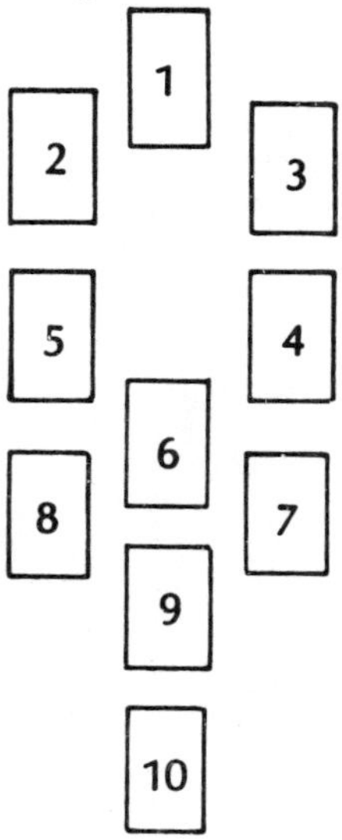

Die Karten werden neu gemischt wie zu Beginn, und dann in der Form des Lebensbaumes ausgelegt (s. S. 244):

Die Bedeutung:

1 =	Kether	=	Die Krone, der Narr, die innere Suche, Neptun.
2 =	Chokmah	=	Weisheit, Intellekt, Initiative, Kosmos, Uranus.
3 =	Binah	=	Verständnis, äußerer Intellekt, Tod, Saturn.
4 =	Chesed	=	Gnade, innere Seele, Erfolg (finanziell), Jupiter.
5 =	Geburah	=	Gerechtigkeit, äußere Seele, Feinde, Rache, Mars.
6 =	Tiphareth	=	Schönheit, das innere Wesen, Turm, Sonne.
7 =	Netsach	=	Ewigkeit, Unfreiwilliges, Liebe, Sex, Venus.
8 =	Hod	=	Ausstrahlen, Politik, Handel, Kommunikation, Merkur.
9 =	Yesod	=	Fundament, Ego, Seele, Intuition, Mond.
10 =	Malkuth	=	Körper, Heimat, Pluto.

*11. Das Narrenspiel**

Hierbei läßt sich feststellen, ob sich neben oder hinter der gestellten Frage nicht noch eine wichtigere verbirgt.
Der Narr wird aus dem Spiel genommen, und die verbleibenden 77 Karten werden 3mal gemischt. Der Frager hebt mit seiner Linken 3mal von rechts nach links ab, während er sich auf seine Frage konzentriert. Die Karten werden zusammengenommen. 12 Karten werden dann von oben abgehoben. Der Narr wird unter diese 12 gegeben. Dann 3mal mischen.
Die Karten werden nun einzeln in einer Reihe von links nach rechts ausgelegt, wobei der Narr das Ende der Antwort zur Frage kennzeichnet und den Beginn der dahinterliegenden Thematik.
Kommt der Narr als erste Karte, ist die gestellte Frage unbedeutend, und die Karten beantworten nur die nicht gestellte aber tieferliegende Frage. Kommt er zuletzt, wird nur die gestellte Frage beantwortet.

* Quelle: Butler, Dictionary of the Tarot

12. Das Entscheidungsspiel

Mischen: Der Frager mischt die Karten mit seiner linken Hand auf dem Tisch oder dem Boden und hebt dann dreimal ab. Die Karten werden dann von oben wie folgt ausgelegt:

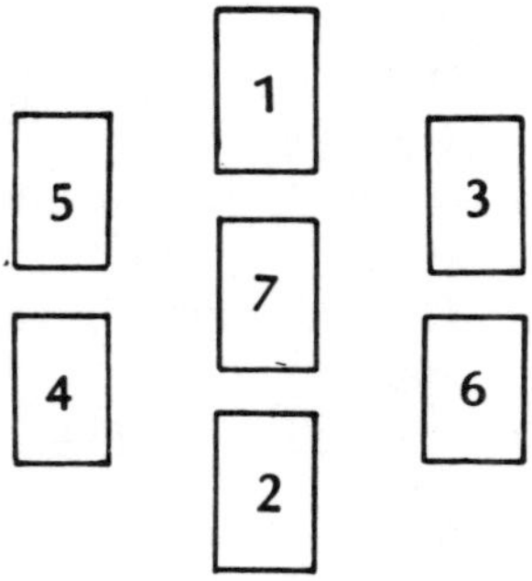

Die Deutung:

7 = Das Problem
1, 3, 5 = Positive Einflüsse. »Das spricht dafür«.
2, 4, 6 = Negative Einflüsse. »Das spricht dagegen«.

* * *

Alle Spiele ohne Gewähr!

DEUTUNGSBEISPIELE

Das Entscheidungsspiel

Das Entscheidungsspiel gibt interessante Hinweise über das Umfeld und die Konsequenzen einer zu treffenden Entscheidung. Dabei sind die Plätze »das spricht dafür« und »das spricht dagegen« nicht unbedingt identisch mit positiv und negativ. Im nachstehenden Beispiel sehen wir, daß nur recht fragwürdige Karten für die Entscheidung sprechen.
Die Fragerin hatte sich für eine neue berufliche Stellung beworben und fragte nach dem Vorstellungsgespräch, ob sie die Position annehmen sollte.

Die Deutung:

Die Acht der Schwerter liegt an der Stelle, die das Thema versinnbildlicht. Damit wird ausgedrückt, daß der Arbeitsplatz, um den es geht, ihr nicht die Möglichkeit gibt, lebendig zu sein, daß sie sich dort gefangen fühlt, daß sie eine wichtige Seite ihres Selbst dort nicht entfalten darf.

Die oberen drei Karten, die »dafür« sprechen sagen:

Die Drei der Schwerter (1):
Es ist eine Verstandesentscheidung, die gegen das Gefühl getroffen wird.

Die Sechs der Schwerter (5):
Es ist ein Schritt zu neuen Ufern, der offenbar angstvoll erlebt wird.

Diese beiden Feststellungen sind bei Berufsantritt oder Stellungswechsel eher normal und haben keine besondere Signifikanz für die Entscheidung.

Der Teufel (3):

Obwohl sich das Thema insgesamt (durch die Acht der Schwerter) fragwürdig darstellt, gibt es offenbar etwas sehr Verlockendes, was die Entscheidung positiv beeinflussen könnte, was eine Entscheidung gegen die eigenen Grundsätze oder die Intuition bewirken könnte. In diesem Fall war es in der Tat die Bezahlung.

Damit spricht insgesamt wenig für die Entscheidung.

Die unteren drei Karten, die »dagegen« sprechen sagen:

Der Bube der Schwerter (2):

Es wird zu heftigen Auseinandersetzungen kommen, in die die Fragende hereingezogen wird.

Der Ritter
der Münzen (4):

Es ist zwar sicherlich das Umfeld, in dem sich gut Geld verdienen läßt, aber insgesamt ist die Atmosphäre statisch, d. h. es wird sehr schwer sein, etwas zu verändern oder voranzukommen.

Die Acht der Münzen (6):

Für den Berufsbeginn oder auch den Neuanfang eine an sich sehr schöne Karte, die den Lehrling zeigt, der sein Glück aufbaut. Wenn sie, wie in diesem Fall »dagegen« spricht, heißt das, daß die Fragende offenbar unterfordert wird.

Die Aussage der Karten ist damit eindeutig gegen die Annahme dieser Stellung.

Das Keltische Kreuz

Das Kartenlegen als Weg zur Selbsterfahrung kann interessante Perspektiven eröffnen. Eine Fragerin, die sich innerlich zerrissen fühlte, wollte ganz einfach wissen: »Was will ich eigentlich?«

Die Deutung:

Allein die Vielzahl der Trumpfkarten, die hier auftauchen, zeigen die Wichtigkeit des Themas für die Fragerin.

Platz 1 und 2, die beiden Ausgangsimpulse, die das Thema bestimmen:

III Die Kaiserin:

Es geht ihr um Kreativität, aber auch um die volle Entfaltung ihrer weiblichen Seite. Denkbarerweise um das Thema Mutter werden zu wollen.

VIII Die Gerechtigkeit:

Sie möchte »zu ihrem Recht kommen«, sie möchte, daß was immer sie will (bis hierher wissen wir es noch nicht), fair und ausgewogen vonstatten geht.

Platz 3, das was bewußt gesehen wird:

Die Zwei der Kelche:

Aha, sie will Liebe. Dies kann nun eine Neubegegnung sein oder aber das sich Wiederverlieben in einer bestehenden Verbindung. Dabei ist es wichtig zu sehen, daß der Platz dieser Karte nur etwas darüber sagt, was sie will, nicht darüber, was kommen wird.

Platz 4, die unbewußte Ebene, das was gespürt wird:

II Die Hohepriesterin:

Es geht ihr um die Entfaltung ihrer intuitiven Kräfte. Als Schutzkarte an dieser Stelle sagt die Hohepriesterin auch, daß die Fragerin in ihrem Innern weiß, daß das Thema einen glücklichen Verlauf nehmen wird.

Platz 5, »das liegt dahinter«, was heißt, das hat zur Fragestellung geführt:

XIX Die Sonne:

Eine offenbar lebendige, positive Zeit liegt hinter der Fragerin. Angesichts der Fragestellung darf man vermuten, daß sie die Sonne

10
Die LIEBENDEN
9
RITTER der SCHWERTER
8
Der MAGIER
7
3
5
Die SONNE
2
GERECHTIGKEIT
1
Die HERRSCHERIN
6
KÖNIG der STÄBE
4
Die HOHEPRIESTERIN

eher von ihrer oberflächlichen, vordergründigen Seite gelebt hat, aber sicherlich viel Spaß dabei hatte.

Platz 6, »das liegt davor«, d. h. das ist die nächste Zukunft:

Der König der Stäbe:

Der willensstarke König, der vorbildliche König darf als der Mann gedeutet werden, dem sie in Kürze begegnen wird. Seine Qualitäten lassen sich an Hand des Feuertemperaments beschreiben.

Platz 7, die Einstellung der Fragerin zum Thema:

Die Vier der Kelche:

Überdruß, Mißmut und Verdrossenheit haben sie offenbar zu der Fragestellung gebracht. Diese Karte bestätigt auch die bei der Sonne gemachte Vermutung, daß die zurückliegende Sonnenseite offenbar etwas vordergründig gelebt wurde. Ferner zeigt sie, daß die Fragerin wohl etwas unwillig an die Lösung des Themas herangeht.

Platz 8, das Umfeld, Einflüsse aus nächster Umgebung:

I Der Magier:

Eine simple Deutung wäre: Das Umfeld ist magisch, Wunder sind jederzeit und überall möglich. Der Magier steht hier für eine Umwelt oder auch eine einzelne Person, die wesentlichen Einfluß auf die Fragerin ausübt, die erheblich in den Ablauf der Geschehnisse eingreift.

Platz 9, Hoffnungen und Ängste:

Der Ritter der Schwerter:

Als Hoffnung drückt dieser Ritter die Atmosphäre aus, in der man Klarheit über sich selbst und seine Ziele gewinnen kann, die Ängste beziehen sich auf eine konfliktgeladene Stimmung, auf Streit und Auseinandersetzung.

Platz 10, dahin führt es, längerfristige Aussichten:

VI Die Liebenden:

Offenbar ist die gute Intuition der Hohenpriesterin verläßlich: Das, was gesucht wird – 2 der Kelche – und was gefunden wird – König der Stäbe – entfaltet sich zu großer Liebe.

Die Quintessenz aus allen Karten, d. h. die Quersumme aus ihren Zahlen ergibt die 9, die Zahl des Eremiten. D. h., ihr Weg ist zunächst der der Besinnung, des In-sich-gehens, der Selbstfindung oder ganz einfach der Frage: »Was will ich eigentlich?«, zu deren Klärung dieses Spiel ein guter, erster Schritt war.

Der König der Stäbe ist ihr inzwischen begegnet.

Das Keltische Kreuz

Ich bin mir über die Brisanz der nachstehenden Fragestellung im klaren. Trotzdem habe ich es versucht und finde die Aussagen so prägnant, daß ich auch dieses Beispiel wiedergeben möchte. Allerdings nicht ohne die Warnung, ähnliche Fragen mit äußerster Behutsamkeit zu behandeln.
Die Fragerin litt seit kurzer Zeit wieder an Asthma und wollte die Hintergründe erfahren und wie sie damit umgehen sollte.

Die Deutung:

Platz 1 und 2, die beiden Ausgangsimpulse, die das Thema bestimmen:

Die Sechs der Kelche:

Die Karte weist in die Vergangenheit, bzw. in die Kindheit zurück. Offenbar liegen dort die Wurzeln der Krankheit.

Die Fünf der Münzen:

Der hinzutretende Auslöser ist eine Notsituation. Denkbarerweise geht es tatsächlich um materielle Sorgen. Es kann aber genausogut ein »Gefühlsnotstand« sein, das Gefühl der Kälte usw.

Platz 3, das was bewußt gesehen wird:

XVII Der Mond:

Die Fragestellerin ist sich darüber im klaren, daß die Wurzeln aber auch die Lösungsmöglichkeit ihrer Thematik in den Tiefen ihres Unbewußten liegt. Angesichts der Angstthematik, die diese Karte beinhaltet, besteht vermutlich trotz besserer Erkenntnis eine gewisse Abneigung, diesen Weg zu gehen.

Platz 4, die unbewußte Ebene, das was gespürt wird:

V Der Hohepriester:

Er bestätigt die soeben gemachte Vermutung, daß die Bedeutungsfindung zur unbewußten Ebene führt, und daß die Fragestellerin dies auch spürt. Als Schutzkarte verspricht er dabei, daß diese Selbsterfahrungen weitgehend sanft, in jedem Fall mit positivem Ergebnis gemacht werden.

Platz 5, »das liegt dahinter«, was heißt, das hat zur Fragestellung geführt:

10
AS der STÄBE
3
XVIII
Der MOND
9
II
8
I
Der MAGIER
5
IV
2
1
VI
6
III
Die HERRSCHERIN
4
V
Der HIEROPHANT
7
VII

Die Vier der Schwerter:

Eine Zwangspause, eben die durch die Krankheit bedingte Phase verminderter Aktivität und Ruhe.

Platz 6, »das liegt davor«, d. h., das ist die nächste Zukunft:

III Die Kaiserin:

Die Kreativität zu entfalten und damit das Neue zur Welt zu bringen. In diesem Zusammenhang scheint das Neue die Erkenntnis über die tieferliegenden Gründe zu sein. Dabei sollte nicht übersehen werden, daß die Geburt des Neuen häufig genug mit Schmerzen verbunden ist. Der Weg der Erkenntnis ist nicht unbedingt leicht.

Platz 7, die Einstellung der Fragerin zum Thema:

Die Sieben der Schwerter:

Am liebsten würde sich die Fragerin vor der Auseinandersetzung mit der Thematik drücken und mit Hilfe ihres scharfen Verstandes die Notwendigkeit zur Auseinandersetzung mit den eigenen Tiefen »wegrationalisieren«. Gerade angesichts dessen, was ihr bewußt ist (Mond) und was sie unbewußt spürt (Hohepriester) zeigt diese Karte, daß sie sich am liebsten davonstehlen würde.

Platz 8, das Umfeld, Einflüsse aus nächster Umgebung:

I Der Magier:

Offenbar wird die Umwelt einen erheblichen Einfluß auf sie ausüben, bzw. sie begegnet einem Menschen, der einen entscheidenden Impuls für die Auseinandersetzung mit dem Thema geben wird. Denkbarerweise ist hier auch ein Therapeut dargestellt.

Platz 9, Hoffnungen und Ängste:

Die Zwei der Münzen:

Es ist die Hoffnung, zu lernen, mit dem Thema spielerisch umzugehen, es eher von einer lockeren Seite aus zu betrachten, aber auch die Angst vor Leichtfertigkeit.

Platz 10, dahin führt es, längerfristige Aussichten:

Das As der Stäbe:

Der Weg, den diese Karten zeigen, führt zur Selbstverwirklichung.

Die Auseinandersetzung mit den Hintergründen der Krankheit wird zum zentralen Thema der Selbstentfaltung.

Quintessenz = 7 = der Wagen:

Die Karte schlägt vor, unverzüglich und optimistisch an die Lösung des Themas heranzugehen, sie zeigt die Kraft, die einander widerstrebenden Impulse zu koordinieren und verspricht einen positiven Verlauf.

Quellennachweis und weiterführende Literatur

* empfehlenswert ** sehr empfehlenswert

1. Tarotbücher

Bauer, Erich		Tarot, Quelle therapeutischer Wandlung, München 1982
Butler, Bill	*	Dictionary of the Tarot, New York 1975
Crowley, Aleister		Das Buch Thoth, München 1981
Leuenberger, H. D.		Schule des Tarot I. Das Rad des Lebens, Freiburg 1981
Nichols, Sallie	**	Die Psychologie des Tarot, Interlaken 1983
Pollack, Rachel	**	Tarot – 78 Stufen der Weisheit, München 1985
Stuart, Micheline		Tarot-Weg zu Selbsterfahrung, Frankfurt 1977
Tarot Network News (Tarot-Zeitung)	*	2860 California Street, San Francisco, CA 94115, USA
Waite, Arthur E.		Der Bilderschlüssel zum Tarot, Sauerlach 1979
Walker, Barbara		The Secrets of the Tarot, San Francisco 1984
Winkelmann, Joachim		Tarot der Eingeweihten, Berlin 1954
Ziegler, Gerd		Tarot, Spiegel der Seele, Sauerlach 1984

2. Symbolik, Mystik, Kabbalistik, Astrologie

Adler, Dr. Oskar	**	Testament der Astrologie, Wien 1949
Arroyo, Stephen	*	Astrologie, Psychologie und die 4 Elemente, München 1982
Bischoff, Dr. Erich	*	Die Mystik und Magie der Zahlen, Berlin 1982
Endres, Franz Carl	*	Das Mysterium der Zahl, Köln 1984
Gebser, Jean	**	Ursprung und Gegenwart, Stuttgart 1949
Greene, Liz	**	Schicksal und Astrologie, München 1985
Miers, Horst E.	*	Lexikon der Geheimwissenschaften, Freiburg 1976
Richardson, Allan		Die mystische Kabbala, Basel 1982
Weinfurter, Karl	*	Mystische Fibel, Freiburg 1981
Wilson, Colin		Das Okkulte, Berlin und Schlechtenwangen 1982

3. Mythologie, Religion

Die Bibel
Die Edda (Felix Genzmer, Hrsg.) Köln 1964
Golther, Wolfgang Handbuch der germanischen Mythologie, Stuttgart 1908
Harding, Esther * Frauen-Mysterien einst und jetzt, Berlin 1982
Lao-Tse * Tao-Te-King, Stuttgart 1961
Metman, Philipp ** Mythos und Schicksal, Leipzig 1936
Ranke-Graves, Robert ** Die Götter Griechenlands, Reinbek 1981
derselbe * Die weiße Göttin, Berlin 1981
Reclams Bibellexikon ** Stuttgart 1982

4. Psychologie, Ethnologie

Dürr, Hans Peter ** Traumzeit, Frankfurt 1978
Jung, Carl-Gustav * Der Mensch und seine Symbole, Olten 1982
derselbe The interpretation of visions, Irving, Texas 1962
derselbe ** Gesammelte Werke, Olten
Neumann, Erich ** Ursprungsgeschichte des Bewußtseins, München 1968
Whitmont, Edward C. * The Symbolic Quest, New York 1969

5. Sonstige Literatur

Camus, Albert ** Hochzeit des Lichts, Zürich 1954
Degenhardt, Franz J. Spiel nicht mit den Schmuddelkindern, Reinbek
Fowles, John Der Magus, Frankfurt, Berlin, Wien 1969/1980
Hesse, Hermann ** Siddhartha, Frankfurt 1969
derselbe Lektüre für Minuten, Frankfurt 1971
Katzanzakis, Nikos Askese, Zürich 1973
Kopp, Sheldon ** Triffst Du Buddha unterwegs..., Köln 1976
derselbe Psychotherapie mit dem Tarot, Köln 1982
Ortega y Gasset, J. Der Mensch und die Leute, München 1961
Papalagi * Zürich 1977
Pirsig, Robert M. ** Zen oder die Kunst ein Motorrad zu warten, Frankfurt 1976
Rückert, Friedrich Die Weisheit der Brahmanen, Leipzig 1857
Shah, Idris Die Weisheit der Narren, Freiburg 1983
Watts, Alan W. * Die Weisheit des ungesicherten Lebens, Bern/München 1981

6. Bildernachweis

Blake, William Prestel Verlag, Hamburg 1975

DANKSAGUNG

Ich danke allen, die direkt oder indirekt zur Entstehung dieses Buches beigetragen haben.

Insbesondere danke ich Susanne, die mir mit viel Geschick und Geduld aus so manchem Dilemma geholfen hat, in das ich mich bei meinen ersten Gehversuchen in die Computerwelt der Textverarbeitungsprogramme verstrickt hatte. Ferner bedanke ich mich bei der Firma Project Communication, die mir in großzügiger Weise ihre Büroräume und die gesamte technische Ausstattung zur Schreibarbeit zur Verfügung gestellt hat.

Nicht zuletzt danke ich allen Teilnehmern der Tarotrunden, die mir durch ihre Beiträge und Erzählungen ein immer tieferes Verständnis der Karten ermöglicht haben.

München, im Mai 1985

Tarot-Kurse – Anfragen
beim Autor unter folgender Adresse:

Hajo Banzhaf
Mauerkircherstraße 29/IV
8000 München 80

Tarot zum Kennenlernen
und für Fortgeschrittene

im Heinrich Hugendubel Verlag
und Eugen Diederichs Verlag

Hajo Banzhaf

TAROT-SPIELE

Methodik – Legesysteme – Deutungsbeispiele
364 Seiten mit zahlreichen Abbildungen, Leinen

Eine ausführliche und detaillierte Einführung in die Praxis der Kartendeutung mit über 70 Deutungsbeispielen, die die Frage- und Aussagemöglichkeiten der Karten zeigen und veranschaulichen. Insgesamt 13, teilweise bekannte, aber auch neue Legesysteme werden vorgestellt und durch mehrfache Variationen ihrer Grundstruktur um weitere Verwendungsmöglichkeiten bereichert.

Hajo Banzhaf

DAS ARBEITSBUCH ZUM TAROT

186 Seiten mit vielen Abbildungen, Paperback
und als Set mit Rider-Waite-Deck

Dieses »Arbeitsbuch« macht beinahe mühelos mit dem Tarot-Orakel vertraut. Es gibt dem Fragenden neue Perspektiven, ob es sich um zwischenmenschliche Beziehungen handelt, um berufliche Schritte, finanzielle Entscheidungen, alte Gewohnheiten und Einstellungen, Selbstfindungsprobleme. Das neue Legesystem *Der Weg*, anhand dessen der Autor die Symbole der 78 Tarotkarten und ihre Varianz auslegt, erweist sich als faszinierender Schlüssel: zum Orakel, zur Praxis, zum Nachschlagen, zur Orientierung im Alltag – schon morgen.

Hajo Banzhaf

DAS GEHEIMNIS DER HOHENPRIESTERIN UND 19 WEITERE ARTEN, DIE KARTEN ZU LEGEN

Das erste Tarot-Legeset mit 7 Faltplänen,
Tarot-Karten und einem Anleitungsbuch

7 doppelseitige Faltpläne für 20 verschiedene Legearten, darunter viele noch wenig bekannte oder ganz neue Legemethoden. Deutungshinweise für jedes einzelne Feld. Deutungshilfen für die Zusammenschau aller Karten. Ausführliche Erklärung aller Legesysteme. Stichwortartige Beschreibung aller Karten anhand treffender Schlüsselworte. Jede Kassette enthält eine Rider Waite Taschenbuchausgabe.

Alfred Douglas

URSPRUNG UND PRAXIS DES TAROT

256 Seiten mit zahlreichen Abbildungen, Paperback

Dies ist ein verläßlicher Führer in die geheimnisvolle Welt des Tarots. Alles, was der Leser von einem kompetenten Tarotkenner wissen will – Bedeutung des Tarot-Systems wie der einzelnen Karten, Symbolik, Esoterik, auch die historische Tiefendimension – bekommt er übersichtlich geboten.
Im Praxisteil, der sich am Rider-Waite-Deck orientiert, werden alle 78 Karten sorgfältig gedeutet, in ihrer aufrechten und umgekehrten Position. Ausführlich sind die verschiedenen Legearten beschrieben. Tarot erweist sich, bei Einzel- wie Gruppenmeditation, als »Fokus« des Bewußtseins.

Mary Steiner-Geringer

TAROT ALS SELBSTERFAHRUNG

240 Seiten mit 22 Tarotbildern von Heiri Steiner, Paperback

Erstmals wird hier in das gesamte esoterische Wissen um *Tarot* eingeführt: in Kosmologie und Kabbala, Alchemie und Freimaurertum, Zenbuddhismus und die Psychologie des Unbewußten. Die renommierte Schweizer Psychologin erläutert den Sinngehalt und die Symbolik jeder Spielkarte von den unterschiedlichen Ansätzen her. Sie erschließt uns die Konstellation der 22 großen Arkana. Sie zeigt – in einer klaren, praxisnahen Sprache – wie *Tarotspielen* zu einer Begegnung mit sich selbst führen kann.

Stuart R. Kaplan

DER TAROT

Geschichte – Deutung – Legesysteme

252 Seiten mit zahlreichen Abbildungen. Paperback und als Set mit vollständigem Tarot Classic von 78 farbigen Karten.

Ein praktisches Arbeitsbuch über
- den Ursprung der Tarotkarten mit Abbildungen vieler verschiedener Spiele,
- die klare und prägnante Beschreibung der kleinen und großen Arkana,
- die verschiedenen Legemethoden.

Liz Greene/Juliet Sharman-Burke

DELPHISCHES TAROT

Orakel aus der griechischen Götterwelt.

252 Seiten mit zahlreichen Abbildungen. Leinen, zusammen mit Tarotdeck aus 78 vierfarbigen Karten und schwarzem Stofftuch mit aufgeprägten Kartenpositionen in Pappbox.

Unter Beobachtung ihrer grundsätzlichen Bedeutung werden die 78 Karten durch Illustrationen mit antiken mythologischen Gestalten und Handlungsabläufen zu »neuem« Leben erweckt. Mit einem ausführlichen Buch, 78 Karten und einem Legetuch enthält dieses Set alles, was zum Verständnis des Tarot-Systems und seiner praktischen Umsetzung zum Zwecke der Weissagung notwendig ist.